U0594318

英语项目化学习
教学实践与思考

主 编　韩琼丽　　王荣珂　　赵　茜

编 委　叶　菁　尹　妍　刘　慧　石　丹　贾灵灵　常彩虹

　　　　訾艳辉　黄羙雅　谷佳雨　董　虹　朱　飘　蔡云芳

　　　　胡　云　程　涓　赵佳伟　何　晶　郝国春　林芯羽

哈尔滨出版社
HARBIN PUBLISHING HOUSE

图书在版编目（CIP）数据

英语项目化学习教学实践与思考 / 韩琼丽，王荣珂，
赵茜主编 . -- 哈尔滨 ：哈尔滨出版社，2025. 4.
ISBN 978-7-5484-8225-3

Ⅰ . H319.3

中国国家版本馆 CIP 数据核字第 2024YC4439 号

书　名：**英语项目化学习教学实践与思考**
YINGYU XIANGMU HUA XUEXI JIAOXUE SHIJIAN YU SIKAO

作　　者：韩琼丽　王荣珂　赵　茜　主编
责任编辑：李维娜
排版设计：祁雨霏

出版发行：哈尔滨出版社（Harbin Publishing House）
社　　址：哈尔滨市香坊区泰山路 82-9 号　　邮编：150090
经　　销：全国新华书店
印　　刷：捷鹰印刷（天津）有限公司
网　　址：www.hrbcbs.com
E－mail：hrbcbs@yeah.net
编辑版权热线：（0451）87900271　87900272
销售热线：（0451）87900202　87900203

开　　本：787mm×1092mm　　1/16　　印张：20.75　　字数：430 千字
版　　次：2025 年 4 月第 1 版
印　　次：2025 年 4 月第 1 次印刷
书　　号：ISBN 978-7-5484-8225-3
定　　价：80.00 元

凡购本社图书发现印装错误，请与本社印制部联系调换。
服务热线：（0451）87900279

目录

教学案例——见微知著

教学设计——精雕细琢

反思随笔读后感——行成于思

基于 2022 年版新课程标准培养学生核心素养背景下
小学英语趣味阅读策略

深圳市坪山实验学校　曾璐玲

【摘要】随着对《义务教育英语课程标准(2022年版)》的深入研究，基于2022年版新课程标准培养学生核心素养背景下小学英语趣味阅读策略越来越受到关注。本文在对阅读落实核心素养认知的基础上，明确地指出小学英语趣味阅读的内涵与问题，进而尝试探索小学英语趣味阅读培养学生核心素养的教学策略，旨在通过小学英语趣味阅读落实新课程标准培养学生核心素养的课程目标，发挥趣味阅读的积极作用，提升小学英语教学质量。
【关键词】小学英语；趣味阅读；核心素养；教学策略

《义务教育英语课程标准(2022年版)》在课程理念方面，明确提出要发挥核心素养的统领作用，在小学英语阅读教学中，教师应围绕核心素养确定阅读课程目标，为学生选择适宜的阅读课程内容，创新小学英语阅读教学方式，对学生实施趣味化阅读教学策略。

一、阅读落实核心素养

核心素养体现学科课程的育人价值。英语核心素养集中体现为：语言能力、文化意识、思维品质和学习能力，这四个方面既相互渗透，又融合互动，达到协同发展落实对学生核心素养的培养。英语阅读教学可围绕核心素养开展教学活动，既体现英语学科课程的性质，又反映英语学科课程理念，确立英语课程目标。

（一）设置语言环境

在小学英语阅读教学中，教师可为学生创设与阅读内容相关的情境，为培养学生的英语语言能力设置特定的语言环境，支持学生在特定的语言环境中开展听、说、读、写全方位的训练，既起到语言环境助力学生理解与消化知识的积极作用，又为学生灵活运用英语语言提供支持。

（二）运用阅读策略

阅读内容蕴含丰富信息，在小学英语阅读教学中，教师可发挥阅读教学优势，运用适宜的阅读策略，如略读、精读等阅读方法，让学生了解外国文化观念与背景，培养学生的文化意识，做到将学生的语言学习与文化意识的培养有机融合。

（三）实施问题导向

教师根据阅读内容为学生设计阅读问题，引导学生对阅读内容进行深度思考，激活学生的多元化思维，体现学生阅读活动的主体性，促进师生在阅读活动中开展有效互动，在阅读教学中达到实施问题导向培养学生思维品质的教学效果。

（四）教法发展学法

在阅读教学实践中，教师应形成阅读教学教法发展学生阅读学法的效应，落实对学生学习能力的培养。在小学英语阅读教学中，教师应以培养学生的学习能力为核心创设阅读教学活动，尤其从阅读策略层面给予学生开展自主阅读学法的有力支持。

二、小学英语趣味阅读的内涵和问题

在对小学英语趣味阅读内涵充分认知的基础上，下一步将指出目前小学英语趣味阅读教学中亟待解决的教学问题，为发挥趣味阅读培养学生核心素养的作用奠定基础。

（一）小学英语趣味阅读内涵

小学英语趣味阅读是教师以趣味性的教学方式吸引学生的阅读兴趣，在学习兴趣的驱使下，学生通过阅读满足求知欲，落实阅读教学目标。在小学英语趣味阅读中，教师将语言与非语言有机融合，给予学生愉悦的阅读氛围。小学英语趣味化阅读支持教师以学生兴趣为核心，有效地激发学生阅读学习的积极性，教师通过有目的地加工和组织阅读内容为学生创造趣味性的阅读体验感，助力提升学生英语阅读效果。在小学英语趣味阅读教学中，教师侧重学生的阅读心理活动，为开展互动式阅读教学模式创设适宜的阅读策略，如利用多媒体对阅读文本内容进行动态化处理，为学生形象化地呈现阅读内容，使学生在阅读中思维活跃且注意力集中，为教师在阅读教学活动中培养学生核心素养提供支持。

（二）小学英语趣味阅读问题

目前，小学英语趣味阅读教学效果不理想，与教师对学生学情了解不全面有关。教师在小学英语阅读策略方面仍有待提升，集中体现在更新英语阅读教学内容，创新阅读策略，着力培养学生的核心素养，突出小学英语阅读教学的实用性功能。

三、小学英语趣味阅读培养学生核心素养

根据牛津英语深圳版小学英语教材，下面从情境型阅读训练学生语言能力、游戏型阅读发展学生思维品质、信息化阅读提升学生学习能力和绘本型阅读形成学生文化意识四个方面，展开介绍基于 2022 年版新课程标准培养学生核心素养背景下小学英语趣味阅读教学策略。

（一）情境型阅读：训练学生语言能力

在小学英语阅读教学中，教师可结合阅读文本内容为学生创设情境型阅读模式，既

可以有效地激发学生的阅读学习兴趣，又能在阅读实践中训练学生的语言能力，突出趣味阅读培养学生核心素养的教学效果。例如，在六年级上册 Unit 2 My summer holiday 中的 Look and read 部分，教师以 "How was your summer holiday?" 为主题，为学生创设情境型阅读，具体为教师为学生提供丰富的图片信息内容，在图片信息所提供的特定情境中，教师引导学生由依据图片信息描述阅读内容，发展到学生根据自己的实际暑假情境讲述自己的暑假生活，教师也可结合绘画活动，给予学生情境型阅读愉悦的活动体验感。在 Look and read 的阅读教学中，教师运用情境型阅读策略，将英语语言和非语言知识有机融合，依托阅读文本的特定情境，为学生创设趣味化的阅读活动，让学生与阅读材料互动，支持学生在情境型阅读中迁移已有的知识和语言能力，为学生在情境化的主题语言活动中开展语言理解与表达能力训练。语言能力是核心素养的基础性要素，也是实施小学英语阅读教学重要的教学目标。教师在情境型阅读活动中训练学生的语言能力，做到以发展学生的英语语言为切入点，支持学生在情境型阅读活动中进行跨文化性质的交流与沟通，在提升学生的思维品质与文化意识的同时，助力学生发展英语学习能力。

（二）游戏型阅读：发展学生思维品质

在英语阅读教学中，教师可挖掘阅读文本内容中的游戏元素，运用游戏型阅读策略，激发学生阅读文本内容的兴趣。学生在兴趣的驱使下开展发现问题、分析问题与解决问题形式的阅读活动，达到阅读实践发展学生思维品质的活动效果。例如，在五年级上册 Unit 2 Going to school 中的 Look and read 部分的阅读教学中，教师为学生创设游戏型阅读策略，既落实课堂阅读教学目标，又在游戏型阅读活动中发展学生的思维品质。一方面，在游戏型阅读活动中教师强调目的性，具体为培养学生的思维品质，教师以闯关性游戏形式为载体，根据阅读内容为学生设计层层深入的问题，如：What does Ms Guo do? Ms Guo lives far from an underground, yes or no? Why? Does she live far from school or near? 等，支持学生在思考问题的过程中训练思维品质。另一方面，教师应使游戏型阅读策略有助于开启学生的思维活动，具体为在游戏型阅读中教师为学生注入挑战性元素，如教师根据阅读内容为学生设计连环问题，从提高学生的思考能力入手，实现在游戏型阅读中发展学生思维品质的阅读效果。同时，教师应突出游戏型阅读的多样性，如教师将思考与活动相融合，在发挥游戏型阅读策略作用的同时，在阅读活动中最大化地发展学生的思维品质。思维品质能反映核心素养培养的心智特征，集中体现为学生个性化的思维特征，反映学生对阅读文本内容的内在思维活动，如理解阅读主题，分析阅读细节，比较阅读信息，推断阅读结果，评价阅读内容和创新阅读元素。

（三）信息化阅读：提升学生学习能力

学生的英语学习能力涉及学生积极运用与对英语学习策略进行主动性调适，习得拓展英语学习渠道，以期具备提升英语学习效率的意识和能力。例如，在六年级下册 Unit 2 Changes in our lives 中的 Read a story "The happy farmer and his wife" 的阅读教学中，阅读课前，教师利用翻转课堂教学模式，结合导学案，引导学生对阅读内容进行初步理解，加强学生对一般过去式的理解，如教师在导学案中既为学生扫清词汇阅读障碍，又为学生根据阅读内容设计练习题，便于学生自查阅读效果和掌握学生对一般过去式的运用情况。阅读课中，教师根据阅读内容为学生录制微课程，做到在教学视频中突出阅读教学重难点，在动态且形象化的内容支持下，教师为学生理解阅读内容与在特定语境下灵活运用一般过去时态提供学习策略支持。教师还可以利用希沃白板所具有的思维导图和填空功能，指导学生提炼出阅读内容的主要情节，为学生提供阅读策略支持。阅读课后，教师依托课后平台，为学生设计主题性阅读活动，支持学生课后开展延伸性阅读，发展学生的自主阅读学习能力。同时，教师利用平台优势，与学生进行阅读互动，既掌握学生的自主阅读效果，又为教师指导学生开展自主阅读提供支持。学习能力是发展学生核心素养的关键性要素，教师为学生创设信息化阅读策略，有助于学生在阅读活动中掌握科学的英语学习方法，提升学生的学习能力，支持学生养成良好的终身受益的学习习惯。

（四）绘本型阅读：形成学生文化意识

文化意识涉及学生对中外文化的理解与欣赏，在小学英语趣味阅读教学中体现为学生表现出跨文化的认识与态度，突出学生的行为选择。教师可在小学英语趣味阅读教学中开展绘本型阅读，做到挖掘英语绘本情节中的趣味性元素，使学生对蕴含于绘本中的外国文化感兴趣，依托绘本多元化因素为学生创设趣味性阅读活动，如在 *How much?* 绘本阅读中，教师创设体验式活动为学生切实感受外国文化提供学习策略支持。教师依托 *How much?* 绘本内容，为学生营造购物的活动场景，学生通过扮演绘本中的不同角色展开体验式阅读活动。教师运用角色扮演阅读策略能有效激发学生深度探究绘本阅读内容的积极性，支持学生在深度阅读绘本的学习实践中发展文化意识。文化意识能体现核心素养的价值取向，在涵养学生品格的同时，提升学生的文明素养与社会责任感。

四、结语

基于 2022 年版新课程标准培养学生核心素养背景下开展小学英语趣味阅读，既需要教师及时调整小学英语阅读教学理念，适应 2022 年版新课程标准培养学生核心素养的客观要求，又需要教师在小学英语趣味阅读实践中善于对教学活动进行反思，在阅读教学中做到勇于探索新的阅读策略，打造高质量的小学英语阅读教学，做到以阅读教学为切入点落实对学生核心素养的培养。

【参考文献】

[1] 孙慧 . 新课标背景下小学英语阅读能力培养的方法 [J]. 小学生（下旬刊),2021(09):111.

[2] 胡英楠 . 核心素养下小学中年级英语阅读教学的现状及策略研究 [D]. 沈阳：沈阳师范大学 ,2022.

生本教育在小学英语小组合作学习中的应用

——以 Unit 8 Helping tourist 教学叙事研究为例

深圳市坪山实验学校　陈　璐

【摘要】生本教育已经成为新时期课堂教学讨论中的热点话题，实现生本教育不仅是新课程改革对教师教学的基本要求，也是促进学生能力发展的根本。生本教育下教师如何组织英语课堂活动是学生学习成功与否的关键。在生本教育下的小组合作学习课堂上，教师是组织者、引导者，学生才是学习的真正主体。

【关键词】小学英语；生本教育；小组合作

　　生本教育是郭思乐教授创立的一种教育思想和方式。生本教育是为学生好学而设计的教育，也是以生命为本的教育，它既是一种方式，更是一种理念[1]。生本教育强调促进儿童自主发展，是一种以学生为中心的教育理念，改变了教学行为，发挥学生学习的主观能动性，推动了教育的均衡发展。而生本教育的直接作用就是将"以学养考"的教育方式取代"以形补形，以考养考"的教育方式，通过生本教育所具有的强大推动力，最大限度地激发学生的学习能力和提高学生的英语素养。小学英语的教学目的是培养学生学习英语的浓厚兴趣和良好的语言习惯，打好语音发音基础，培养学生听、说、读、写的初步能力和口头交际能力。在素质教育的背景下，在以人为本的学生观的要求下，本文尝试探讨采取"生本教育"的方式进行小学英语的教学。

　　《义务教育英语课程标准（2011 年版）》强调激发学生英语学习的兴趣，培养积极的英语学习态度，使学生初步建立学习的自信心，养成良好的英语学习习惯和学习策略，发展自主学习的能力和合作精神；倡导体验实践、参与合作与交流的学习方式和任务型的教学途径，发展学生的语言综合运用能力，使语言学习成为学生形成积极的情感态度的过程，进而提高跨文化意识，形成自主学习能力[2]。小组合作学习（cooperative learning）于 20 世纪初源于美国，在 20 世纪 70 年代中期至 80 年代中期取得了实质性的发展。在中国，合作学习作为对传统教学组织形式的一种突破和补充，已经被教师越来越广泛地运用到教学活动中。它在改善课堂内的教学气氛，大范围提高学生的学业成绩，帮助学生养成良好的品质和学会自主学习等方面实效显著。

　　为了构建生本教育下的小组合作模式的课堂，在本课中，教学过程真正建立在学生自主学习、主动探索的基础上，通过学生全面多样的主体实践活动，促进他们主体精神、实践能力和多方面素质的发展。我就本课进行了一次有益的尝试。

一、生本教育下的小组合作学习是积极的互促学习

在合作学习情境中,个体目标与小组目标之间是互相依赖的关系,学生必须紧密团结、相互合作、共同努力、共同取得成功。这种积极的相互依赖关系和共同的学习目标能培养学生互相帮助、互相支持、互相鼓励的积极的合作学习精神。在此教学环节中,我设置了以下活动:课前小组合作表演。

教学片段一:

师:Now Let's come to show time. Welcome eagle group. They will bring us "Lion's bad breath".

生1:We are eagle group. Now watch our show.

生2:A lion is a strong animal. One day, he met a monkey.

生3:Good morning, my king. Oh no!

生4:What's the matter?

生3:No, no, nothing.

生4:Tell me the truth.

生3:Your breath smells bad.

生4:Ok, you will never smell again.

生2:So, the lion ate the monkey. The lion was angry. He met a rabbit.

生4:You, stop!

生1:Oh, yes, my king.

生4:Hu, does it smell good or bad?

生2:The rabbit was afraid. So she lied to him.

生1:It smells good, my king, like an apple.

生4:You lie. I will eat you.

生2:So the lion ate the rabbit. Then he met two foxes.

生4:You, two, stop.

生5 & 生6:Oh, my king.

生4:Hu, does it smell good or bad?

生3:Two foxes saw the rabbit eaten by the lion. They were so afraid.

生5:Uh, my king, we have a cold. I can't smell.

生6:But we think you smell good, don't you?

生4:Sure.

生2:So the lion let the two foxes live.

生本教育下的小组合作学习是开发人工智能的有效方式。组内成员都有责任保证组内成员掌握教学内容,只有组内每一位成员都掌握了,教学任务才算完成了。因此,每

位成员的积极性都被调动起来，学生间互帮互助，互相促进，互相合作。学生在交流信息、分享成果时，团队合作精神得到了培养。英语小组合作表演学习法可激发学生的内在学习动机。尤其在获得成就感的同时，学生看到了自身潜力。运用得当的英语小组合作表演学习法，虽然只占课堂教学的几分钟，却能为这堂课的教学带来良好的效果。在运用英语的过程中，同学们学到了正确的学习方法，即大量接触英语、大量练习英语，以促进学习成绩的提升。学生之间的配合表演是互相促进学习的有效方式，通过丰富多彩的课堂表演，能够迅速培养同学们的英语学习兴趣，并使这种浓厚的兴趣保持下去，形成英语学习中有利的非智力因素。尤其对于那些原本在他人眼中水平低、能力差的英语学习者来说，如果能够用小组合作表演法对其加以正确的引导，他们也都能开始向正面转化和提高。

二、生本教育下的小组合作学习是责任明确的协作学习

针对很多课堂出现的"搭车"现象等问题，解决的办法主要是使每个学生在小组合作学习中都负责承担独特的一部分任务，或者就是使学生各自为他们的学习负责。小组合作学习是责任明确的协作学习，让每个学生都有事可做，有任务去承担。为此，我设计了以下活动：组内讨论。

教学片段二：

师：Boys and girls, today I will introduce a friend to you. His name is Benben, a country mouse.

生：Nice to see you, Benben.

师：Benben will visit Shenzhen this summer holiday. Do you know any interesting places? Please talk in your groups in three minutes. You can talk like this:

Leader：We are…group.（我们是哪组） Here are our ideas.（这是我们组的想法）

A：I think City Stadium is good…

B：I think…

…

Leader：So, in our group, we think…

生 1：We are Happy monkey group. Here are our ideas.

生 2：I think Happy Valley is good.

生 3：I think Longhua Temple is good.

…

生 1：So in our group, we think Happy Valley, Longhua Temple …are good.

…

师：Very good, You all did a good job.

在小组合作教学下，应注重形式，还应注重内容以及质量。在一定程度上讲，尊重

学生的主体地位，学生能够进行积极的交流探讨，还能在有效时间内进行分工合作。教师应加强对学生的指导，进而调动学生的学习兴趣，让学生能够愉快地度过课堂教学时间，还能将知识进行全面消化[3]。在这一环节，我设计了暑假期间一个乡村小老鼠来深圳参观，不知道去哪儿参观，求助每组学生的活动。这一环节我规定了每组每位同学都要发表意见，并且组长还要负责总结归纳的工作，让人人投入到小组合作中来，完成共同的任务。

三、生本教育下的小组合作学习是多边的互动学习

德国教育家第斯多惠说过："教育的艺术不在于本领，而在于激励、唤醒，与鼓励。"生本教育下的小组合作学习实施给现代教育带来了崭新的理念。为此，我将课堂归还给学生，设置各类师生、生生之间的活动：自主互助，释疑深化。

教学片段三：

师：Oh, Benben is here. He wants to find the bus stop, He comes to the policeman for help. Perhaps I'm Benben. Who wants to be the policeman?

生 1：I can.

师：Excuse me.

生 1：Can I help you?

师：Yes, please. I want to find the bus stop. Where's the bus stop?

生 1：It's over there, on the left.

师：Boys and girls, are you clear? Please read in your groups. You need to read after group leader twice. Then, the group leader needs to check your group one by one. At last, your group can read to the whole class.

生：Ok.

师：Which group wants to have a try?

生：Excuse me. Can I help you? Yes, please. I want to find the bus stop. Where's the bus stop? It's over there, on the left.

生本教育下的合作学习创造性地应用了互动理论。合作学习的互动不是传统意义上的教师与学生之间的单向型互动，它强调的是师生之间、生生之间的多边互动。师生互动，顾名思义是教师将知识传递给学生，师生之间相互交流的双向型互动。而生生互动主要指学生间的互动，包括学生个体与学生个体的互动、学生个体与学生群体的互动、学生群体与学生群体的互动。这个教学环节，我通过师生之间的互动，以及让组长带着组员进行生生之间的互动。小组合作学习在课堂教学中为学生创设一个能够充分表现自我的氛围，为每个学生个体提供更多的机遇。人人都有自我表现的机会和条件，使之在小组中相互交流，彼此尊重，共同分享成功的快乐，使每个学生进一步发现自我、认识自我，他们的主体地位被大大地肯定与提高，从而促进学生的全面发展。

四、课后反思

（一）本堂课中，我将教学实际与生本课堂相结合，将小组合作学习运用于其中，进而激发学生的学习兴趣，使其参与其中。最终提升学生的学习能力，还能在真正意义上促进教学质量的提高。课堂教学中的小组合作是学生的独立活动。每个学生都是合作学习的主体，积极主动的协调者和创造者。教师从传授者变为指导者、参与者或观察者。教师主要是向学生讲解小组活动开展的方法和要求学生在自己开展活动时所须运用与掌握的语言知识。学习合作技巧是顺利进行合作的前提保障。小组合作学习的过程，也是小组成员之间的学习活动相互调整、相互改进、互补共效的过程。每个组员的学习行为将会不断受到来自伙伴的建议、提醒和修正，同时每个组员也要关注他人，经常提出自己的观点和意见。

（二）本节课有许多成功之处，但也存在不足的地方，如小组合作学习会带来相对于传统教学更大的噪音；部分成绩较差或不善于表达的学生在对话表演中，只说几句礼节性的口语，小组分工没有完全公平合理；课堂用语不够丰富和清晰，在安排学生小组活动的时候，时间还不够充分等。今后要更加注重教学理论的学习，精心研究教法，优化学法，在课堂上真正关注每个学生的发展，调动学生的积极性，全面提高课堂效率。

【参考文献】

[1] 俞丽华 . 多元评价在小学英语生本化课堂中的应用研究 [D]. 上海：上海师范大学 ,2015.

[2] 中华人民共和国教育部 . 义务教育英语课程标准 (2011 年版) [S]. 北京：北京师范大学出版社 ,2012.

[3] 马素萍 . 生本教学理念下小学英语小组合作学习探析 [J]. 甘肃教育 ,2018(21):80.

支架式教学在初中英语语法复习课中的作用探究

——以结合动画片《熊出没》复习被动语态为例

深圳市坪山实验学校　董　虹

【摘要】支架式教学的核心理念在于通过利用情境、合作、会话等手段，帮助学习者建立新认识。本文以全新视角解读初中英语语法教学与支架理论结合的可行性搭建支架，逐步提高学生独立解决问题的水平。被动语态结构是中学阶段一个很重要的语言结构，是历年中考的必考点，利用动画片《熊出没》搭建支架进行被动语态的复习教学，能有效提高课堂教学效率。

【关键词】支架式教学；初中英语；动画片《熊出没》；被动语态

一、研究背景

《义务教育英语课程标准（2022 年版）》规定了语言使用中的语法知识是"形式—意义—使用"的统一体，明确学习语法的目的是在语境中运用语法知识理解和表达意义。

想在中学阶段培养学生英语的交际能力，初中阶段的英语语法是必要基础，然而，当前的语法教学现状并不是十分乐观，特别是初中阶段的语法课堂，老师如何能轻松地教，学生高效地学，实现教学相长？如何增强学生自主学习的积极性和合作学习的意识，达到自主学习？如何充分利用课堂生成问题，达成高效课堂？是目前需要思考、探究、优化的问题。

如何让语法课堂充满乐趣？现阶段比较倡导的教学模式是在情境中教学。传统的语法课堂只是教授主要语法规则，忽略了学生对语法规则的灵活运用。40 分钟的课堂时间，老师讲解占用了大部分时间，只留给了学生很少的机械操练的时间，并没有把激发学生的兴趣放在首位，只强调知识目标达成，未重视情感目标的渗透。考虑到语法教学在初中阶段的重要性和研究中所存在的局限，本文将视角放在初中英语语法复习课与支架式教学相结合，并结合动画片《熊出没》复习被动语态的真实课例，对比传统的教学法，探究支架式教学法在初中英语语法课中的作用，促进初中英语语法课的高效教学。

二、理论基础

（一）支架教学理论

支架式教学（scaffolding instruction）是指通过运用情境、合作、会话等教学情境因素，充分调动学生群体的动机、兴趣和开创精神，以学生群体为核心，达到让学生更高效地完成其知识的意义建构的教学方法。

"支架"一词首先使用于约 1300 年，这个术语最先应用在建筑领域，也就是工地上可以看到的"脚手架"，是工人们在建造房屋时临时搭建的平台。伍德（David Wood）、布鲁纳（Jeron Burner）和罗斯（Gail Ross）等人用此方法解释他人在活动中给予的帮助。在对众多支架理论的研究中，人们更偏向于维果茨基（Lev Vygotsky）指出的基于"最近发展区"。孩子的最近发展水平主要有两个：一是孩子现阶段水平；一是孩子将来达到的发展水准，此二者之间的差距就叫作最近发展区。

当前最典型的课堂教学环节包括：在第一阶段时构建支架——根据当前课堂教学主题，并根据"最近发展区"的需要构建理解架构。第二阶段则是进入情境——把学习者带入相应的问题情境。第三阶段为自主探究——由学习者自主探究问题情境中所蕴含的意义，抽取出问题的实质，努力解决这个问题。第四阶段为合作式学习——通过小组合作、讨论，在共享集体思考结果的基础上，获得对当前所学知识的更加完整的、正确的认识，并实现对该认识的意义重新建构。第五阶段为效果评价，即通过老师评价学生、学生自评、学生互评的方式，从知识掌握情况，自主学习能力以及团队合作中给予评价。

（二）建构主义教学理论

建构主义（construction）强调，人的认知经历是由人建构起来的，在自身的认知经历的基础上，人进一步形成了自身对客观事件的了解与认知。每个人的生活体验有所不同，从而对一个事情形成了不同的认识。建构主义者对教和研二者之间做出了全新的阐释，既关注学习者们所掌握的知识的独特性和丰富性，又关注学习者们在教学中的主观能动性、社会互动性和情境感。学生们是你所要掌握的知识库的建立者，这也正好说明了学生应该作为课堂的主体。在一种教学环境下，最初大部分的任务由老师承担，随着教学时间的深入，学习者与老师所应分担的职责更加明确。当学生感到很有自学能力时，老师可试着逐步撤去支架，让他能自己完成作业。

三、研究设计

（一）研究对象

本研究的授课对象为坪山实验学校九年级的学生，他们的学习成绩、态度和课堂纪律相似，分别来自九（15）班（50 人）和九（16）班（50 人），九（15）班作为实验班，采用支架教学法；九（16）班作为对照班，采用传统的教学方法进行英语语法教学，两个班由相同的英语老师授课。笔者在实验前先对两个班进行被动语态专项测试和问卷调查收集前测数据，之后开展为期两周的实验研究，实验后，再次对两个班进行被动语态专项测试和个别访谈并收集后测数据。

（二）基于支架式教学的九年级英语被动语态复习课教学案例

笔者以九年级英语被动语态复习课为背景，设计教学任务。

1. 学情分析

本课的教学对象是已经学习过被动语态的九年级学生,班级一半同学英语基础较好,学习积极性较高,能够在小组合作学习中发挥作用,并且能够认真学习,成绩中等的学生学习基础一般,但他们能够参与到英语课堂中来,在引导鼓励下掌握并运用基础知识。剩下的十几个学生英语基础特别差,只能通过有趣的教学设计来吸引他们的注意力。

2. 教学过程

(1) 提供支架

首先,在被动语态复习课的导入环节,老师播放《熊出没》的英文主题曲,同时让学生思考一个问题: What do you know about this story?

学 生:There are 3 characters in the story. The bears stop Guangtou Qiang from cutting down trees… 这个环节可以激发学生想要去了解故事内容的欲望。

其次,老师用图文的形式,用五种时态以及带有情态动词的被动句将故事串起来,然后讲这些句子中的被动语态结构,让学生去感知被动语态的基本构成结构。

在老师的引导下,学生知道文章讲了熊大、熊二阻止光头强砍伐树木的故事,对故事有一个概括性的了解,再结合自己已有的知识——从动画片《熊出没》上看到故事内容,对故事有了更深层次的了解,通过感知老师标红的被动语态结构,了解被动语态的基本构成结构。

接着,将之前一页的句子复现,但是将被动语态结构中的动词挖空,让学生通过自己的思考去填写,进一步加深对被动语态构成的了解。紧接着让学生总结被动语态的结构。

设计意图:通过情境导入和问答法,引导学生快速熟悉文章主题,并以图文的形式,用五种时态以及带有情态动词的被动句将故事串起来,搭建故事框架,在学习故事的过程中了解被动语态基本结构,并复现前一页中挖空的老师标红的被动语态动词,让学生总结五大时态被动语态结构,逐步提升学生自主学习的能力。

(2) 创设情境

首先老师出示一张有关《熊出没》剧情的图片,给出关键词,让学生用被动语态造句,通过这个环节让学生掌握并且运用被动语态,由词上升到句。这个环节老师会设置让学生练习各个时态的被动语态,再一次加深学生对这个知识点的掌握。其次,老师设置《熊出没》中的人物光头强来学校,学生作为采访者去采访他的教学环节,老师提前设置对话内容,给出单词,让学生根据词来补全对话,这个环节由前面单纯的句子变成了语段,教学设计上提升了难度,设置的场景能够吸引学生眼球,带动学生参与到教学环节中来。老师在设计对话的同时要为最后教学输出环节做铺垫。

设计意图:通过创设故事情境以及光头强来学校的生活情境,光头强走进学生们的生活的教学环节,故事情境能让学生掌握并且运用被动语态,由词上升到句,通过此环节,学生能加深对被动语态这个知识点的掌握。光头强走进学校的生活情境设计让学生主动参与到教学环节中来,真正成为学习的主体,在这个过程中灵活运用被动语态。

（3）自主探究

目前深圳市英语考中对被动语态的考查主要以语法填空为主，针对初三学生以及中考，老师根据中考考题设置了一篇语法填空的题目让学生独立完成，所填内容大多都是被动语态，也有少数主动语态，加强锻炼学生的做题能力。为了不让学生感到枯燥，老师通过设置竞赛得分来吸引学生参加此项教学环节。

设计意图：针对实验班是九年级的毕业班学生，要参加眼前的中考，特别设置一定的练习提高学生们的做题能力，专门设置竞赛得分来吸引学生参加此教学环节。

（4）合作学习

这个环节是本节课的一个输出活动，老师设置的也是相对开放的形式，便于学生发散思维，给予学生想象空间，吸引学生的注意力。设置的场景是做一个报告，学生可以从四个选题当中选择自己最喜欢的话题做报告，这四个选题分别是：How to protect the environment；How to plant trees；How to make a cartoon；How to be a good actor or actress。做报告之前，给学生进行分组，并留足够的时间让他们进行小组合作讨论，并选出代表做报告。

设计意图：前面教学设计环节内容大多是保护环境，所以绝大多数学生会选择保护环境这个话题，这也是老师的最终教学目标。这节课就是以保护环境为主题，通过最后的这个环节，学生可以锻炼自己的写作能力，为以后保护环境这个话题的写作打下坚实的基础。

（5）效果评价

在课堂互动中，老师主要采取过程性评价，包括老师对学生的评价、学生之间的互评和学生的自评。在报告做完后，先要求学生进行评价，由于这一环节是开放的形式，学生们可以畅所欲言，紧扣主题、言之成理即可，老师再进行总结性评价。

设计意图：多元化的评价方式能够提高学生的批判性思维能力，老师将课堂内容进行升华，上升到情感高度，用一句谚语"Do our part and protect it for all mankind." 教育引导学生意识到保护环境的重要性。

四、研究结果分析和建议

（一）研究结果分析

我们按照实验班与对照班的前后所测数据，并使用了SPSS21.0的统计分析程序进行了配对抽样 T 试验，结果如表一所显示。

从表一中可以看出，实验班学生前测分数和对照班学生前测分数的 $p=0.726 > 0.05$，这说明实验班学生和对照班学生的前测分数无显著差异，即两个班学生的被动语态掌握程度很接近。实验班前测和实验班后测的分数 $p=0.003 < 0.05$，这说明实验班前测分数和实验班后测分数之间存在很大差异。此外，对照班前测和对照班后测分数的 $p=0.032$

表一

	成对差分						t	df	Sig.（双测）
	均值	标准差	均值的标准差	差分的95%置信区间					
				下限	上限				
实验班前测—对照班前测	.086	3.163	.245	-.401	.575		.343	100	.726
实验班前测—实验班后测	-.631	1.213	.093	-.814	-.433		-6.552	100	.003
对照班前测—对照班后测	-.191	1.119	.087	-.363	-.016		-2.160	100	.032
实验班后测—对照班后测	.523	2.564	.201	.124	.923		2.601	100	.009

< 0.05，这个数据表明对照班的分数并没有实验班的分数进步大。通过表一，我们可以得到实验班后测和对照班后测的 p=0.009 ≤ 0.010，表明了实验班学生的被动语态掌握程度有明显提高。所以，支架式教学的使用对于初中生英语语法复习的效果，相比于传统式教学更加突出。

（二）在初中英语语法复习课中应用支架式教学的教学建议

1. 搭建情境支架，激发学习兴趣

老师搭建符合学生学习实际的话题情境，能更好地激发学生的学习兴趣。首先，老师课前通过了解学生对知识的学习情况进而更好地把握学生对语法知识的掌握程度和学习语法的兴趣，从而确定学生的最近发展区。然后，在初中英语语法教学中，老师可在导入环节进行情境创设，该情境的创设考虑到学生原有知识水平，并结合学生耳熟能详的动画片、故事等进行设计。最后，老师要使课堂变得生动、形象、丰富和立体。增加话题讨论、角色扮演和生生互评等互动环节，有利于提高学生参与率以及任务完成的效率。

2. 通过问题支架，提高学习能力

问题是学习过程中最常见的支架，真正体现以学生为主体，以教师为主导，发挥老师的引导作用。例如本文中让学生思考一个问题：What do you know about this story? 学生整体了解故事情节，结合被动语态在《熊出没》语篇的运用，归纳总结出被动语态的结构，提升了学生自主学习以及归纳总结的能力。

3. 设置开放话题，发散学生思维

初中英语语法教学最忌讳的就是脱离实际语境讲语法规则，再机械地去训练，这样不仅不能收到良好的效果，而且会导致学生失去学习的兴趣，这也是和《义务教育英语课程标准》背道而驰的。本文结合动画片《熊出没》复习被动语态为课例的输出活动：学生可以从四个选题当中选择自己最喜欢的话题做报告，不仅给学生提供了想象的空间，发散了学生的思维，而且使学生对保护环境的主题有了更深层次的理解。

【参考文献】

[1] 中华人民共和国教育部 . 义务教育英语课程标准 (2022 年版)[S]. 北京：北京师范大学出版社 ,2022.

[2] 马玉梅 , 陶明成 . 支架式教学理论指导下的英语语法教学模式 ,[J]. 外语教学 ,2010,9,8.

[3] 何晶晶 . 支架教学法在初中语法课堂的应用研究 [D]. 延安：延安大学 ,2015.

[4]Vygotsky,LS. Mind in Society: The Development of Higher Psychological Processes[M]. Cambridge：Harvard University Press.1999:145−188.

[5] 黄慧 . 建构主义视角下的大学英语语法教学研究 [D]. 上海：上海外国语大学 ,2007.

[6] Martin, J. R. Mentoring exogenesis: Genre−based literacy pedagogy. In F. Christie(Ed.),Pedagogy and the Shaping of Consciousness [M]. London: Cassel,1999:225−260.

[7] 张燕军 . 高中英语语法教学中实施同伴互助学习的实验研究 [D]. 长春：东北师范大学 ,2011.

运用舞台式教学构建生本课堂模式

深圳市坪山实验学校　洪漫漫

【摘要】生本教育是为学生好学而设计的教育，也是以生命为本的教育，它既是一种方式，更是一种理念。舞台式教学指在教学过程中，教师把教学内容贯穿到情景剧中，将所学的语言知识渗入到有趣的情境之中，为学生创设学习的情境。在舞台式英语教学中，教师就是导演，学生就是演员。在生本理念的指导下，课堂活动以学生为主体，学生运用所学的英语进行生活化交际。本文着重论述了舞台式教学的意义及其在课前、课中、课后的具体运用。

【关键词】生本课堂；舞台式教学；小学英语教学

　　英语作为一种工具语言，其最终目的是为了交际。学生从英语课堂中所学到的字符和表象，转化为学生脑中的概念，进而表现出来。否则，就会出现"高分低能""哑巴英语"的情况。因此，教师需要关注在平实课堂上如何把英语学习落到实处，达成语言输出的交际目标。为此，最重要的是激发学生的兴趣，创设出特定的情境，让学生在语言实践中促使语言输出，加强英语口语交际训练。舞台式教学是有效指导语言输出的方法，把教学内容贯穿到情景剧中，创设学习的情境，为学生提供充分的机会和空间输出语言，促使学生在语言实践中进行英语口语交际。

一、生本理念下的舞台式教学

　　小学生具有好奇、活泼、爱表现、善模仿的特点。在学习中，他们渴望富有趣味的故事情节，喜欢形象生动的角色，富有想象力和创造力。在平实课堂上，有了教室生动形象的引导，学生能把语言和其表达的情境直接建立联系，从而达到理解和体会的学习目标。在英语课上运用舞台式教学是为了巩固所学知识、提高综合能力、培养核心素养，实现最终教学目标的途径，对学生知识与能力有一定的要求，常用于英语活动课、综合实践课等。所谓舞台式教学，就是指在教学过程中，教师把教学内容贯穿到情景剧中，将所学的语言知识渗入到有趣的情境之中，为学生创设学习的情境，既引起学生的情感体验，进一步地领会所学知识的含义，又能为学生提供充分的机会和空间输出语言，促使学生把语言知识和技能以舞台剧的形式表现出来,进而提高其语言学习和运用的能力。

　　舞台式教学是结合学生英语学习特点而提出的，形式包括小品、课本剧、舞台剧等，运用课堂上所学的英语进行生活化交际。在平实课堂上，舞台式教学重视探究性、实践性、综合性，创设具体生动的场景，激发学生的学习兴趣，培养学生创造和活用语言的能力，从而达到口语交际和表达自我的目的。

二、构建生本课堂模式

（一）课前

1. 选主题

第一，剧本主题要贴切，亲近学生年龄阶段的特点，尽量选择学生较为感兴趣的、与学生日常生活相关的、学生较为熟悉的话题。剧本内容要直白描述少，人物对话多。对于英语听说能力尚未成熟的小学生，场景描述过多的绘本，容易显得平铺直叙，略显无趣。能够调动学生表演积极性的，应该是对话比较多的、情节生动有趣的故事。好的剧本让学生既容易代入，使表演更加生动形象，又容易记忆，在舞台式表演时更显得活灵活现。

第二，主题剧本中应包含不同的角色，但又不宜太多，最好控制在三至五个。剧本里需要有不同的角色，为的是分角色扮演，会让故事变得更加立体。尤其如果角色之间有反差，比如勤劳的蜜蜂、懒惰的小猪、凶狠的老虎、温柔的小兔，这些鲜明的角色对比会让故事变得更加丰富。但角色也不能太多，否者会导致舞台出现混乱的场面，台下的"观众"也难以分清。

第三，选择的课文文本具有表现力。有的课文里，图片多文字少，需要想象和演绎的空间就很大，对学生的能力水平也有比较高的要求，不适合面向全班同学。所以要选课文文本本身具有表达力，需要学生"自主想象画面"少的。

2. 编剧本

小学生想象力丰富，颇有创造力，对编演课本剧富有兴趣，如有教师加以指导，才能有好的文本，才能保证演出成功，应给予充分重视。教师应让学生明确：改编时可适当增删，无论是人物对话还是旁白，都是为主题服务的，删减或增添，既要适合于剧情发展及人物性格的需要，又要适合舞台演出。

另外，对课文里一些能突出人物性格的对话及动作，也要在剧本里体现，并注意突出其作用。剧本编写完成后，应要求各个剧组成员在课外进行多次排练，组内成员互相监督，纠正语言错误，规范英语表达，以达到共同提高的目的。

教师可以鼓励学生在感受表演的内容和意义的基础上，结合自己的生活经验，尽量保留课文原有主题和意境，创造矛盾冲突激烈，故事情节丰富，人物性格鲜明等多种创作手法将课文编成剧本。

（二）课中

1. 观表演

编剧是为了演出，编与演相辅相成。在多次排练的基础上，组织各个剧组以教室为舞台，将精心准备的剧本在课堂上表演。需要注意的有以下几点：

第一，舞台的布置及道具应从简，不能人为增加演出的难度。如"The emperor's new clothes"里，皇帝的龙袍可借用学生午休时的毛毯，饰演没穿衣服时的国王可拿画纸、书本等遮挡，这样的表演效果更能激发观众的认同感，从而产生共鸣。

第二，小组活动应做到人人参与。即使有的学生由于角色有限没有加入表演中，也应该承担起一定的任务，如编写台词、设计情节、准备道具。在组员表演的过程中，做好全程的后勤和监控工作，等等。平时比较胆小内向或基础较为薄弱的学生，教师应使用语言和奖励机制积极鼓励学生参与活动过程，用正面的语言去激励学生的活动，创造更轻松愉悦的环境，让学生减轻不必要的心理负担，享受表现自我的过程。

第三，多听，加强模仿，语音语调、神态表情、肢体表达都是"一个演员的基本修养"。人物对话的表演是重点，应掌握好语调、语速、节奏及停顿，最大限度地为突出人物性格、推动情节发展服务。适当的时候，简单的肢体或表情往往比长篇大论的语言更有表现力。一个细节、一个动作也能传递出不同的信息。

同时，在舞台上表演必须脱稿，演出时间控制在 8—10 分钟。

2. 做点评

表演过后，教师还要组织学生进行评论，评论编演的水平及优缺点，重点是指出创新和成功之处，同时提出今后努力的方向。除教师点评外，小组间还可以进行互评，各组可以进行形成性评价和综合性评价，组组之间相互学习，取长补短。经过了前面的改编和表演，学生对原课文的理解已提高到另一层次。这时，教师适时提高难度，拓宽思路，提出有讨论空间、有价值导向的问题让学生讨论，以期进一步提高学生英语水平。

（三）课后

1. 选模范

学生结束舞台表演后，教师应当对学生的表现进行完整及时的反馈，可以鼓励所有的同学对学习活动进行评价，表扬声音响亮、语音语调正确、对话流利的同学；对发挥稍差的同学也要表扬，肯定他们参与活动的勇气，树立他们学习英语的信心，再给予科学正确的指导。小学生的向师性在舞台式教学中的表现明显，学生的态度容易受教师的影响。在观看学生表演的过程中，教师流露出满意的表情或者提出表扬时，学生在评价时也会以正面评价为主。当学生通过努力亲自参与从而收获了成果，能使他们体验到成功的快乐。对准备充分、表现突出的小组和个人，师生共同评选最佳剧组和最佳演员。

2. 总结和展示

做好资料的收集和整理。学生在课前的准备排练、课中的表演和评价、课后的讨论和交流，教师可以用相机记录片段，保存同学们改编的优秀剧本，作为参考和学习的资料。这既能给今后的表演和展示提供素材和参考，又能激发同学们继续学习的热情和动力。

三、结语

舞台式表演需要教师不断地在课前、课中、课后做好指导学生选、改、演、评的工作，使学生真正代入，把学习英语当成一种乐趣，让他们在角色表演中体验语言、运用语言，并获得一种学习带来的成就感。学生会在这样寓教于乐的教室中快乐地理解英语，学好语言，运用交际；在小组合作的团结互助中接受挑战，畅所欲言，表达自己；在平实课堂的自由舞台上，耐心聆听，学习借鉴，绽放光彩。

【参考文献】

[1] 中华人民共和国教育部 . 义务教育英语课程标准 (2011 年版)[S]. 北京：北京师范大学出版社 ,2012.

[2] 连淑琼 . 浅谈英语课本剧的改编与实践 [J]. 中华少年 ,2017：79-80.

[3] 李征娅 . 舞台式教学法在小学英语教学中的应用 [J]. 英语教师 ,2016：78-80.

舞台式教学法让平实英语课堂更精彩

深圳市坪山实验学校　李燕青

【摘要】在课堂上，如何让英语语言学习变得"活"起来，让学生能自然地输出英语语言，生动形象地表达情感，是教师需要思考和探究的问题。实践表明，舞台式英语教学法有助于激发学生的英语学习兴趣，增强语言运用与表达能力，使学生更好地体会与抒发情感。本文通过具体实例说明舞台式教学法在课本剧表演教学中如何应用。

【关键词】舞台式教学法；英语教学；平实课堂

在平实课堂中，为学生创设尽可能真实的英语语言环境，营造轻松快乐的英语学习氛围是尤其重要的。教师可以灵活地采用多种方式，如听、说、读、写、唱、表演等方式来组织课堂。要想学生能积极参与课堂，活动的设计要丰富有趣且符合学生的学段特点。通过活动，教师可以为学生提供展示英语的平台，大胆表达英语并自信交流。学生能够在活动中、在表演中与同伴互助学习，提升英语学习自信和英语学习兴趣。本文将围绕舞台式教学法开展的课本剧表演进行探究。

一、平实课堂中运用舞台教学的意义

小学是学生学习英语的初始阶段，学习兴趣与基础的好坏都会对日后的英语学习产生重大影响。研究表明，教师教学方式对学生英语学习效果有直接影响。在实际教学中我们发现，当今的课堂过于侧重应试。在高年级的英语应试教育中，我们重点考查听与写这两个方面，而往往忽略学生英语的表达与语感的培养，甚至是忽略语感语境等实际应用学习环境。毫无疑问，这样脱离语境的学习会使学生失去学习英语的兴趣。为此，我们使用舞台式教学法，不仅有助于激发学生的英语学习兴趣，增强语言运用与表达能力，还能使学生更好地体会与抒发情感。舞台式教学法最常运用在课本剧表演中。课本剧是以英语课文内容为主要的参考素材，以表演为主要形式展开的综合运用语言的实践活动。对学生而言是一种任务型的探究性学习，能帮助学生更好地理解语言和使用语言。通过实践，我们发现舞台式教学法还能够培养学生的团队合作能力和表演能力，是提高学生英语综合素质的一个有效的英语教学法。

二、基于"舞台式教学法"的 Read a story 专栏课堂教学

牛津上海版小学英语教材的 Read a story 专栏，安排在每一单元的核心语篇和核心词汇栏目之后，该栏目的英语故事主题和单元主题相关，内容不仅贴近学生的生活且富有

趣味性，还有小部分的词汇句型拓展。总体上，该栏目的篇幅短小，语言简洁，趣味性高，利于表演。教师可以基于该栏目，作为教学素材。

（一）单元重组，小组合作创编课本剧

笔者发现，如果课本剧仅仅是让学生照着 Read a story 中的故事进行小组排练和表演，对学生的学习来说有一定的帮助，但是趣味性低，不利于培养学习兴趣，也不利于学生创造性思维的发展。如果学生已经知道了故事情节，一遍遍观看不同小组的表演会感到很乏味，甚至会失去学习兴趣。因此，在舞台式课堂中，教师应当鼓励学生大胆对课文内容进行改编。学生的英语水平有限，在进行文本改编创作前，教师应协助引导学生，帮助他们更好地改编。

例如，在牛津上海版小学英语教材五年级上册第一单元的 Read a story 栏目中，故事讲述了主人公 Froggy 想做飞行员，可是恐高；想做歌手，却又不擅长唱歌。一次偶然的机会，他救起了落水的小鸡，救生员发现了他的潜能，邀请他一起做救生员。本单元的主题是 "My future"，谈论的话题是未来的职业选择。这个充满趣味的小故事告诉学生，只要是适合自己的、能发挥自己长处的、自己喜欢的便是一份好的工作。这样的一篇小故事，该怎么改编呢？学生在过去的学习中学了不少有关职业的词汇，因此教师可以引导学生将故事中的职业改成其他的职业，并对文本做出相应改动。有了改编的思路，改编难度就不大了。

教师提出建议后，要求学生分小组讨论更换的职业，改编剧情，写出剧本后再给教师查看语言是否有错误，根据建议进行剧本修改。学生经过团队合作，有了许多不同的故事版本，特别有趣。有的学生说 Froggy 想做一名舞蹈家，但是他跳得乱糟糟的，把观众都吓跑了。他看到一家餐厅在招厨师，便进入尝试，结果用火不当，他被炸到了湖里。这时，他发现了落水的孩子，善于游泳的他迅速救起了孩子，最终成了一名救生员。有的小组说，Froggy 发现月嫂工资很高，他想学着做，可是他浑身绿绿的，还时不时发出呱呱的声音，把小宝宝都吓哭了；想做的士司机，却发现自己没有驾驶证……学生们的想法看似天马行空，却极具创造力和想象力，他们的故事比课文中原本的故事更加有趣，故事衔接也十分自然。每个小组的故事都不一样，在观看表演的过程中，学生们都特别集中注意力，充满了学习兴趣。

（二）在演中学，感知语法，体会情感

《义务教育英语课程标准（2022 年版）》要求在小学阶段教师要进行一些简单的语法教学。因此，在小学中高段的英语课本剧表演中不能仅仅为了表演和激发兴趣，还应该渗透一些学科知识，让学生通过表演更好地感知难懂的语法知识。本单元 Froggy's new job 的表演课可以灵活地安排在学习完第五、六单元后，作为中段复习小结。第五单元学习的是一般现在时，而第六单元第一次学习现在进行时，不少同学感到很难理解，常常出现混淆现象。因此，在学生改编剧本的时候，教师可以布置以下两个小任务：1. 小组合作讨论一般现在时和现在进行时的区别，并用思维导图概括出来。2. 在文本中至少出现三次现在进行时的句子。

完成以上小任务的过程中，学生们通过讨论已经大致复习和掌握了两种时态的用法，在写剧本的时候，就很自然地根据情景写出了现在进行时的句子。想一想，平时我们布置的造五个现在进行时的句子，和让学生在改编中使用该时态，是不是后者更有趣呢？不少学生表示，经过改编剧本和表演，他们对现在进行时更加掌握了。对于台下做观众的学生来说，在情景表演下，感受到的语言更加生动形象。例如，Froggy 正在开车，旁边的人问"What are you doing?"，他开着车得意地回答道："I'm driving a taxi."。一遍遍地说，一遍遍地听，语法不再枯燥，而变得更加生动形象，语言也就慢慢习得了。此外，课本剧的表演，要求相应角色对情景做出自然的反应。因此，在这种变化着的情感的支配下，学生在不同的情景中，使用不同的情绪和语气进行表达，语言的运用取得了积极的效果，从而能够更好地体会情感。

三、在平实英语课堂实施"舞台式教学法"的注意事项

课本剧表演活动强调的是学生"想象"和"创造"的过程。在进行舞台式教学前，除了指导、协助学生创编文本外，还需要充分考虑学生如何组织分工，表演中需要的教学资源的道具准备，时间和空间的安排，评价方式等。

（一）组织分工及教学资源的准备

在课本剧中，表演者和观看者都能从中获益。但是，完整地参与到整个课本剧中，参与编排、表演、观看，学生的学习体验会更加深刻。因此，可对全部学生进行分组，让每个人都参与，每组表演时间根据课堂时长和表演组数平均分配。每个学生的学习能力和性格气质都不太相同，教学目标不强求达到统一标准，但要求在编剧本的时候，尽可能协调让每个学生都有机会担当不同的角色，拥有说对白的机会。学生进入情景和角色，充分投入到表演中，将在整个表演过程中学会许多课内外知识。

一般来说，我们的教室空间有限，为了使课本剧表演更加顺利开展，我们可以将教室内的桌椅摆放到一边，腾出足够大的舞台供学生展示；还可以利用学校其他的空间，如礼堂、舞蹈室、演播厅、音乐室等进行活动。场所确定好后，还应考虑道具的运用。如果学生穿着校服，无道具进行表演，那么和平时的课堂没什么区别，缺乏仪式感和表演氛围。当学生穿上相应的服饰，准备相应的道具，舞台感就增强了，还能提高学生对课本剧内容的兴趣，帮助学生更好地进入角色，有时还能引发更多的创意空间。

此外，音乐、乐器与灯光的使用对整个课本剧的表演有着重要的影响。一来可以控制表演时间，二来还能烘托不同的气氛。Froggy's new job 的表演课前期准备中，学生通过讨论认为，为了让表演更加生动，在不同的情境要用不同的音乐和乐器。他们带来了电子琴、小提琴等乐器。例如，看到舞者在翩翩起舞的时候，负责伴奏的学生在一旁演奏优美的音乐；当 Froggy 在一旁笨拙地乱跳舞时，音乐是轻松的、滑稽的；当 Froggy 感到处处碰壁，生活失去了希望的时候，负责灯光的同学，将窗帘拉上，让光线暗淡了

些；当 Froggy 找到了自己喜欢的工作的时候，光线明亮，音乐也变得欢快起来……借着不同的背景音乐和音效，观众能在不知不觉中更加专注地观看演出，倾听演员们的对白。不仅如此，由学生为自己的剧本演奏的背景音乐和音效及灯光效果对于鼓励学生的创意有很大帮助。

（二）表演中及时评价，注重语言学习过程

学生完成分组及排练后，按小组依次上舞台进行演出。主持人或者教师在每组表演前，引导观众给予掌声为表演者鼓励。表演过程中，要求其他学生认真观看，做好记录，以便表演后对表演情况进行评价。教师要注意保持微笑，用实际行动鼓励、帮助和肯定学生。学生遇到忘记台词等突发状况，教师应适当提醒，请同学们帮助完成对白和表演，以确保表演顺利。表演后，可以采用随机评委、抽签的方式让观众进行点评。课本剧的表演可以从语言能力、演出效果、剧本改编、团队合作等方面进行评价（见表一）。在评价时不宜过度要求英语台词的准确度和表演效果，应注重学生参与课本剧的积极性、团队合作、剧本和表演的创意、语言学习过程等。既然是舞台式教学，还应该让其他做观众的学生养成良好的观赏礼仪。可以让学生从服饰、观看坐姿等角度在观看后进行自我评价（见表二）。

舞台式教学法的使用，是通过教师和学生共同创设学生喜爱的舞台，为学生提供更好的语言情境，发挥学生的学习主动性和主体性。表演不是为了培养学生的表演能力，而是为了营造一个轻松快乐的氛围，让学生更好地说英语、用英语。学生不仅能感受到排练演出和团队合作的快乐与成就感，还能感受不同情境下语言的运用，在丰富的语音语调和肢体语言中感受语言的变化之美。当我们注重语言学习的过程，鼓励学生大胆创作，我们便能真正激发学生对英语的热爱，最终使学生能在交际中大胆开口说英语。

表一　课本剧表演评价标准

评价项目	评价内容	满分	得分	备注
语言能力	声音洪亮，发音清晰标准，表达流畅，语法错误较少。	20		
	语音语调富有情感。	10		
演出效果	服装美观、符合角色特点。	10		
	舞台站位合理，表情丰富，肢体动作自然。	10		
	背景音乐、灯光、道具使用与内容协调。	5		
剧本创编	剧情完整，衔接自然。	5		
	内容积极向上，富有创意。	8		
	内容能引发观众思考，有启发性。	2		
团队合作	全员参与剧本改编、排练及演出整个流程。	15		
	组长组织有序，组员配合，演员间默契度高。	15		

表二 观众自我评价表

评价内容	按 0 到 5 打分 (0：完全不符合，5：非常符合)
1. 穿戴整洁。	
2. 我是一名懂礼仪的观众，我坐姿端正，做好记录。	
3. 我能全程保持安静，适当的时候给予掌声鼓励。	
4. 不迟到、不早退。尊重其他小组的演出。	
5. 我在观看中能反思自身不足之处，学习他人的长处。	

四、结语

舞台式教学法为学生提供了一个丰富的语言学习和使用环境，用表演的方式将常规课堂变得更加生动。教师通过鼓励和引导学生进行课本剧的自主改编和表演，有效地激发了学生的注意力、想象力和创造力。学生在表演活动中获得创作的快乐和团队合作的成就感，能进一步提高英语学习兴趣和自信心。创设舞台的意义在于能帮助学生展示个人魅力，帮助学生跳出自己的身份，通过扮演其他角色去学习和感知一种语言，能加深对文本的情感体会。改编和演出的过程也是创造美、发现美的过程，不仅能拓宽学生的知识面，还能提高学生的艺术修养。小小的舞台，大大的精彩！

【参考文献】

[1] 中华人民共和国教育部 . 义务教育英语课程标准（2011 年版）[S]. 北京：北京师范大学出版社 ,2012.

[2] 王蔷 , 钱小芳 , 桂洲 , 等 . 以戏剧教学促进小学生英语学科能力的发展——北京市芳草地国际学校英语戏剧课探索 [J]. 课程·教材·教法 ,2016,36(02):93-99.

初中英语大单元理念下前置学案设计探究

深圳市坪山区外国语文源学校　李宵灵

【摘要】在新课改背景下，围绕单元主题，整合教材与教学活动，进行大单元教学已经成为一种重要的教学方式。目前初中英语使用沪教牛津版教材，笔者尝试对其单元内容重构整理，利用前置学案的形式，更好地引领单元整体教学，让学生在真实情境下进行语言学习，从而更好地实现英语学科的育人价值，推动核心素养的提升。

【关键词】大单元；初中英语；前置学案设计；核心素养

一、现阶段英语教学的困境

新课标提出，英语课程要发挥学科素养的统领作用，以主题为引领组织教学内容，以不同类型的语篇为依托，融入语言知识、文化知识、语言技能和学习策略等。目前，初中英语教学面临着挑战，旧教材和传统的教学方法难以满足新时期的教学要求，教材单元编写从阅读入手，对基础较弱的学生具有很大的挑战性。根据语言习得规律，在初级阶段，听说教学更适合放在首位。因此，教师需要整合单元教学内容，调整结构顺序，设计前置学案，让学生从听说入手，逐步探究主题意义，完成单元教学目标。

二、核心概念界定及其重要性

（一）大单元整体教学理论

大单元整体教学是指教师基于课程标准，围绕特定主题，对教材等教学资源进行深入解读分析，整合和重组后结合学习主体的需求，搭建起的一个由单元大主题统领，各语篇次主题相互关联、逻辑清晰的完整单元教学。

（二）英语学习前置学案

前置学案是指在正式教学活动开始之前，教师提供给学生的材料，旨在为即将学习的内容做铺垫，激活背景知识，强化学习动机。进行前置学案设计需遵循单元整体性原则，融合学生已知和未知的学习内容，以活动为抓手，让学生在真实情境活动中自主体验学习，成为主题意义探究的主体和积极主动的知识建构者。

三、大单元理念下英语前置学案设计实践

（一）学习活动实施步骤

在大单元教学理念下，实施学习活动可概括为三个步骤：研读教材和明确目标，制

定合理的评价方式，设计学案和教学活动。教师首先归纳教材话题，确定核心主题，并根据英语课程标准设定学习目标，接着制定合理的评价方式帮助学生达成学习目标。在此基础上，进行前置学案及教学活动设计。下面板块，笔者将以沪教牛津版 9B U1 "Great explorations" 为例，阐释教师如何在大单元理念引领下，进行前置学案设计。

（二）前置学案设计展示

"Great explorations" 主题大类为 "人与社会"，介绍了历史上有影响力的探险家经历。单元核心提炼为学习探险家精神并能够认识到探险对人类社会进步的作用。基于此，单元目标设为：1. 获取听力及阅读文本信息，了解不同时代探险家的经历；2. 利用跨学科知识帮助语言学习，分析对比中外探险家背景差异及精神品质异同点；3. 主动深入了解一位探险家，制作一张人物信息卡，增强文化自信。

单元总目标下，前置学案将张骞出使西域的听力文本放在首位，作为大主题中的小主题。课时目标设立为感知认识探险家，用思维导图进行故事复述，最后讨论丝绸之路的意义并完成 "一带一路" 的拓展阅读。

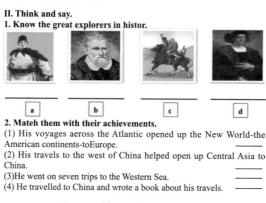

图 1　前置学案导入内容

导入环节（见图1），保留了书本中的活动设计，利用图文预测信息。听前利用问题链（见图2），进行话题预热。接着，设置了锻炼学生思维能力及复述的两个问题（见图3）：1. Do you think Zhang Qian is a pioneer? 2. What's the importance of his travel? 这两个问题需要学生充分理解文本，并进行提炼总结，有助于高阶思维的训练。同时，问题的设置对短文复述做铺垫。基础较好的学生通过这个问题的回答，扫清了复述中的难点，而基础较弱的学生通过教师最后展现的答案，也能在训练之后进行自我表达。

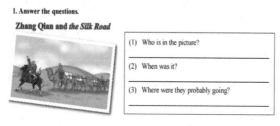

图 2　前置学案听前预测

V. Post-listening.
1. Discussion:
(1) Do you think Zhang Qian is a pioneer?

_____

_____

(2) What's the importance of his travels?

_____

_____

图 3　前置学案听后思考问题

学案最后一环增设补充阅读任务，选取热点时事"一带一路"，设计意图是利用多模态语篇了解当代时事，在真实情境下，学生更能理解几千年前的探索对现代社会发展的重大意义。读后回到本节课训练技巧重难点——短文复述，学生尝试用自己的话介绍"一带一路"。

（三）前置学案设计策略

通过教学实践，笔者总结出以下四点设计策略。首先，需关注学情和话题背景搜集，设计要坚持以学生为中心。其次，进行词汇和主题话题预热，帮助学生减少学习新词的障碍。再次，注重兴趣激发并联系真实情境，使语言学习与现实生活紧密相连，提高语言运用的真实性和自然性。最后，采取开放探究的自主学习模式，培养学生主动学习、独立思考和解决问题的能力；同时激发学生的好奇心和创造力，为学生的终身学习和全面发展奠定基础。

四、结语

大单元教学下英语前置学案设计突破了传统教材听说读写各板块分离的局限性，遵循了二语习得的一般规律，有利于帮助基础较弱的学生克服畏难情绪，建立主题知识网。因此，教师应围绕课标要求，认真研读教材，明确单元学习目标，重组教材内容，根据学情设计各单元前置学案。同时，教师需积极创设真实情境，让学习在真实情境中发生。总之，在新课改的背景下，教师利用大单元教学，设计适合学生学情的前置学案是十分必要的，在今后也值得更多教师对此问题进行研究探索。

【参考文献】

[1] 崔允漷 . 学科核心素养呼唤大单元教学设计 [J]. 上海教育科研 ,2019(04):1.DOI:10.16194/j.cnki.31-1059/g4.2019.04.001.

[2] 冯晖 . 高质量教育评估中若干关键问题的思考 [J]. 上海教育评估研究 ,2024,13(01):1-6.DOI:10.13794/j.cnki.shjee.2024.0003.

[3] 王蔷 , 孙薇薇 , 蔡铭珂等 . 指向深度学习的高中英语单元整体教学设计 [J]. 外语教育研究前沿 ,2021,4(01):17-25+87-88.

[4] 张婉强 . "双减"背景下初中英语作业设计的现状与策略 [J]. 学周刊 ,2024,(09):109-111.DOI:10.16657/j.cnki.issn1673-9132.2024.09.037.

新课标下初中英语单元整体教学实践探究

深圳市坪山区外国语文源学校　张慧颖

【摘要】本文基于《义务教育英语课程标准（2022 年版）》探讨了八年级英语单元整体教学实践。通过文献综述和实证研究，本文讨论了单元整体教学对提升学生核心素养的积极作用。教师利用单元目标统领整合、对语篇进行梳理及重组，实现学生主题意义下的深度学习。同时，研究也旨在强化学生学习动机和真实情境中解决问题的能力。单元整体教学对实现新课标教学目标以及立德树人意义重大。本文以沪教牛津版"Module 3 Unit 5 Save the endangered animal"为例，探讨了如何从单一语篇教学转向单元整体教学，从而促进学生深度学习。

【关键词】单元整体教学；初中英语；新课标；整体教学法

一、引言

（一）研究背景

《义务教育英语课程标准（2022 年版）》更新了教学宗旨及目标，推动了单元整体教学实践。初中英语教师面临新挑战和新机遇，传统语篇教学难以培养核心素养。单元整体教学以素养导向为基础，围绕主题进行学习和探究，实现学用、学思、学创结合。在深圳市，我校初中英语科组在 2022—2023 学年校本研究中重点推进了单元整体教学。教师团队践行整体设计，形成紧密联系的主题任务式教学活动，但面临研读、设定目标和设计延续性活动等问题。通过新的实践研究，我们希望实现全人教育的目标。

（二）研究方法

本文主要采用了文献综述及教学实践这两个研究方法。

二、单元整体教学的理论依据

任务型语言教学理论指的是学生在真实情境中面对真实问题，运用语言交际能力解决问题。

社会文化理论强调学习发生于社会互动及文化实践当中，要求学生进行真实活动来获取语言能力。

整体教学法与单元整体设计密切相关。前者强调内容和任务整合，培养综合素养；后者是其具体应用，构建深度学习单元，促进知识运用和创新。

三、单元整体教学的设计与实施

（一）单元整体教学的设计原则

1. 综合性原则

单元整体教学目标多元一体，包括语言、文化、思维、学习能力。教学内容具有综合性，涵盖语篇、活动、语言、非语言知识及补充材料。

2. 关联性原则

单元整体教学要求教师合理连接教学目标、内容和活动，确保单元内外内容关联，促进课时内外活动关联，实现学生深度学习。

3. 递进性原则

单元整体设计中各课时设计应当遵循循序渐进、由浅至深的原则。

（二）单元整体教学的教学设计策略及方法

1. 素养立意——明晰主题，确定目标及教学主线

主题是单元设计中心，教师需围绕主题设计教学主线，以确保活动有条不紊。

明晰主题：

沪教牛津版八年级下册的 Unit 5 属于 Module 3 Animals，主题是人与自然，关注保护濒危动物。六篇语篇（见表1）共同聚焦于"Save the endangered animals"，包括介绍大熊猫和亚洲象等案例，引导学生了解濒危动物现状和个人责任。通过说明文、对话和记叙文等形式，学生了解国际野生动物保护组织及个人在保护动物方面的贡献。

教学主线：

单元语篇梳理：第一篇、第四篇呼吁关注濒危动物，第五篇启发个人责任感，第三篇提出具体保护措施，第二篇和第六篇拓展国际视野，共同服务于最终的单元目标。

表1

板块	语篇内容	语篇类型	主题意义	单元核心语言
Reading	The Giant Panda	说明文：动物档案	了解大熊猫并号召保护濒危动物	有关濒危动物的描述：endangered animals, giant panda, Asian elephant, blue whales, South China tigers, red-crowned crane, fact file, in the wild, live in, up to, in groups, cut down trees, lose homes, kill, fur...
Listening	Endangered animals	对话：讨论演讲内容	了解 WWF 这一国际野生动物保护组织的工作内容	
Speaking	Talking about obigations	对话：讨论如何保护动物	讨论如何保护鱼类，了解个人如何承担保护动物的义务	
Writing	Asian Elephant	说明文：动物档案	了解亚洲象并号召保护濒危动物	

续表

板块	语篇内容	语篇类型	主题意义	单元核心语言
More practice	The story of the red-crowned crane	记叙文：人物介绍	徐秀娟为解救丹顶鹤而奉献生命的感人故事，引导学生体悟动物保护中无私奉献、承担责任的高尚品德	保护濒危动物的举措：throw rubbish, pollute the river, show great love for, nature reserve, go missing, day and night, environmental organization, build a nature reserve, live in harmony
Listening	Endangered animals	说明文：介绍组织	介绍 WWF 组织，呼吁人们关注野生动物保护组织	人与自然和谐共处的表达：nature, live harmonious with, co-existence, the ecological living culture, harmonious society

2. 立德树人——描绘单元育人蓝图

教师通过主题及语篇梳理，引导学生在整合单元内容中进行综合性语言学习及活动探究，培养学生核心素养，实现深度学习，助力学生成长为有担当的时代新人。

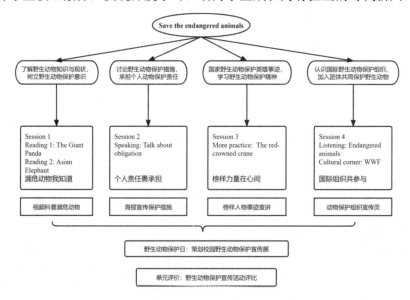

单元育人蓝图 8BU5 M3U1

这一单元在创设策划校园野生动物保护宣传展这一真实情境的基础上，将语篇整合为四个层次：科普认识濒危动物，唤醒保护意识；个人反思保护措施，勇于承担个人责任；了解英雄事迹，感悟保护的崇高情怀；学习加入国际组织，共同参与保护。学生主要学习描述濒危动物信息、保护措施、个人与组织参与方式。通过项目实践将语言知识应用于宣传展，实现知行合一，践行人与自然和谐共处。

3. 逆向设计——课时目标与单元目标相统一

逆向设计可用于确定单元和课时目标，确保一致性。每课时目标解决单元项目的一部分，如前四课时解决一个方面。

4. 语篇研读——核心语言教学内容

语篇研读是课程设计重要环节。教师应通过 What、Why、How 三个方面思考文字内容、态度、语言特点，抓住主题、逻辑、要点，帮助学生挖掘知识，转化为核心素养。

四、结论

初中英语单元整体教学设计对提升学生核心素养以及深度学习能力有很大助益。教师应从单元整体设计的综合性、关联性以及递进性原则出发，科学设计单元整体流程，做好语篇研读、教学目标设计和单元整合等方面的工作。教师还应考虑学－教－评一致性，培养学生语言知识运用能力和综合能力。本次实践中，通过八年级各单元整体教学设计与实施，学生英语语言能力及核心素养得到实质性提升，学习的兴趣和动机也明显增强。整体来看，初中英语单元整体教学的设计和实施对学生的发展起到了积极的促进作用。

【参考文献】

[1] 中华人民共和国教育部 . 义务教育英语课程标准 (2022 年版)[S]. 北京：北京师范大学出版社，2022.

[2] 濮辰 . 核心素养背景下的小学英语单元整体教学探究 [J]. 天天爱科学 (教学研究),2023(01)：63-65.

初中英语分级阅读策略研究

深圳市坪山实验学校　刘　慧

【摘要】七年级是初中的起始年级，但是每次英语测试结束后，作者的手机就会持续收到消息，家长开始焦虑，不知道孩子英语学习到底有哪些问题，然后在家就把英语学习的焦虑转移到孩子身上。作者所在区的生源弱，学生词汇量不够，学生对于省考的新题型六选五比较吃力；作文不够出彩，得分不高；阅读题以偏概全或者中西文化差异等问题不是刷题就能解决，归根结底需要培养学生的综合阅读能力。要改变教材而不是用教材教这个问题，需要我们使用分级阅读来提升阅读素养，开阔国际视野，加强中西文化对比。分级阅读话题比较多且有趣，都是学生比较喜欢的内容，而且分级阅读还包含中外经典名篇，分级阅读相比于其他阅读物会更有连贯性和阶梯性。

【关键词】初中英语；分级阅读；策略研究

　　七年级的学生从小学升上来，从话题式的对话到长篇幅的短文，试题题量从少到多，和六年级比起来英语成绩大多有退步，学生和家长都很不理解为什么到初中就会出现这样的问题。为什么小学和初中之间英语难度差异那么大？学生和家长都很焦虑。七年级开始加强口语仿读的训练，阅读匹配和六选五是他们第一次遇见的题型。但是教材内容比较少，适合阅读的长篇幅文章比较少，每天学习课文有点乏味，所以我需要选取适合他们的阅读素材。首先笔者设计问卷星调查学生的兴趣，大部分学生喜欢故事情节丰富、代表性强的故事。经过深思熟虑后，我选用书虫牛津英汉双语读物。首先，这套书籍从入门级开始难度层层递进，图文并茂；其次，它有阅读前中后的习题设置；最后，还配有译文，方便学生自查。每本书是一个独立的故事，大概一周完成一本书。一周的进度安排就是周一至周四自由阅读；周五完成读后感或读后写作的作业。

　　如何有效落实分级阅读策略是关键之处。以入门级 *Orca* 为例，书中介绍了一对夫妇和几个朋友去海上冒险，主角 Jack 救了一只受伤的逆戟鲸，最后逆戟鲸报恩救了 Jack 的妻子。周一至周三布置自由阅读这本书，完成阅读前置性预习单，带着任务阅读会通过支架来帮学生更好地理清文章脉络。前置性作业包括查阅关于逆戟鲸的背景知识，它的昵称、习性、现状。通过背景知识的铺垫，学生可了解更多科学知识，这也很好地体现了融合课程的设计；记录不认识的词汇，利用词典来查阅单词的词性，参考英英释义、词组搭配；根据段落大意，对每段提出自己的问题。新课标五级目标就是学会用工具来学习，每个单元的词汇课也是以此方式来进行词汇积累，学生还会用目标词来造句或者编故事，这些能力的提升会大大提高他们的兴趣和写作能力，而不是枯燥地学习单词。在阅读中首先进行前置性作业分享；其次借助阅读圈来促进分级阅读课的分享和交流。六人一组，一名 Dicussion Leader（讨论组长）负责引领讨论，进行总结和评论讨论成果；一名 Worder Master（单词大师）负责解决材料中的重难点及具有重要或特殊意义的单词和短语，并解释用法；一名 Connector（联系者）负责联系自己的生活实际，分享自己的类似经历、邀请其他组员联系自己的生活实际；一名 Summarizer（总结者）以 Jack 的身份介绍事情经过和总结故事情节，回答联系者提出的问题；一名 Character Analyzer（人物分析家）以 Tonya 的身份介绍事情经过分析自己和其他人的性格特点；一名 Moral Master（道理大师）负责分析故事的主题意义，提取其中的道理，分享自己的收获。

在分级阅读分享课中，组内小组成员分工然后组间同一角色大师进行讨论，同一角色的学生即专家组交流相同的内容可以互相总结；讨论完毕后回到原始小组和组内成员进行分享各自的任务。阅读圈分工明确，组内人人都可以成为大师，提高逻辑分析能力和表达能力，这是阅读素养最核心的内容，而且有助于学生学会用英语进行思辨，加强对中西文化的理解。每周四固定两节课进行分级阅读课分享，每两周阅读圈角色进行轮换，以此来保证每个学生都有不同的角色体验。第二节阅读课更侧重通过续写故事、改编故事结局、情景剧、辩论赛、思维导图来复述文章、制作第一本英语图书等活动来提高学生对英语分级阅读的兴趣，锻炼学生的表达能力和空间想象力。Orca 阅读后的任务是改编故事结局，学生的想象力和创意超出我们的想象，给他们一个平台他们会给我们带来无限的惊喜。每次上完课学生都迫不及待地问我下周读哪一本书，迫不及待地进行阅读圈的分工。学生有这样的变化真的很让人欣慰。

如今，有分级阅读陪伴着学生，他们可以每周在书上进行批注、仿读、做好阅读圈的任务，随时随地拿起一本书沉浸在书海之中，享受阅读带来的愉悦。课后我会组织丰富多彩的活动促进分级阅读的延续，如课本剧比赛、歌唱比赛、读后感分享会，学生都踊跃参加，总之课外分级阅读是一种很好的教学策略。

附表 1　阅读圈前置性作业

书虫 *Orca*（**Preview Worksheet**）

Name ＿＿＿＿＿＿　　Class ＿＿＿＿＿＿　　Group ＿＿＿＿＿＿

一、查阅关于逆戟鲸的资料

Nickname：＿＿＿＿＿＿＿＿＿＿＿＿＿＿＿＿＿＿＿＿＿＿＿

Food：＿＿＿＿＿＿＿＿＿＿＿＿＿＿＿＿＿＿＿＿＿＿＿＿＿

Hunting skills：＿＿＿＿＿＿＿＿＿＿＿＿＿＿＿＿＿＿＿＿＿

Current situation（现状）：＿＿＿＿＿＿＿＿＿＿＿＿＿＿＿＿

Other information：＿＿＿＿＿＿＿＿＿＿＿＿＿＿＿＿＿＿＿

二、找出主旨大意并填表

Main ideas		
Background		Chapter 1
Beginning		
Development		
Climax		
Ending		

三、根据 **Background**、**Beginning**、**Development**、**Climax**、**Ending** 的内容自己提一个问题。

Background：_____

Beginning：_____

Development：_____

Climax：_____

Ending：_____

附表 2 课堂学案

书虫 *Orca*（**Worksheet**）

Name _____ Class _____ Group _____

Reading Circle- Discussion Leader

Your job is to go through other group member's tasks and fill in the blanks.

Chapter 1	Let's do it!
weather	
event	
main characters	
feelings	

Chapter 2	Sailing south
weather	
event	
main characters	
feelings	

Chapter 3	The big wave
weather	
event	
main characters	
feelings	

Chapter 4	Tonya
weather	
event	
main characters	
feelings	

Chapter 5	"Tonya?Is that you?"
weather	
event	
main characters	
feelings	

书虫 *Orca*（**Worksheet**）

Name _____   Class _____   Group _____

Reading Circle- Summarizer

Your job is to make a summary of the story.

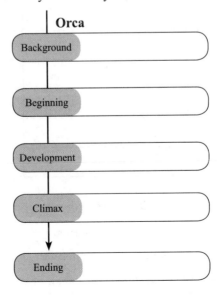

书虫 *Orca*（**Worksheet**）

Name _____   Class _____   Group _____

Reading Circle- Character Analyzer

Your job is to analyze the characters of the story.

Character Analysis				
Name	Looks	Actions	Speeches	Emotion

书虫 *Orca*（**Worksheet**）

Name _____   Class _____   Group _____

Reading Circle- Word Master

Your job is to write down the new words and expressions, look them up in the dictionary.

Words & expressions	Meaning	Usages

书虫 *Orca*（**Worksheet**）

Name _____   Class _____   Group _____

Reading Circle- Connector

Your job is to find connections between the text and all of you.

MY CONNECTIONS:

_____

_____

_____

_____

_____

_____

Group members' Comments:

1. _____

2. _____

3. _____

4. _____

5. _____

附表 3 英语分级阅读打卡表

日期	书目名称	页码	读后摘记	家长签字

基于云端学校的初中英语语法课教学实践研究

深圳市坪山实验学校　石　丹

【摘要】本文基于云端学校的一节初中英语语法课进行分析，探究云端课堂教学模式的特点及实际操作应用。云端课堂以互动性为核心，旨在构建充分发挥课堂主体的主动性及能动性，促进主体核心素养发展的教与学的环境与活动。

【关键词】云端学校；英语语法课；互动性；实践研究

一、引言

教育部颁布的《教育信息化十年发展规划（2011—2020年）》中明确提出了"深度融合，引领创新"的工作方针：探索现代化信息技术与教育的全面深度融合，以信息化引领教育理念和教育模式的再次创新，充分发挥教育信息化在教育改革和发展中的支撑和引领作用。深圳市云端学校由"总部实体学校＋入驻学校"形成"1+15"的学校共同体，开创性地创设"直播互动＋智能辅助"的新型教学、学习、同研同培教研模式，有力推进优质教育资源共建、共享。基于此背景，笔者对一节云端学校的初中英语语法课进行课例分析，探究云端课堂教学模式的特点及实际操作应用。

二、概念界定

（一）云端课堂

云端学校以新一代信息技术为支撑，建设泛在、沉浸式的智能教学环境。在智慧课堂教学环境下，教师以"1+N"的形式，实时进行"直播互动＋智能辅助"教学，创设了新型教学模式。智慧课堂教学背景下，尊重学生的主体地位，强调学生的自主学习、协作学习，重视学生的主观能动性，主辅场教师可以进行即时反馈，将课前、课中、课后三大环节无缝衔接，更好地发现问题、解决问题，提升课堂教学效率。整个教学过程中，教师借用云端大数据管理平台，可实时进行教学同步，这些优点切合语言类课堂教学的特点和要求。

（二）英语教学

语言类教学特点之一是尊重学习者的主体地位，强调学生学习过程中的主动参与和语言创造。在整个教学过程中，教师更多是学生学习的促进者和合作者。所以说，语言类教学需要教师创设丰富的交互式学习氛围，这就需要一个更加高效的沟通平台。而在外语种非母语环境下，需要为提高学生的学习效率模拟创造全方位语言情景的平台，全方位利用好文字、语言、图片、视频等等，通过语言信息的推送刺激学习感官，以提高学生的学习积极性。

三、基于云端学校的初中英语语法课教学实践研究

（一）教学内容和目标

本课以深圳沪教版 7A U6 "if" Conditional sentences 的语法项目 if 条件状语从句的教学为例。教学目标为：学生能在具体语篇中感知理解 if 条件状语从句的规则和结构，归纳总结其语用功能，能准确恰当地使用 if 条件状语从句进行微创作，输出得体的小语篇，同时培养积极表达和分享个人经验和体验的态度。

（二）教学设计思路

这节课的语法教学活动模式遵循了三维动态语法观下的三个步骤：首先，利用富含目标语法的语篇，设计多样化、有层次、有关联的学习实践活动，引导学生整合语法、实现运用；其次，学生在主题语境中主动地建构语法知识，融合听、说、读、看、写的语言技能，内化并掌握本单元目标语法项目；最终运用所学语法产出具有交际意义的语篇。

在整个教学过程中，各个步骤与智慧课堂技术相辅相成，现代信息技术弥补了传统课堂的不足，使得教师能及时和学生进行互动表达，精准掌握不同班级的学生对语法项目的理解和应用情况，同时也建造一个互动式的语言学习情景式平台给学生去展示。本文试图阐述云端课堂技术如何一步步地加持课堂教学，避免了传统课堂教学的弊端，提高课堂效率。

（三）教学过程

Step 1：Warming-up 主辅场课堂预热

课前两分钟，主场教师带领学生通过唱大家熟悉的歌词 "It's nice to meet you." 与辅场学生打招呼。随后主场播放 "If you are happy" 的歌曲视频，和辅场学生一起肢体动起来，进行课堂预热。

【设计意图及云端互动】

据个人体验，隔着屏幕听课会分散掉学生部分的注意力，所以云端课堂的挑战就是要通过各种方式牢牢地抓住学生的注意力。上课伊始，教师就需要创设能让学生参与度更高的活动，通过唱歌及动一动打招呼，学生们很快能进入角色，也感受千人同时上课的兴奋和激动。

Step 2：Free-talk 自由对话进行 presentation

1. 正式上课，教师通过 free-talk 问刚刚视频里面出现的四幅图片内容：

【教学片段 1】

Teacher: If they are happy, what will they do?

Students: If they are happy, they will clap hands/ stomp feet/ shout hooray/laugh out aloud.

Teacher: If you are happy, what will you do?

Students: If I am happy, I will sing a song/buy a lot of food/ dance in my room/ listen to music.

Teacher: If I am happy, I will talk with my friend Jackie. He is from Canada. He is travelling in Shanghai. You know, Shanghai is a traditional and modern city. So he is having a wonderful time there. I'm inviting him to come to Shenzhen because I think Shenzhen is also very beautiful and modern. I'm calling him and inviting him to come here. Now let's listen to our conversation.

2. 听采访，回答问题并观察句子。

【教学片段2】

Denise: If you come to Shenzhen, I will show you many interesting places. First, if you want to go sightseeing, we can go to the Window of the World.

Jackie : I also enjoy the sunshine and natural beauty, so where can I go?

Denise: If it's sunny, we can go to Da Meisha Park. If you like seafood, you'll love it there.

Jackie : That sounds amazing!I can't wait to come to Shenzhen now!

听完对话后，教师问 Where may Jackie go in Shenzhen? 引导学生理解对话的内容。

接着，教师引导学生朗读含有 if 的句子，教师在此邀请同步上课的一个班级通过大声朗读的方式，来找出 U6 课文里含有 if 的四个句子并齐读，感知目标语法，观察这些句子的特征。

【设计意图及云端互动】

本单元的主题为 Traveling around Asia，教师在此单元阅读语篇中选取部分含有目标语法的文本进行拓展、续写、整合，并将其制作成多模态动态对话。在对话中，教师对目标语法项目进行标红处理，这样可以唤醒学生已有的目标语法知识，先是让主场教室的学生朗读对话的句子，其次让辅场教室的学生朗读其他课文的句子，学生朗读清晰有力，可以更直观地感受到这些句子的特征。

Step 3：Explore and work out the rules 仔细观察并找到语法规则

教师通过对例句的讲解深度挖掘 if 引导的条件状语从句的语法规则，并且从三个不同的角度去分析。首先是句型结构：一般为 if-clause（if- 从句）+main clause 主句；其次是意义：if 条件状语从句部分用来表示可能的行为动作，而主句是描述可能出现的结果；最后是时态：主句可以用一般将来时态或者情态动词引导的句子，从句使用一般现在时态，也就是主将从现或者主情从现。为了让学生能亲身体验这种语法规则，教师会让学生在黑板上移动卡纸进行匹配加深理解。

【设计意图】教师要重视引导学生掌握目标语法的形式和用法。由于线上课时间一般是 20 分钟，此时在学习完规则后，辅场教师可以开启线下模式自行完成巩固活动，主场教室不静音，也可以选择关闭主场教室声音，到最后 10 分钟开启来参与小组展示活动。

Step 4：Practise 操练和内化

第一种练习方式是进行单句训练，难度较小，学生根据图片造句子，限时两分钟。例如：If you have any question, you can put up your hands.

【教学片段 3】

主场班教师先是问 If I have enough money, I will _____ .

Student 1: If I have enough money, I will buy a lot of things.

Teacher: So what things will you buy?

Student1: If I have enough money, I will buy a big house.

Teacher: If I buy a big house, I will...

Student2: If I buy a big house, I will live in it.

Student3: If I live in it, I will keep a lot of pets.

Student4: If I keep a lot of pets, I need to take care of them all the day.

Student5: If I take care of them all the day, I can't go to work.

Student6: If I I can't go to work, I won't have any money.

Student7: If I I don't have any money, I can't buy a big house.

即兴的连环造句游戏很有意思，出人意料的是学生竟然还把造的句子给绕到了起点，教学中生成的机智带给了在场师生很多笑声和乐趣。

第二种练习方式是班级对决，大情景是 Advice Station 建议站，三个小情景分别是：1. William doesn't finish the homework. 2. Peter can't get good grades in English test. 3. Tom is too fat. 游戏规则是各个班级选择一个小情景，根据情景图片在一分钟里尽可能多地说出含有 if 条件状语从句的句子，例如 If ..., ...will/can/..., 说的句子不得重复，两分钟准备时间。教师通过游戏方式激发学生动力，学生在情景中练习造句可以感悟语用场景。

【设计意图及云端互动】

在语法操练和内化环节，语法训练应遵循学生的认知发展规律，从简单的单句练习逐渐过渡到难度较大的语篇意义建构练习，层层递进地开展教学活动。同时为了让较为枯燥的造句子练习更有趣，采用的是竞赛制或其他有趣形式的训练活动。

此次云端连线了四个班级，各自在一分钟倒计时里说出尽可能多的含有 if 的句子，根据造出的句子数量来判出胜利者，最终赢家是 Class 3，共造出 22 个句子。思维之快，词汇量之大让学生的语言能力得到了大步提升，当然课前也是有让学生稍做准备的，云端学校提供的这个即时的展示和竞赛平台激发了学生的内在动力，这也是日常教学中难以与之媲美的优势之一。

Step 5：Production 综合运用阶段

为了促使语言知识向能力转化，教师需要通过广泛搜集课外教学资源，适当地补充与主题相关且富含目标语法的教学素材，并且实现从半控制性到开放性的小组合作的活动的转变。这次是一个开放性的活动任务。

任务是邀请课前提到的 Jackie 来各个班级的所在区或者校旅游，请用"if"从句去给建议或者介绍旅游场景。最后八分钟开始，主场教室先展示，连线另外两个入驻教室进行展示，每个小组的成员一齐上台。

【教学片段 4】

主场教室学生的小组展示内容如下：Hello, everyone. Welcome to Pingshan. Pingshan is very young and modern. There are many tall buildings. If you go to Liuhe City, you will see many shops, restaurants and cinemas. If you are hungry, you can go to a restaurant and have a meal. After that, you can go to the cinema and see a film. That's interesting. If you go to Pingshan Library, you will see many books. The library is a large building. There are different books on different floors. There are many machines too. They can help you find and return books in a short time. If you go to Pingshan Experimental School, I will show you my English teacher Denise. She has two big eyes and a long brown hair. She is very kind and she likes singing. We all like her. If you travel to Pingshan, you will have a good time.

【设计意图及云端互动】

这一阶段让学生不拘泥于单纯使用 if 条件状语从句造句子，还应模仿运用原有语篇语法，让学生结合词汇、句型、语法、语篇、语用等知识创造性地输出语言，帮助学生升华、内化语法知识，从而促进理解性技能和表达性技能提升，培养学生的高阶语法思维和意识。而这次的云端互动也是整节课的最具有挑战性的环节，四个学校的学生都斗志昂扬上阵，展示了团队的风采。

四、结语

这节语法课的教学活动模式利用富含目标语法的语篇，设计多样化、有层次、有关联的学习实践活动，引导学生整合语法、实现运用。主要是听与说的语言技能让学生内化并运用本单元目标语法项目产出交际意义的语篇。而云端课堂教学模式以互动性为核心，学生可以充分发挥课堂主体的主动性及能动性，是有效促进主体核心素养发展的教与学的环境与活动。

但是在课例设计和实施过程中，有几点感悟和反思。首先，云端课堂给学生提供的"直播互动＋智能辅助"的新型教学模式推进优质教育资源共建和共享，一节优质课可以辐射到多个班级，并且给学生提供了更多学习的机会和展示的平台，帮助建立起学生学习共同体、教师发展共同体、教学资源共建共享的共同体，是学生充分表达个性的学习方式。这节语法课从简单的互动到团队的互动层层递进，创设了良好的学习机会和平台。其次，云端课堂技术应为教学目标服务。要保证有良好的教学效果的前提是需要有好的教学设计，云端技术是给完整的教学设计进行辅助，可以使其效率得到提高，达成更好的效果，切不可本末倒置。为了让即时交互技术发挥更好的作用，教学设计也需要做一些调整，例如教学环节的时间把握上就很重要，需要环环相扣，不能拖沓。既然需要把握好时间，就会影响临场的一些教学内容的巩固和处理，那么相应的云端的课型开发也很重要，这给了教师们更多的学习挑战和机会，相信在教研团队合作和技术的加持下，云端课堂会更加精彩纷呈。

【参考文献】

[1] 石小平. 三维动态语法观下的高三语法复习教学活动设计策略——以非谓语动词复习教学为例 [J]. 福建教育, 2021:45-48.

[2] 张舫. 基于三维动态语法观的高中英语语法教学实践 [J]. 中小学外语教学(中学篇), 2021,44(08):56-60.

基于主题语境的小学英语单元复习课教学实践

深圳市坪山实验学校　杨　燕

【摘要】基于主题语境开展的小学英语单元复习课，让英语学科的工具性和人文性得以凸显。教师在进行复习课教学设计时，要充分研读教材提炼复习主题，立足学生主体创设主题语境，通过整合复习内容，设计以综合能力提升为目的的学习活动，帮助学生在掌握语言知识、发展语言能力的同时，提升他们的语用能力，拓宽他们的主题视野，最终达到立德树人的育人目标。

【关键词】主题；语境；复习课

复习是学习过程的重要组成部分。通过复习，学生可以加强对知识的回顾和梳理，通过查缺补漏，促进自身对知识的理解、巩固和升华。高质量的复习课程不仅有助于学生夯实语言知识基础，而且有利于学生提高学习能力，发展思维品质，拓宽文化视野。

一、小学英语单元复习课存在的问题

（一）以记忆检查代替能力提升

现阶段，有些复习课是以学生先自由复习，教师后进行各种听写、背诵等检查来开展的。小组长成了复习课上的检查主力军，各种表格和奖励机制成了教师在复习阶段必不可少的"神器"。在这样的复习模式下，成绩优等的学生认为复习课是"炒剩饭"，要么浅尝辄止，要么开启自我复习模式；成绩中等的学生把复习课当作查缺补漏的"营养大餐"，却常常在教师快节奏或半放手式的复习模式下依旧有些"消化不良"；成绩偏低的学生更是在没有教学课件和歌曲游戏的复习课里不断迷离。这种"检查式"的复习课形式比较固定单一，无法调动学生的主动性，不但复习的效果不明显，而且不利于学生学科兴趣的培养，未能全面实现复习课的价值。

（二）以碎片化复习代替单元整体

现阶段，很多教师较为注重新授课，未能正视复习课的重要性。有的教师在复习课上只是单纯地进行课内知识点的复习，未能创设有效的语境，授课内容通常是高密度的知识点的罗列和再现。由于复习要点相对孤立，这样做仅能帮助学生完成基础词汇记忆和基本语法训练等碎片化复习，无法帮助学生建构完整的知识体系，导致他们所学习的语言知识表层化、零散化，无法被有效迁移应用，不利于培养学生的英语核心素养。

（三）以题海式练习代替思维训练

有的教师将英语学习机械地等同于语言知识学习，忽略了学生其他能力的培养，在复习课上以题海式练习代替思维训练。学生从大容量、高强度、枯燥的解题训练中无法体验英语学习的乐趣。在缺乏话题主线、缺乏情境的题海式复习里，学生的学习策略无法得到内化，综合语言运用能力得不到充分发展。

二、基于主题语境的单元复习课教学策略

《义务教育英语课程标准（2022 年版）》（以下简称《课标》）提出：英语教学应秉持在体验中学习、在实践中运用、在迁移中创新的学习理念，倡导学生围绕真实情境和真实问题，激活已知，参与到指向主题意义探究的学习理解、应用实践和迁移创新等一系列相关互联、循环递进的语言学习和运用活动中。主题作为英语课程内容的六大要素之一，具有联结和统领其他内容要素的作用，为语言学习和课程育人提供语境范畴（教育部，2022）。基于主题语境设计的单元复习课能将一些零散重复的单元内容有效整合在同一主题语境中，让学生将知识有机串联。

沪教版（深圳）小学英语教材编排采用"模块建筑式"编写体系，教学内容以模块为单位进行组织，模块内的语言材料围绕着一个个主题开发。教材编排的这一特点有助于教师根据学情背景和具体的教学要求对单元内容进行梳理和整合，为教师丰富和建构学生对主题的深层认知并开展基于主题语境的单元复习教学提供了支持。

本文将结合笔者执教的沪教版（深圳）《英语》六年级下册 Module 3 Things we do 的复习课，阐述在主题语境中开展单元复习课教学的策略。

三、基于主题语境的单元复习课教学实践

沪教版（深圳）《英语》六年级下册 Module 3 Things we do 以学生生活中经常做且十分具有意义的事情为主线展开，共包括三个单元，分别为 Unit 7 Helping others, Unit 8 Reading signs 和 Unit 9 Reusing things。

（一）研读《课标》分析教材，提炼复习主题

研读《课标》，分解课程目标；研读教材，梳理教材内容；研究学情，分析学习特点。这是进行单元整体教学的基本路径。在进行单元复习课教学时，教师首先要基于新《课标》和教材内容，分析教材中各板块、各单元之间在主题和内容之间的关系，把握教材的内部逻辑，提炼复习主题。

《课标》提出：主题包括人与自我、人与社会、人与自然三个范畴。其中"同伴交往，相互尊重，友好互助"对应 Unit 7 Helping others；"校园、社区环境与设施，爱护公共设施"对应 Unit 8 Reading signs；"人与自然相互依存，绿色生活的理念和行为"对应 Unit 9 Reusing things。基于《课标》分析教材，本模块三个单元的主题意义看似独立，实则暗藏一条旨在"教会学生爱护环境，更好地参与到社会交往，学会与自然和谐共处"的主线，而这条主线还可以提炼归纳为"如何培养新时代乐于助人、遵守规则、具有环保意识的新公民"这个落实立德树人育人目标的单元大主题。

基于以上分析，笔者以"Better city, better life"作为复习课主题，旨在帮助学生通过对 Module 3 三个单元知识的复习、巩固、拓展和延伸，培养学生的责任意识，在生活中履行公民应尽的义务和责任，落实立德树人的育人目标。

（二）研究学情分析教材，创设主题语境

学生学习语言最重要的内容之一就是对主题意义的探究，这不仅直接影响着学生对语篇的理解程度，也与学生的思维发展和语言学习成效有很大关联。

本节复习课的授课对象是小学阶段最后一个学期的六年级学生。通过五年半的英语学习与积累，他们已具备一定的综合语言运用能力，乐于参与话题的讨论，能够在教师的指导下运用抽象思维进行更高阶的思维活动，接受新知的能力也更强，愿意用英语描述生活中发生的事情、解决生活中出现的问题。新授课阶段三个单元语言知识的积累已为本节课做好了充分的复习铺垫，但是已经学习过的核心句型和词汇稍显零散，需要教师创设真实语用环境，引导学生在学习过程中进行对比、归纳和总结。

基于本单元复习主题及以上学情分析，笔者创设了"学生共同参与深圳创建全国文明城市"的主题语境，依托相关的视频、文本资源、问题链及活动设计，帮助学生复习已知的同时拓展和延伸所学知识。

（三）基于主题语境，开展学习活动

1. 联系实际，激活主题

在复习课上，学生探究主题意义、构建知识和发展思维的重要保障之一便是学生已有的生活经验和知识储备。因此，复习课伊始，教师就需要结合问题、视频、图片、游戏等，激活学生对主题的兴趣，为单元复习做好准备。

本节课中，教师以深圳参与创建全国文明城市的宣传片片段导入新课，在播放视频前提问：What't the name of the city? What can you see in the city? 学生通过观看视频产生对复习主题的直观亲切感，在教师精心设计好的教学问题环境中自主思考和激活已有的背景知识，用英语表达与深圳有关的知识：Shenzhen is in the south of China. There are a lot of tall buildings, restaurants, shops and many schools, cinemas in Shenzhen. Some people go to work by car or bus. Some people go out by underground. Some people like to visit museums or parks at the weekend. Some people enjoy themselves at the cinema or theatre. 该环节也为之后基于主题和任务进行更多语言输出做好铺垫。

2. 活动引领，聚焦主题

《课标》中提出：教师要始终秉持英语学习活动观组织和实施教学，引导学生围绕主题学习语言、获取新知、探究意义、解决问题。教师的教学设计与实施要以主题为引领，让学生通过学习理解、应用实践和迁移创新等活动，整合性地学习语言知识和文化知识。在本堂复习课教学中，教师引领学生开展竞赛、表演活动，帮助学生巩固单元知识，激发学生对主题的探究兴趣。

活动 1：争当文明小公民

教师以问题"How to be a good citizen？"引领学生开展小组竞赛活动，旨在帮助学生回顾单元内容，总结、提炼出学习过的助人为乐、爱护环境等知识。学生表达的内容如下：

S1:Shenzhen is a civilized city. I love Shenzhen.

S2: We should give our seats to people in need.

S3: We should also help the blind cross the streets.

S4: We can work as a city volunteer with our parents.

S5: We should not throw rubbish into the lakes or rivers.

S6: We should plant more trees and keep the city clean and beautiful.

S7: We should reuse some old things and sort the garbage.

活动 2：城市导游我能行

教师在 PPT 上呈现深圳某个街区的场景，街区内有学校、图书馆、公园等，学生四人一组分工协作，首先找出图中所有的标识，标注标识的含义，接下来运用情态动词写一段导游词，由小组成员上台分享导游词。

S1: Welcome to Shenzhen. There is a saying" You are the Shenzhen person once you come here!" Please always remember to be a good citizen.

S2: Look at the signs, please don't walk on the grass.

S3: You can't smoke if there is a "No smoking" sign.

S4: You should keep quiet in the library.

Ss: Enjoy your stay in Shenzhen.

活动 3：看图创编对话

教师呈现几张学生不够文明和爱护环境的图片，让学生两人一组挑选任一图片进行角色扮演。其中一组学生挑选了同学随意丢弃垃圾的图片，对话如下：

S1: Stop, boy. Don't do this. It's not good.

S2: Oh, sorry. But where can I throw away the waste paper?

S1: Let me help you. You just use one side of the paper. You can write or draw on both sides.

S2: OK, I see. And where can I throw away these bottles and cans?

S1: You can reuse them. You can make vases or pen holders with them.

S2: Thank you. I'll reuse them. Can you help me?

S1: Of course. Let's do it.

学生表演结束后，教师进行总结并再次强调本堂复习课的主题情境：Better city, better life.

［分析与思考］

学生通过前期学习本模块三个单元的相关语言知识，已经初步掌握了一些与城市文明相关的信息，但相关知识内容分散在各个单元的零散板块中，且前期主题意义不明显，需要进一步提炼。教师以"How to be a good citizen?"为引领的竞赛活动激活了学生头脑中与主题相关的知识，帮助学生围绕问题对单元内容进行了梳理、提炼和总结。"城市导游我能行"的活动则激发了学生的自主性，让他们以主人翁的面貌，在复习情态动词的同时，也复习了第八单元的与标识相关的词汇短语，最后的导游词输出活动，既实现了学生对单元知识的巩固运用，也激发了学生探究主题意义的兴趣。同学随意丢弃垃圾的图片场景让学生从教材走向生活，在创编对话的活动设计中体验到运用英语解决实际问题的乐趣。

3. 拓展阅读，延伸主题

除了重温以往学过的知识、强化语言技能外，复习课的另一重要功能就是要拓宽学生与主题意义相关的知识容量和知识面，拓展阅读则是达成这一目的最好的桥梁。

在本环节中，教师为学生提供了一篇与主题密切相关的绘本阅读材料"Being a good citizen"。该阅读文本的内容与主题意义紧密关联，学生通过阅读该语篇，不仅能拓展和丰富有关主题的语料，也能为下一步的实践写作打下坚实的基础。

阅读材料如下：

Be kind to everyone. That's the first thing you need to do to be a good citizen. Smile respect everyone, just as you would want them to.Be friendly to other children and friends in your class. Follow all the traffic rules. Wait to the signal to cross the road and always cross at the zebra crossing. Follow school rules. Be in your class ontime and respect school property. A good citizen believes in doing what's right and guides his friends to do the same. Keep away from social evils, like drinking, smoking and stealing. Donate your old toys and clothes to needed children and make them happy. A good citizen has self-control. Control your anger in public, and never use abusive language.

教师运用 Jigsaw 阅读策略，让学生以小组为单位，整理阅读材料中的线索；鼓励他们以思维导图的方式总结出 Being a good citizen 的一些好的建议，让学生在合作、整理、展示与交流中提升梳理与归纳知识的能力，帮助学生准确、系统、全面地进行语言输出。

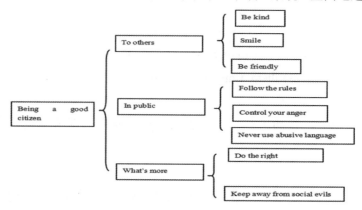

4. 实践运用，升华主题

升华主题是对主题的提高和精炼，是促进学生知识全面学习、能力综合发展的重要过程。

在本节复习课的最后教学环节，教师设计让学生写一篇题为 "Better city, better life"（城市让生活更美好）的演讲稿。这个环节的设计旨在通过读写结合的方式升华主题，让学生感悟自己作为城市小公民的责任担当和价值意蕴，将所学课本知识运用于生活。

在该环节中，教师围绕文明城市建设，以问题链 "How to be a good citizen? What should we do? What shouldn't we do?" 激发学生串联单元所有主题内容，为演讲稿的写作搭建支架。教师通过呈现自己撰写的演讲稿，并标注演讲稿的以下几个部分：title、beginning、body、conclusion，让学生直观感受演讲稿的格式，学生在不断的铺垫中完成写作环节。教师继续指导学生演讲的要素：Speak loudly, pay attention to stress, speed and emotions 等。课后，学生将自己的演讲稿录制成视频在班级展播，深化学习成果的同时，也让学生的语言表达能力和主题意义理解能力得到进一步的提升。

基于主题语境开展的小学英语单元复习课，让英语学科的工具性和人文性得以凸显。因此，教师要充分研读教材提炼复习主题，立足学生主体创设主题语境，通过整合复习内容，设计以综合能力提升为目的的学习活动，帮助学生在掌握语言知识、发展语言能力的同时，提升他们的语用能力，拓宽他们的主题视野，最终达到立德树人的育人目标。

【参考文献】

[1] 中华人民共和国教育部. 义务教育英语课程标准 (2022 年版)[S]. 北京：北京师范大学出版社 ,2022.

[2] 程晓堂. 基于主题意义探究的英语教学理念与实践 [J]. 中小学外语教学 (中学篇),2018(10):1-7.

[3] 李春霞. 主题引领下的单元复习课教学实践 [J]. 中小学外语教学 (小学篇),2022(2):40-45.

[4] 温培培. 基于主题语境的初中英语单元复习课教学实践 [J]. 中小学外语教学 (中学篇),2020(2):28-33.

[5] 上海教育出版社. 义务教育教科书 英语 六年级下册 [M]. 上海：上海教育出版社 ,2014.

基于思维可视化理论的以读促写初中英语教学实践

——以初三英语话题写作复习课为例

深圳市坪山区外国语文源学校　　陈俊林

【摘要】思维可视化 (thinking visualization) 是指运用一系列图示技术把本来不可视的思维 (思考方法和思考路径) 呈现出来，使其清晰可见的过程。被可视化的"思维"更有利于理解和记忆，因此可以有效提高信息加工及信息传递的效能。阅读是英语学习的有效途径，是培养写作能力的基础。本文结合思维可视化理论，通过课例研究的方式探索初中英语以读促写在教学中的应用，旨在帮助学生走出动笔难的困境，培养学生的文本重构能力，促进学生英语核心思维素养的发展。

【关键词】思维可视化；以读促写；教学实践

新课标要求义务教育阶段学生的英语语言运用能够达到根据交际需要发起谈话并维持交谈，使用文字和非文字手段描述个人经历、事件和事物特征，恰当质疑语篇的内容、观点和解释不合理之处。新课标下英语写作不再是模式化写作，而是需要学生具备批判性思维、创造性思维，需要学生在语言能力、文化意识、思维品质、学习能力上能够做到相互渗透、融合互动、协同发展。英语教学实践如何在思维可视化理论的支撑下以读促写，达成这些核心素养的培养是我们重点思考的问题。

一、思维可视化理论

（一）思维可视化的概念

思维可视化，是指以图示或图示组合的方式，把原本不可见的思维结构、思考路径及方法呈现出来，使其清晰可见的过程。将思维可视化运用到教学中，存在显性价值和隐性价值。显性价值是可以实现零散知识系统化，让知识更容易被理解和记忆，隐性价值是能够帮助发展学生的思维能力及学习兴趣。在英语写作过程中，利用思维导图让学生的思维可视化，可以帮助学生梳理思路、发散思维、构思结构和整合信息。

（二）思维可视化的表现形式

思维是隐性的，如何观测学生思维，是教学中的难题。20 世纪 60 年代思维导图（mind map）出现，例如鱼骨图、概念图等。学生的思考过程和逻辑思维模式逐渐被教师们关注。

二、以读促写

（一）以读促写的定义

以读促写是通过阅读的方式，获取篇章结构，提升文化意识，提炼好词好句，积累素材，获取谋篇布局的能力，拓宽视野，提升思维品质。读写结合有其必要性和合理性。阅读和写作需要同时进行，两者结合的教学会更有效。

（二）读写能力的提升

国内学者普遍认为，读能够促进写。以读促写主要是通过前期从结构、内容、语篇等方面读的输入，为学生后期写的输出提供语料、文化背景等。而思维可视化中的思维导图可以帮助学生梳理思路、发散思维，在交流碰撞中生成新的思想。因此，在教学中教师利用思维导图培养学生的思维，梳理文章脉络，是提高写作能力的有效途径。

三、基于思维可视化理论的以读促写初中英语教学实践

了解思维可视化和以读促写的概念后，如何在教学实践中运用思维可视化理论以读促写提升学生的写作能力、促进核心素养的提升，是焦点问题。下面以一节初中英语中考复习的写作课为例。

（一）教学内容

语篇选择是基于课标中提出的话题，如人与自然、人与社会和人与自我，选择的两篇关于劳动教育的文章，话题为 labor education。这也是在 2022 年新课标把劳动教育纳入课标后对学科融合的进一步推进。文本内容主要聚焦于什么是劳动教育，为什么要实施劳动教育和如何实施劳动教育。借用思维导图以读促写是我们目前初三针对写作备考的一种探索，是我们的写作常态课。本堂课是第二个课时，因此教学设计注重引导学生用可视化图示梳理语篇、提炼观点、积累好词好句、迁移思维，从而在写的环节能够更加流畅。

（二）学情把握

学生经过初中三年的阅读强化，具备一定的阅读能力和归纳能力，但是知识背景、眼界、表达能力还非常欠缺。大部分学生在表达观点时没有深度思考，停留在泛泛的层面。例如劳动是为了强身健体等。本堂课通过前置作业引导学生去查阅关于劳动教育的相关政策、各类学校劳动教育课程的设置等，激发学生研究问题的兴趣。授课过程重视思维导图的引导，思维碰撞，挖掘文本内涵，培养学生语言能力和思维品质。

（三）教学目标

语言能力：通过阅读，引导学生积累好词好句，为写作输出做好输入的准备。

学习能力：引导学生学会自主学习，搜集相关话题的文本材料，拓展阅读。

文化意识：引导学生思考劳动教育的重要性，在日常生活中如何参与到劳动中去。

思维品质：引导学生利用思维导图，梳理文章脉络，表达自我观点；展开更多的联想，在交流碰撞中产生新的认识。

（四）教学重难点

如何引导学生通过可视化思维模式，梳理文章细节和脉络，在交流和碰撞过程中提炼思维，发散思维，升华主题，完成写作。

（五）教学过程

1. 前置作业，激活知识

前置作业第一部分是阅读两篇关于劳动教育的文章，回答四个问题，并画出文章的思维导图。第二部分是 surf the internet，查询关于劳动教育的相关政策和课程，打开思路，拓宽视野。

设计意图：

学生通过自主前置学习，了解到劳动教育的政策、课程和意义，铺垫好背景知识。学生在小组交流分享过程中，能够有思维广度。

学生阅读两篇教师提供的文章，并按要求回答问题，问题的设置结合了写作要求中的要点。学生在读后，会有语料的输入、更丰富的积累，有益于后续的输出。

2. 思维导图，提炼信息

学生在课堂再次阅读，自行画出思维导图，并在小组内分享，最后小组展示。依据写作要点顺序来展示各小组的观点。

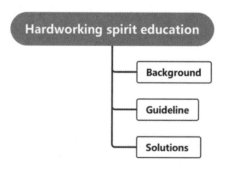

设计意图：

借用思维导图，理顺文章脉络，提炼有效信息，培养学生语言能力和逻辑思维能力。

3. 思维导图，输出信息

学生在完成阅读的思维导图交流分享后，进入写作的思维导图环节。学生通过审题，关注主题、要点、要求，进行写作前的思维导图设计，随后进行小组讨论交流。小组进行头脑风暴，主要聚焦学生对劳动教育的看法、日常劳动实践分享和如何培养劳动技能。

Draw the mind map before writing.

注意事项:

1.80 词左右;

2.须包括所有内容要点,可以适当发挥;

3.不得使用真实姓名和校名.

Tense :

Person :

Topic:

Analyze :

List:

Broaden:

Combine:

设计意图:

在提炼文本信息后,学生形成对这类讨论文本结构的认识。基于观点,用信息点进行支撑,最后要有清晰的观点。同时,结合话题,激活背景知识,实现文化意识目标、思维培养目标,让劳动教育深入学生内心,使教育可视化、生活化。此处的思维导图,我们没有给出具体引导,更希望能看到不同的思维和思考点。

4. 优化导图,完成写作

我们礼赞劳动创造,讴歌劳模精神、劳动精神、工匠精神,广大劳动者要勤于创造、勇于奋斗。在五一劳动节即将来临之际,某英文报纸以"中学生劳动教育"为主题举行征文比赛,请你写一篇英语短文,谈谈你对劳动教育的看法。

内容要点:

1. 你对劳动教育的看法;

2. 你的日常劳动实践情况;

3. 给出培养劳动技能的建议。

提示词汇:labor 劳动;spirit 精神;independent 独立的

Draw the mind map before writing.

注意事项:

1.80 词左右;

2. 须包括所有内容要点,可以适当发挥;

3. 不得使用真实姓名和校名。

设计意图:

利用思维导图,理顺写作的脉络是写作的第一步;通过小组交流,信息碰撞,发散思维,是拓展写作的第二步;独立完成写作是第三步。这个过程可有效摆脱学生词汇障碍、句型障碍和观点表达匮乏的困境。

四、教学实践小结和反思

首先，在教学过程中，教师借用可视化思维理念，辅助学生梳理文章脉络，积累素材，自信表达，让学生通过查、读、理、说、写的方式，进行独立学习和小组学习相结合，达到培养学生语言能力、表达能力、写作能力和思维能力的目的。

其次，课堂上创设多个环节，给学生足够的表达机会，让被动学习转向主动探究。思维可视化促进学生思维碰撞，让更多的想法被发现，让学生的归纳、总结和拓展能力都能得到有效提高。

为了更好地培养学生的语言能力、学习能力、思维能力、文化意识，在未来的读写训练中，我们可以在思维可视化理论的支撑下，增设更多的环节，让学生来表达、创造。例如海报设计、辩论赛等，让更多的思维可见。

五、结语

思维可视化理念对于学生思维品质的培养有良好的促进作用。基于思维可视化理论的以读促写初中英语教学还有很大的值得挖掘的空间。

【参考文献】

[1] 中华人民共和国教育部 . 义务教育英语课程标准 (2022 年版)[S]. 北京：北京师范大学出版社 ,2022.

[2] 刘濯源 . 基于"未来课堂"的思维可视化研究 [J]. 中国信息技术教育 ,2013(01).

小初英语衔接教学探究

深圳市坪山实验学校　郝国春

【摘要】课程标准的深化改革，对义务教育提出了更进一步的要求。立足学生本位，将学生的能力作为评价体系的重要参考标准，提倡实践式、体验式的学习方式，促进学生核心素养的提升，是新课程标准的核心思想。在此要求下，英语学习能力不再局限于传统的语法和词汇学习，而更加注重培养学生的英语素养，即听、说、读、写以及跨文化思维能力。然而，立足现实，初中与小学的英语分离甚至是断层，是造成学生学习效果不理想的重要原因之一。其具体表现为，很多学生进入初中以后不能顺利过渡到初中的学习内容、方式，因而备受挫折，产生了厌学英语的后果。因此，发现小初英语衔接中的不足以及探究解决的措施，是提高初中英语教学质量的必要前提。本文将从何为衔接教学、为何要进行衔接教学、衔接什么、如何衔接几个方面对小初英语教学进行探究。

【关键词】小初英语；英语教学；衔接教学

一、何为衔接教学

"衔接"即事物相连接，衔接教学即指教学内容、教学方法、评价方式等方面的连接。小初英语衔接是指，在保证小初英语作为两个相对独立的教学体系的前提下，尊重学生的成长规律，遵循英语语言的内在连贯性要求，在教学内容、教学方法、评价方式等方面实现顺利自然的连接及转换，从而实现学生从小学到初中英语学习的平稳过渡。

二、为何要进行衔接教学

（一）学生身心发展的特点

教学是教育的基本途径之一，因而教学的基本目的和教育相一致，即为育人服务。育人要遵循学生的身心发展规律，因此学生的身心发展规律对教学也提出了内在的要求。小学生积极活泼，乐于参与，善于模仿，形象思维较强，但抽象思维较弱；而初中生随着心智的发育，抽象思维加强，理解能力提高，性格也逐渐沉稳内敛。身心的变化要求初中教学不可以照搬小学模式，这为衔接教学提供了内在依据，而身心发展的顺序性，更要求衔接教学要由浅入深，由简到繁，由形象到抽象，一脉相承，平稳过渡。

（二）学科要求

1. 英语教材的不同

小学英语使用的教材五花八门，如剑桥版、人教版、上海版、新课标版。由于教材不同，难度也不同，学生学习的内容也存在差异，这就导致学生的知识储备参差不齐。除此之外，随着我国与世界的交流日益紧密，英语的重要性不言而喻，学习英语的氛围日益浓厚。很多学生还会在课外学习英语，家长也非常重视，会给学生报英语辅导班提高英语水平。进入初中后，学生的英语水平相差很大，面对难度突然加大的知识，学起来很吃力。

2. 英语教学在小初阶段的具体差异

由于学生的身心发展规律以及不同阶段英语学科的内在连贯性要求，在不同阶段，课程标准、教学内容和目标以及教学方式都存在差异，这就对小初衔接提出了客观现实要求，我们要帮助学生更好地适应这些差异。

根据新课程标准要求，学生在不同阶段的教学目标和内容是明显不同且连续递增的。在小学六年级毕业时，主要目标是培养学生英语学习的兴趣和习惯，对词汇语法知识方面的要求较少，如要求学生听说一些简单的句子，如介绍我的爱好，或者简单描述图片，写简单的句子。而在初中阶段，教学目标转向语言知识技能和运用，而且更为抽象，其中最明显的变化是词汇量和客观语法知识。这一目标就要求做好小初衔接，帮助学生顺利过渡，否则面对突增的词汇量和繁杂的语法知识，学生难以应对，逐渐迷茫，以致降低学习兴趣。

除了教学目标和内容的差异，小初阶段的教学方式也存在明显差异。采用何种方式，在很大程度上服务于教学内容的传授和教学目标的实现。在小学阶段，课堂主要通过直观教学、游戏驱动或者角色扮演等方式，培养学生的英语学习兴趣。在初中阶段，语言知识骤增，对于学生的要求由学习兴趣转向对语言本身规律的认知和运用能力，如听、说、读、写能力。在该要求背景下，大部分教师的教学方式明显不同于小学，如转向讲授法，更加注重语言知识的解释和传授，教学方法较为单一，这就使得很多学生不能在短时间适应，甚至失去英语学习兴趣。这就要求初中教师在教授刚刚步入初中的学生时，主动寻求小初的教学方式的衔接，帮助学生更好地适应初中课堂。

三、衔接什么

针对当下学生在小初英语衔接方面的问题，笔者认为，小初衔接应着重于学生的信心的衔接、教学内容的衔接、学习方式的衔接以及测试评价方式的衔接。首先，由于小初学习内容存在明显不同，这就要求我们根据新课标要求，做好学生的学习内容衔接，包括语音知识、词汇知识、语法知识、语篇知识和语用知识。如在语音知识方面，要引导学生运用音标知识和发音规则学习单词的发音等。其次，还要引导学生在学习方式上做好衔接，如帮助学生培养查字典和读英文报纸的习惯。除此之外，教师们还要重视评价和测试方式的衔接与转变。评价不但要服务教学，还具有引导学习、促进成长的作用。比如在日常课堂中，对学生的课堂学习方式和学习表现进行评价，了解学生的学习发展水平和学习目标之间的差距，并且对学生的学习行为进行指导，帮助学生顺利过渡到初中的学习习惯。在阶段性评价中，为帮助学生顺利衔接，评价要有基础性，充分考查学生对基础知识的理解和掌握，重点考查学生理解了什么和可以表达什么，不可偏离基本的知识目标。

四、如何衔接

（一）教学内容的衔接

由于小初学习内容存在明显不同，这就要求我们根据新课标要求，做好学生的学习内容衔接问题，包括语音知识、词汇知识、语法知识、语篇知识和语用知识。这里以语音知识为例，介绍如何在语音教学方面做好衔接。

小学阶段的语音教学，教师通常只教授具体单词的发音，不会系统阐释发音规则。而在初中阶段，面对繁多的单词，这种方法已不再适用，应鼓励教师将拼读规则有针对性地、循序渐进地传授给学生，引导学生总结常见字母组合和发音规律。因此初中阶段的英语教师可以先系统呈现音标以及发音规则，来培养学生关于语音的初步认知，进而要求学生做具体的拼读练习。音标和语音规则的掌握有助于学生对词汇的高效理解和记忆，甚至可使英语教学的整体效果获得提升。

（二）教学评价的衔接

由于小初英语学习难度的巨大差异，衔接阶段的英语教学评价要侧重于发现学生学习过程的不足并改正，不仅要促进学生找到适合自己的学习方法和习惯，也要提高学英语的积极性，培养学生与人合作的技能，因此小初教学阶段不仅要依靠两种评价方式的独特性，还需结合两种评价方式、注重其交互作用。在日常评价中，鉴于学生小升初的年龄和心智特征，教师要关注学生的学习状态，对此有效开展激励性评价，贴近学生心理，鼓励学生学习。但是，表扬要合理，驱使学生选择更加科学的学习态度和方式。因此，要针对课堂的教学目标和活动，开展多元性的评价，形成师生自评、师生互评和生生互评等评价机制，鼓励学生取长补短，不断进步。

阶段性评价更着重考查学生在特定阶段对所学知识的掌握情况，对于刚升入初中的学生来说，评价要有基础性，充分考查学生对基础知识的理解和掌握，重点考查学生理解了什么和可以表达什么，不可偏离基本的知识目标，设置分值合理的题型，循序渐进，以防打击学生，降低学习积极性。日常评价和阶段性评价在评价目标上应保持一致，两者互为补充，协同作用。

（三）教学方法的衔接

小学生积极活泼，乐于参与，形象思维强，抽象思维弱；初中生逐渐沉稳内敛，抽象思维大大加强，但仍处于独立与依赖的矛盾阶段。学生发展的变化，为衔接教学提供了内在依据，而身心发展的顺序性，更要求衔接教学要由形象到抽象，一脉相承。小学的英语课堂更加注重情景、游戏和互动，初中课堂仍需要基于情景教学模式，进行升级和创新。教师应根据学习目标和内容，设计真实的学习情境，如通过对话、角色扮演等途径，丰富语言环境，激发学生的学习动力。

五、结语

培育核心素养，落实立德树人是英语课程标准的核心所在。英语教学是连续的、不可分割的过程，在培养学生核心素养的原则之下，帮助学生衔接好小初英语学习，是必不可少的一环。这就要求我们不仅会"教学"，更要会"教育"。做有情的英语教师，尽可能播撒希望的种子，积极寻求有效的方式帮助学生实现技能、知识、态度和价值观的发展，使他们成为胸怀祖国、面向未来、走向世界的社会主义建设者和接班人。

【参考文献】

[1] 陈秀敏.以学生为主体、教师为主导的初中英语教学方法 [J].新课程 (教研),2010(01):164.

[2] 孙磊.论小初英语教学衔接之必要与举措 [J].教学与管理,2017(03):86-88.

[3] 中国社会科学院语言研究所词典编辑室编.现代汉语词典,第 5 版.北京：商务印书馆,2005.

[4] 向葳.新课标下小初英语教学衔接研究 [D].成都：四川外国语大学,2018.

[5] 徐莉.新课标下小初英语教学衔接调查研究 [D].武汉：华中师范大学,2015.

[6] 中华人民共和国教育部.义务教育英语课程标准 (2022 年版)[S].北京：北京师范大学出版社,2022.

"双减"背景下初中英语分层阅读作业设计与讲评模式探究

深圳市坪山区中山中学　黄　丹

【摘要】在落实"双减"工作中，校内减负提质是根本之策。一手抓减负，一手抓提质，教育部指导学校强化"三个提高"：即提高作业管理水平，提高课后服务水平和提高课堂教学质量；作业是学校教育教学管理工作的重要环节，是课堂教学活动的必要补充。在当前初中英语教学中，要想切实提高英语教学质量，通过优化作业质量设计分层阅读作业，并运用小组合作学习方式进行阅读作业的讲评，在一定程度上发挥学生的主体作用，进而提升课堂教学效率和培养学生英语学科核心素养。

【关键词】分层阅读作业；阅读作业设计；讲评模式

作业是教学评价的一种重要的方式和载体，是课堂教学活动的必要补充，也是落实学生核心素养过程中最具操作性的环节。其中，英语阅读作业是发展学生英语核心素养和培养学生英语语用能力最重要的一部分，而当前的初中英语阅读作业多是传统的阅读理解题，老师的讲评模式也较单一，导致学生的英语阅读兴致不高，学习主动性和积极性降低，学习效果大打折扣；传统的英语阅读作业的设计思路和讲评方式并没有落实"双减"政策的中心思想，以及体现出学生为主体的英语学科核心素养的培养。基于此，本文旨在落实"双减"的大背景下，探索一条有效设计九年级学生英语阅读作业及讲评模式的路径，以此来提升学生的阅读兴趣、培养学生的阅读品格并进而发展学生的阅读语用能力，最终提升学生的英语学科核心素养能力。

一、当前英语阅读作业与讲评现状

《义务教育英语课程标准（2011 年版）》（以下简称《课程标准》）提出："教师应当坚持以学生为本，面向全体学生，关注个体差异，优化课堂教学，提高教学效率，为学生继续学习奠定基础。教师鼓励学生通过观察、模仿、体验、探究、展示等方式学习和运用英语。"近年来，初中生的英语阅读水平和能力在中考中占据的比重越来越大，也越来越受到关注和重视；如何有效地进行英语阅读作业的设计和讲评，从而提升学生的英语阅读能力、培养学生的阅读品格便成为当前初中英语阅读教学中急需解决的问题。

当前初中英语阅读作业仍以传统的阅读理解练习题为主，这种"大锅饭"的阅读理解题目并不能满足不同层次和水平的学生英语学习现状的需要，导致成绩优秀的学生"吃不饱"，成绩偏低的学生"吃不动"甚至"不想吃"的教学现状。在英语阅读作业的讲评方式上，教师多集中在快速核对答案、讲解学生做错的题目以及训练学生英语阅读技巧上，较少关注阅读理解中的语言知识积累、阅读能力和品格的培养以及不同层次学生英语阅读学习的需要；这种低效的讲评方式致使学生处于一种被动的学习状态，学生学习的主体性没有得到发挥，缺乏思考过程和学习积极性。并且，教师在阅读作业讲评中占据主要的作用，这在一定程度上削弱了学生发挥主体性的能力，限制了学生的英语阅读能力的提升。

二、理论基础

近代分层教学的雏形是 1868 年美国教育家哈里斯（W.T. Harris）创立的"活动分团制"，又称"弹性进度制"。随着教学理论的不断发展，在布鲁姆（Benjamin Bloom）的"教育目标分类理论"和维果茨基（Lev Vgotsky）的"最近发展区理论"的影响下，教育界越来越清楚地认识到不能对学生的情况进行"一刀切"，应充分认识到他们的差异性，根据实际情况开展教学。分层教学的实质是客观地面对学生的差异，采取科学的手段，对他们进行主动干预和调适，促使其在自己的能力范围内取得最大的进步。

根据我国义务教育英语教学面向全体学生、兼顾差异的基本原则，《义务教育英语课程标准（2022 年版）》明确要求，义务教育英语课程遵循外语学习规律，借鉴国际经验，立足我国义务教育阶段学生英语学习的现状，充分考虑学生在学习起点、学习时限和学习条件方面的差异，坚持面向全体学生，兼顾差异，确保课程的基础性、普适性和开放性。体现以学生为主体的原则和理念，在教学目标、教学内容、教学过程、教学评价和教学资源的利用与开发等方面都应考虑全体学生的发展需求。新时代要求义务教育英语课程能够让学生得到全面而又充分的发展，要在"全面"和"充分"两方面下功夫。而小组合作学习模式是一种将同一层次或不同层次学生融合在一起，在交流碰撞中产生学习机制的学习方式，这种方式能够增强师生和生生的互动与交流。小组合作学习也是目前世界上许多国家普遍采用的一种富有创意和实效的教学理论与策略体系。

三、分层阅读作业设计

笔者所任教的是一所纯初中的学校，根据目前学校教学现状，立足于在班级内部开展分层教学；在日常教学中，根据学生的学习能力、认知水平、语言能力以及兴趣爱好将学生分成 A、B、C 三个不同英语层次的学生并在课堂教学中推行小组合作模式，并针对课本教材单元话题来进行单元话题相关的英语课外阅读作业设计，通过对不同层次学生英语阅读作业的反馈与指导，以期能够让不同层次的学生英语阅读能力和阅读品格有所提升，从而使分层阅读教学的效益最大化。根据牛津深圳版九年级英语上下册两本教材的单元阅读主题进行话题分析（如表1），笔者将上下两册一共 14 个单元的话题进行了归纳与整合，分成了八个大的话题，分别为：人物与事迹、观点与看法、新闻与社会、文学与娱乐、历史与文化、自然与环境、运动与人生、饮食与健康，涵盖了人与自然、人与自我以及人与社会三大类课标所涉及的话题。

表1　深圳牛津版九年级英语阅读话题分析

Text book	Module	Topic	Unit	Reading
9A	Module 1	Geniuses	Unit 1	Wise men in history
			Unit 2	Great minds
	Module 2	Ideas and viewpoints	Unit 3	Family life
			Unit 4	Problems and advice
	Module 3	Leisure time	Unit 5	Action
			Unit 6	Healthy diet
	Module 4	A taste of literature	Unit 7	The adventure of Tom Sawyer
			Unit 8	Surprise endings
9B	Module 1	Explorations and exchanges	Unit 1	Great explorations
			Unit 2	Culture shock
	Module 2	Environmental problems	Unit 3	The environment
			Unit 4	Natural disasters
	Module 3	Sport and health	Unit 5	Sport
			Unit 6	Caring for your health

　　根据整合后的八个大类的话题，笔者相应地设计了八个单元的阅读主题，每周的课外阅读都对应一个大类的话题，每周的阅读作业从 Day1 至 Day5 一共包含了五篇阅读作业（如图1），八周阅读总共 40 篇课外阅读；课外阅的题目主要是来源于 teens 报刊或双语报中和该单元话题相关的文章；分层阅读作业题目的设计针对不同英语层次的学生，主篇阅读题目是面向 A、B、C 三个层次的学生；对于在文章中积累生词和短语以及词汇运用的题型针对三个层次的学生而设计，尤其对于英语水平弱的同学做好单词和短语的积累在日常英语学习中是非常重要的；用英文回答语篇相关的开放式问题则是针对 A 层和 B 层同学所设计，希望他们能够提升语言运用能力，拓展思维能力。

四、分层阅读作业讲评模式

　　在教育史上，自夸美纽斯（J.A.Comenius）主张采用"班级授课制"以来，全班教学、小组学习、个别指导三种模式并驾齐驱，每一种教学组织形式都有各自的作用，而教师应当根据班级学生的英语水平以及教学内容和教学环境来选择合适的教学组织形式。英语课堂上所设计的学习活动应基于学生已有的认知水平，以促进其英语学科核心素养发展为目标。

A. 在原文中画出依据，并标明题号。(Level ABC)	B. 请文中画出对应的单词或短语并写出对应的英文。
( )1. What does the underlined word "pleas" in paragraph 3 probably mean?	(Level ABC)
A.Diligence. B.Curiosity. C.Judgments. D.Demands.	1. 枯燥的 adj. _____
( )2. What happened when Li tried to ride over a jump?	2. 泥泞的 adi _____
A. She broke her leg.	3. 带来，伴随 _____
B. She fell off her motorcyele.	4. 从自行车上摔倒 _____
C. Her motorcycle was destroyed.	5. 在巨大压力下 _____
D. She had great success.	6. 成功做某事 _____
( )3. Which of the following words best describes Li?	C. 请用所给词的适当形式填空。(Level ABC)
A. Strong-willed. C.Humorous.	1. Finally, we _____ (win) the football match.
B. Kind-hearted. D. Masculine.	2. Can you _____ (perforance) magic tricks?
( )4.What can we learn about Li's experience in Guizhou in 2017?	3. You'd better not ask her _____ (person) questions.
A. She was the only female racer.	D. 请用英文回答下列问题。(Level ABC)
B. She managed to win first place.	1. Do you think that women can't do the rough work as men?
C. Her performance was affected by bad weather.	Why or why not? Give your reasons.
D. It was the first time she ever took part in a race.	_____

图1　九年级分层阅读作业话题设计

基于此，本课题的分层阅读作业讲评方式也是根据学生的实际水平以及教学内容而设计。教师在课上教授时会根据分层阅读作业先设计出相应的课件，教授主篇阅读时首先会让学生在文章中找到并画出做题的依据，由学生来讲解做题的依据，这道题并不局限某个层次的学生回答，三个层次的学生都可以举手回答。其次，对于第二大题在文中画出相应的单词或短语，教师先让学生自己核对答案，然后学生一起齐读提高学生读记单词的能力。对于用所给单词适当形式填空的题，先由小组成员一起探讨，对比各自答案的出入，小组成员内部探讨正确答案的理由，随后由教师随机请组员回答并讲解，这样可以最大限度提高同学们小组合作学习的能力以及提升 B、C 层同学的英语水平。最后是开放性问题回答的题目，在讲评时教师要求 C 层同学先尝试用到教师所给的一些关键词组和短语写句子，并由小组内 A、B 层同学帮助修改语法、时态等，最后由小组代表进行回答。

在日常教学中，B、C 层的同学由于基础相对薄弱，普遍缺乏学习自信心，甚至出现习得性无助的情况。而采取小组合作的方式进行阅读习题的探讨和学习，可以最大化提高不同层次学生的阅读水平和阅读能力，以及促进阅读品格的提升。教师在最后一部分学生回答开放性问题时，适当地进行语言知识和句子结构的补充，给学生搭建语言产出的"脚手架"，最大限度地减少他们的认知障碍，增强其英语学习的自信心。

五、结语

当前"双减"背景下英语阅读作业设计要充分体现以学生为主体，切实考虑到不同英语水平学生英语学习的需要，并以此来设计不同层次的阅读题目进而提高学生的英语阅读理解能力和语言运用能力；在讲评英语阅读作业时，教师应该注意避开传统的教师主讲的模式，而应该发挥学生的主体性，通过让学生小组合作，给不同层次学生布置适合其水平的阅读任务进而促进小组内合作与交流，提升不同层次的学生英语语言能力，促进学生间相互学习，从而将英语学科核心素养能力落到实处。

【参考文献】

[1] 中华人民共和国教育部 . 义务教育英语课程标准 (2022 年版)[S]. 北京：北京师范大学出版社 ,2022.

[2] 程晓堂 , 赵思奇 . 英语学科核心素养的实质内涵 [J]. 课程·教材·教法 ,2016(05).

[3] 梅德明 . 普通高中英语课程标准解读：理论与实践 (2020 年版)[M]. 上海：上海外语教育出版社 ,2020.

[4] 王爱平 . 初中英语阅读理解试题讲评策略探究 [J]. 中小学教学研究 ,2018(12).

[5] 白亮 . 分层教学视角下初中英语课堂教学模式探究 [J]. 英语教师 ,2022,22(08):165-167.

[6] 叶琳 . 分层教学的历史、现状及其反思 [D]. 内蒙古师范大学 ,2003.

[7] 齐心 . 高中英语教学中说写结合的小组合作学习模式 [J]. 中小学教师培训 ,2007(11):54-55.

[8] 何兰凤 . 小班化背景下小组合作学习在初中英语教学中的实践研究 [J]. 科学大众 (科学教育),2014(04):46-48.

[9] 谢秀珠 . 初中英语教学中小组合作学习的若干思考 [J]. 厦门教育学院学报 ,2011,13(03):71-73.

基于主题意义探究的单元整体阅读教学

——以《英语》深圳牛津版八年级下册 Unit 5 Save the endangered animals 为例

深圳市坪山区新合实验学校　黄嘉莹

【摘要】主题意义的探究为单元整合学习的基调，引导学生进行语言能力、文化意识、思维品质和学习能力的融合。光靠单篇文章的讲解、语言点的罗列、"一言堂"的文化灌输，难以在英语教学中落实立德树人的根本任务。本文探讨主题意义探究的单元整体阅读教学，通过适当地提供文化知识，补足缺失的基础文化知识；补充世界文本阅读，培养全球视野；创设课内外语用环境等方式，提高初中英语主题阅读的整体性和高效性。

【关键词】主题意义探究；单元整体；阅读教学；语用

一、引言

《义务教育英语课程标准（2022 年版）（以下简称《课标》）倡导课程内容六要素相互关联，主题意义探究统领其他要素的课程活动观。基于主题意义探究，为语言学习和课程育人提供语境。如果一味强调语言的工具性，而忽视了语言的人文性，这样的语言教学没有生命力和可持续性，不仅影响了学生英语交际的能力，也没有得到情感价值的培养。主题意义为统领的英语课堂上，教师应该充分挖掘特定主题所承载的文化信息和能够发展的学生思维品质，落实课堂立德树人的根本任务。主题通过阅读文本传递内容，为育人及语言学习提供话题和语境。主题意义是指主题呈现的核心思想或深层含义，往往与文化内涵、情感态度、价值观相关。对主题意义的探究直接影响学生对单元的理解程度、学生思维的发展水平和语言学习的成效。

二、初中英语单元阅读教学中主题意义探究现状

（一）仅关注单篇文章，缺少单元整体意识

在《英语》（深圳牛津版）中，一单元话题内，主要涵盖一篇主阅读文章，一篇拓展阅读文章，和若干片段以阅读题目、语法练习或听力、口语练习、文化角的形式出现。

从教师的角度而言，很多教师疲于改作业、各种形式活动，甚至班主任工作，没有时间自我学习、对单元整体进行思考，对相关文化的现状或现代解读了解甚少，在讲解知识和现象时只是蜻蜓点水，含糊其辞，难以帮助学生感知主题背景。同时，各课时相对独立，难以通过单元话题构建整体语境。

从学生的角度而言，大部分学生仅仅依靠课本两篇阅读文章来感知非母语的语言文化，而这是远远不够的。要构建单元主题，了解主题当中显性和隐性文化，需要更多的文本输入和分析梳理。缺乏教师的引导，学生也难有主题文化的输入途径。

（二）仅注重语言点罗列，忽视主题意义探索

许多教师过分注重学生的应试能力，强调学生对于词汇、词组、语言点的认识和应用，缺少对于单元整体话题的框架构建，导致学生缺乏对文化的解读对比，难以帮助学生积淀人文底蕴，形成良好品格和价值观，更难以提高思维品质，难以具备跨文化交际所需的迁移创新能力。

对于语言点的罗列和记忆看似节省了教师很多时间，实则不利于学生进行应用，更不用谈迁移和创新。学生没有真正理解词群在语境中的意义和内涵，换个语境，同样的词依然是生词，即使记住了，能理解了，也难以灵活应用。

（三）仅机械灌输文化，缺少校园生活情境体验

在单元讲解中，教师多以"一言堂"的方式进行讲解篇章，缺乏文化情境的构建。有些教师有意识进行构建文化情境，但由于效率低，学生难以与主阅读篇章进行联系，或是构建的文化情境与主阅读篇章的联系没有很好构建主题，导致同单元后续课时依然分散。

此外，一些主阅读文章与学生生活较远，学生难以构建生活联系。以《英语》深圳牛津版八年级下册 Unit 5 Save the endangered animals 为例，许多学生还未见过真正的大熊猫，何谈保护濒危物种？更别说保护物种多样性了。生硬的讲解、话题的不切实际使语言主题学习知识走个过程，流于语言表面。

三、单元整体阅读中探究主题意义的教学实践

以下结合《英语》深圳牛津版八年级下册 Unit 5 Save the endangered animals 教材的教学案例，阐述如何在讲解主阅读文章 The Giant Panda 时探究主题意义。在"人与自我""人与社会""人与自然"的主题内容分类中，本单元属于"人与自然"话题下"自然生态"主题群。根据《课标》要求，该主题群下，学生应学会热爱与敬畏自然，与自然和谐共生。

（一）适当提供文化知识，感知人与自然的关系

缺乏背景知识的铺垫，不利于学生构建语境，不利于学生理解主题所传递的文化内涵，更不利于学生提高思维品质。在解读文章时，教师善于捕捉学生的知识漏洞，通过视频、图片、网页等方式，在课堂中进行补充，填补学生的基础文化空白。

在 The Giant Panda 的教学中，基础文化空白可通过以下四个方面进行填补：(1) 大熊猫的成长；(2) 大熊猫濒危灭绝的原因；(3) 大熊猫的保护措施及大熊猫保护前后的数量变化；(4) 大熊猫对人类生活的意义。

文化补充形式可多样。(1)大熊猫的成长,可通过视频播放的方式展示熊猫从出生到成年的成长过程,了解大熊猫的成长过程有利于唤起学生的情感触动,引导学生对物种保护的支持和重视。(2)大熊猫濒危灭绝的原因,可通过拓展阅读文章进行,此处教师可适当引导学生进行总结物种灭绝的共性原因,引导学生进行深层思考,作为大自然的一部分,我们应当如何与其他物种和谐共处。(3)大熊猫的保护措施及大熊猫保护前后的数量变化,在大熊猫被列为濒危物种后,我们采取了多样措施,如竹林保护、震慑偷猎、提高生育成功率等,并取得了一定成效。此类信息可通过任务型阅读文章传递给学生,一是普及动物保护的措施,二是提高学生对于国家工作的认可,提高学生的民族认同感。(4)大熊猫对人类生活的意义,此处补充可立足于本单元 Culture Corner 对于WWF(世界自然基金会)的介绍展开,其会徽为大熊猫,灵感来自 Chi Chi,一只 1961年旅居于伦敦动物园的大熊猫,同时我们也有许多作为"大使"旅居国外的大熊猫,如从美返华的大熊猫丫丫、从日本返华的大熊猫香香、旅卡塔尔大熊猫四海、从韩国返华的福宝等等。国宝大熊猫代表我们国家对外进行友好交流,亦称为"熊猫外交"。此外,大熊猫的保护宣传一方面能唤醒保护不同物种的意识,另一方面能提高学生生态责任感,点燃未来投身环保工作的信念火苗。

(二)进行世界濒危物种文本对比,归纳动物保护方式的异同

此处可通过阅读文本进行表格总结,培养学生的关键词提取能力及归纳能力。通过世界不同物种的文本对比,学生可以获得"观世界"的体验,了解动物保护工作不是只有中国正在进行,濒危物种保护是当今的时代潮流。而归纳动物保护方式的异同,也能使学生反思人类活动对自然带来的负面影响。

此方面可通过蓝鲸、印度象、亚洲象、海狮、海龟等主题语料,促进学生在日常行动中对于自然环境及生态物种的保护。如在海龟话题中,在旅行时,拒绝购买非法海龟产品、减少使用塑料制品、不触摸海龟、不用强光直射海龟、避免伤害海龟宝宝、不居住打扰海龟的酒店等。而在保护亚洲象方面,主要任务是缓解甚至解决人象用地冲突问题,严厉打击盗猎现象和非法象牙交易,不打扰亚洲象的正常生活。虽用语不一,但海龟保护与亚洲象保护有相似之处,即尊重野生动物生存和生活,拒绝非法购买,保护居住地,同时应当开展宣传教育,提高公众保护意识。这些不仅是学生面对写作任务时能够参考的写作要点,也是学生在日常生活中能够参照的动物保护做法。

(三)创设语言学习语境,在生活体验中内化并应用

语言学习的语境对于学生而言至关重要,尤其是在中国的孩子,生活中几乎没有非要使用英语的语言环境,导致学生常常不明白自己为何学英语,教师也难以激励学生学习英语的内驱力。

本单元主题 The Endangered Animals 看似遥远,实则与我们的生活息息相关,大熊猫早已成为"网红",是人们热议的话题。保护濒危动物,维护生态平衡,促进人与自

然和谐共处的话题依然是时代潮流，在其他学科课文、网络文章阅读、网络视频浏览中时常出现，学生对此话题有许多自己的话要说。

因此英语课堂中，更应该借此机会，为学生们创造英语学习的氛围和构建语用语境。如通过课上创设文化学习情境，课下开展课外活动等。

1. 课上创设文化学习情境

课堂中除了给学生多样语料素材外，还能通过录制宣传视频的方式增加学生口语输出机会，号召其他学生加入濒危动物保护的行列中。

此外，还可在课堂中展示学生所设计的图文并茂的濒危动物名片。此创作任务一来激发学生的创作欲，二来学生能通过仿写课文的方式，降低写作难度，增加写作信心，三则同学之间相互欣赏、阅读，增加学生对于濒危动物的认识，亦增加英语学习、使用的机会。另外，鼓励学生制作或携带濒危物种玩偶到班，不失为一个将学生拉进课堂语境的机会，不仅有助于学生观察、描写濒危动物外貌，还能极好地唤醒孩子与动物之间的情感联结。

2. 课下开展课外活动

课下可鼓励学生及家长前往濒危物种繁育基地、自然保护区、野生动物园等地进行参观，并在此过程中记录参观地出现的英文，观察记录如何介绍濒危灭绝物种，并鼓励学生返校后在班级当中对于所在深圳的濒危灭绝物种，及参观地特有的濒危灭绝物种做分享。

四、结语

该单元主题围绕保护濒危灭绝物种，但濒危的原因、保护的措施办法、保护的成效尚不足，难以帮助学生构建濒危物种保护的主题语境。通过课上、课下不同的方式，学生能够意识到该话题就在我们身边，并不遥远，以此不断加强语境构建，提高学生的语用度，提升学习效率。

新课标下指向学习增值的作业重构策略

深圳市坪山区新合实验学校　李林燃

【摘要】深圳的初中生面临较大的升学压力，而英语作为主科之一，作业负担较为沉重。如何进行作业重构以达成"双减"目标，同时又符合新课标下对学生素养的要求，是摆在所有初中英语学科教师面前的一道难题。针对初中英语学科作业设计存在的问题，笔者提出作业设计应贯穿整个教学过程，作业设计应遵循计划（明确作业目标）、执行（优化作业内容）、反思（建立反馈评价机制）的原则，设计出主题引领统筹规划、体现分层和学法指导、多维评价推动反思的作业重构模式。

【关键词】初中英语；作业设计；作业重构

一、新课标指导思想

此次英语课程改革的重点就是要改变英语课程过分重视语法和词汇知识的讲解与传授、忽视对学生实际语言运用能力的培养的倾向，强调课程从学生的学习兴趣、生活经验和认知水平出发，倡导体验、实践、参与、合作与交流的学习方式和任务型的教学途径，发展学生的综合语言运用能力，使语言学习的过程成为促进学生形成积极的情感态度、主动思维和大胆实践、提高跨文化意识和形成自主学习能力的过程。新课标的倡导下，学生学科核心素养关键能力和品格培育将逐步取代单纯的知识点识记目标。这就要求教师从关注单一知识点、课时转为大单元设计，进而结合教材内容，以单元主题为引领，重构作业，实现学生学习增值的同时也减轻其负担。

二、作业重构的必要性

当前的初中英语作业设计存在着以下三个主要问题，这些问题与"双减"的要求和新课标的指示背道而驰，因此也催促着教师们进行作业重构探索。

（一）缺乏系统设计，目的不明

作业贯穿课堂的前、中、后，是系统教学的重要组成部分。目前我们可以发现很多教师开始着眼于大单元进行课堂设计，却鲜有教师将作业设计也划入课时目标，制定相应的作业目标。部分教师对课本和多本教辅材料附带的习题不加选择和整理，直接作为课后作业，这也是造成作业量大而效果不佳的原因之一。教师和学生对这样的作业都缺乏深刻理解，不明白其中目的和所希望达成的目标。

（二）类型单一，低效无趣

传统的作业模式大多是让学生背诵课文，抄写词汇和句型，以此来巩固和加深印象。这样的作业类型单一，存在重复性和机械性。这类抄写没有任何针对性，很难激发学生的学习积极性，也基本没有实践性和应用性。

（三）缺乏针对性，层次不分

无论是抄写还是练习题，教师们都很少对学生进行分层管理。缺乏个性化设计的作业忽视了学生的实际感受度和接受度。面对全班一样的作业，英语基础较好的同学会觉得缺乏一定的挑战性。而对于基础较薄弱的同学又出现完成困难的情况。这两个层次的学生都无法从作业中获得最适合自己的学习体验和学习内容。

三、作业重构的具体措施

作业重构的思考应当贯穿整个教学过程，而不是基于每一堂课割裂的组成部分。重构过程应遵循计划、执行、反思的原则。

首先，教师对于作业重构需要有明确的单元整体规划，作业重构应依托教学的计划和目标，提前规划好作业的量和侧重点。单元整体教学目标和分课时作业目标也应提前计划设计，实现主题引领，统筹规划，实现学生学习动力增值。其次，教师应完善作业内容，优化作业执行。将作业内容进行拆解再重新整合，其中体现递进分层模块，呈现学法指导。作业执行过程也要填充趣味性和多样性的考虑。通过内容和执行双重指导，实现学生学习智能的增值。最后，教师要对作业重构建立反馈机制，及时收集家长和学生的意见，实现多维评价，推动教师进行反思评价。

（一）依托单元整体，重构作业功能

在日常教学中，许多教师通常使用教辅资料做无差别的作业布置，而且常常是一些机械的、陈旧的练习内容，对学生所学知识的关联性缺乏思考。因此，教师首先要在思想上进行转变，积极思考和探索如何增强作业的系统性。

单元整体设计是以大单元为基点，拆解分析内容，进而统筹规划形成学习方案和教学评价。相比"一课一结"的传统模式，它在呈现形式上进行了统整，也有逻辑地把单元内容连接起来。依托单元整体的作业重构可跳出以知识点为中心的模式，瞄准单元教学目标，寻求指向核心素养的迁移应用层面的作业。在重构作业时，教师应将英语单元核心任务以作业重构的方式转化为真实情境中要解决的问题，进而设计围绕核心的针对性作业，驱动学生在作业中不断地对核心问题做出思维进阶式的解答，使学生与作业形成良性互动，激发其高质量完成作业的积极性，实现学习动力增值。

（二）完善作业内容，优化作业执行

明确单元目标是第一步，第二步就是要重构作业功能。英语教材中每单元都有多篇课文，相应地也就有多个学习任务，学生要达到这些学习目标就会经历课前、课中、课

后三个阶段,在达成学习目标的过程中逐层递进。课前的作业也就是预习作业,让学生通过预习迅速进入英语学习的状态中,课中的作业主要是帮学生理解课文的思路,帮助学生理解本单元的重难点,进一步达成学习目标,而课后的作业是为了让学生对所学的知识点进行巩固与复习,在复习中提升学生的英语能力。

1. 课前作业

课前作业也就是英语教学中常见的预习环节,英语教师布置课前作业主要是为了帮助学生迅速进入到英语学习的状态中,拥有高效的课堂体验。在进行单元设计之前,对整个单元的内容进行整合与安排,充分考虑各个课时之间的关联后,对作业进行设计与安排,让学生通过作业逐层掌握本单元的学习内容。英语教师在设计课前作业之前,需要对以往的知识进行回顾,再结合本单元还未学习的内容,进行作业设计,让学生有预设、有猜测。

例如,以沪教牛津版初中英语八年级上册第一模块 Amazing things 中第一单元 Encyclopaedias 为例,该单元内的三篇文章分别介绍了达·芬奇、恐龙和澳大利亚景色。这三篇文段的关联性是很小的。因此,课前预习作业设计需要结合单元整体考虑,帮助学生理清模块主题和单元主题之间的联系,因此设计如下表格作业:

		what / who	why amazing?
Paper encyclopaedia	amazing person	＿＿＿＿	＿＿＿＿
	amazing animal	＿＿＿＿	＿＿＿＿
	amazing attraction	＿＿＿＿	＿＿＿＿
Human encyclopaedia	＿＿＿＿	＿＿＿＿	＿＿＿＿
Online encyclopaedia	＿＿＿＿	＿＿＿＿	＿＿＿＿

这样的设计使学生有效预习单元内容,无意识中摘抄和了解了基本词汇和句型,不仅巩固了学生的英语基础,提高了学生归纳总结的能力,而且在翻阅书本的过程中,激发了学生独立思考的能力。当然,学生在这个过程中也收获了课本之外的学习英语的方法——列表格,事半功倍。同理,教师还可以设计类似思维导图样式的基于单元整体逻辑的课前预习作业,帮助学生理清知识内容间的联系,构建起对本单元学习的蓝图。

2. 课堂作业

调查研究发现,学生在课堂上的学习是十分高效的,如果在课堂学习过程中布置一些具有针对性的随堂作业,那么学生对于重难点的掌握就会更加牢固。英语教学中,基本技能的教学占用了大部分课堂时间,而初中生无法长时间集中注意力,因此教学效果往往大打折扣。如果在课上穿插一些小任务,学生的总体学习氛围就会更好,课后完成任务的效率也会大大提高。

课堂上的小任务型作业需要教师结合当天所讲内容和学生反应,随机应变地进行一定程度的自主命题设计。这个时候,教师的命题设计既可以联系考点,也可以针对性地解决学生出现的问题。例如，以沪教牛津版初中英语七年级下册第六单元 Visiting Shanghai 为例，教师可将当下中考题型和当堂课所学内容进行有机结合，让学生有所学即所考的感觉。例如：

Task3:Information matching

A. Jenny likes spending her weekends in museums.

B. Tom is a foodie. He wants to try different kinds ofsnacks.

C. Ben is interested in both old and modern buildings. His dream is to be an architect.

D. Villy loves many cartoon characters such as Mickey Mouse and Donald Duck.

(   ) 1.Disneyland Park

(   ) 2.Yu Garden

(   ) 3.The Bund

(   ) 4.People's Square

这样的课堂作业设计对教师的命题设计能力也提出了要求，反向督促了教师们提升自己这方面的能力。此外，学生也可以成为课堂作业的设计者。教师在课堂上可以充分利用小组合作学习的方式，每个小组设计一份课堂作业，其余小组进行抢答。这种竞赛式的小作业能激发学生的学习兴趣，也能促进学生认真听课。学生个人也应该被鼓励成为出题人，真实地站在出题人的角度去思考问题。例如，以沪教牛津版初中英语教材为例，每个单元最后都有一个 culture corner 的部分，通常是一篇小短文，用于介绍一些中外文化。教师可以将这些小短文和完形填空题型相结合，要求学生每人先自己看懂文章，接着出一份完形填空题，以下题目便是学生学习完后自行设计的题目：

> The Encyclopaedia Britannica is _____ world-famous encyclopaedia. It
>
> is the _____ (old) English-language encyclopaedia.The _____ (one) edition was
>
> published _____ 1768, and since then there have been fifteen _____ (edit).

这样的出题设计环节既能督促学生深刻理解语篇内容，也对学生观察语篇中的语法知识起到了促进作用。

3. 课后作业

（1）分层性

教师利用作业的诊断功能去了解和分析学生遇到的问题，进而掌握学生的学习状态。然而，无差别的全班统一的作业会失去诊断功能。因此，教师需要有针对性地分析班级学生水平，进行层次划分，进而有针对性地进行作业重构。一般来说，可以把一个班级的学生分为三个等级：A、B、C。约 20% 的学生可被划为班级成绩优等的学生（A 层），这类学生偏好拓展性和创新性的作业；50% 的学生可被划为成绩中等的学生（B 层），这部分学生一般基础题完成较好，在教师适时的激励之下愿意尝试挑战略超出他们最近发展区的作业；最后剩下的 30% 便是班上的成绩偏低的学生（C 层），他们一般基础薄弱，被动学习，只愿意完成简单的基础性作业。有了这样的分类后，教师就可以以此为根据，对作业进行三个层次的设计和要求。以 Visiting Shanghai 这一课中单词作业和口语作业的设计为例。

A	用本单元词汇进行短文编写
B	用本单元词汇进行造句
C	抄写本单元词汇

A	仿照课文，介绍一个你喜欢的地方，录音或视频
B	朗读课文并进行录音，教师根据学生的语音语调，评选出每星期的课堂领读者
C	跟读本单元单词，课文

以上的作业难易梯度分三层设计，不同层次的学生可选择"取己所需，为己所用"的作业，关注了学生的个体差异性。基础性作业可以帮助学生梳理本课时的核心知识点；半开放性作业可以培养学生的自主学习能力；完全开放的作业可以帮助学生产出有意义的学习成果。学习成果可以在全班推广分享，激发学生的学习动力，促进班级学生的整体进步。针对不同层次的学生设计不同的作业，体现出尊重学生的个体差异性，有助于实现"减负"与"增值"。

（2）趣味性

在进行作业设计时，教师要避免单一乏味的作业，应充分考虑学生多元智能发展的需求，深入挖掘教材中的生活化元素，设计出贴近生活实际运用的多样化作业，让学生的各种能力都能在作业中有所提升。多样化作业可以从三个维度进行思考：语言知识记忆性、语言技能实践性、思维文化探究性。多样化和自主选择权一定程度上也给学生带来了主动学习的机会，进而让学生自行追求希望的学习成果产出形式，以此给学习增添一定的生活乐趣。还是以 Visiting Shanghai 这一课为例，教师可布置如下所示的作业：

1. 用课上学习的知识做一份上海的旅游手册，帮助更多想来上海参观的外国人。
2. 为学生所处的深圳市或其中的坪山区做一份旅游手册，并到其他年级进行介绍，帮助更多学生了解坪山和深圳。
3. 录一段曾经去过的某个景点的短视频介绍并上传至网站，作为一种生活记录。

此项作业属于拓展活动类，它超越了课本内容分层设计，要求学生跳出学习的舒适区，用自己的所学知识解决社会问题，发挥了素质教育导向的功能。除了与生活元素进行联结外，教师还可以设计跨学科的作业。例如，当学习到雨的主题时，教师可以联系生物学科中酸雨对淀粉的影响这一知识，辅助学生用英语解说实验过程，并录制视频，成为可进行全年级推广的学习成果。

（三）作业重构反思

当教师开始进行作业重构与设计时，要及时建立起家长和学生的反馈机制。"双减"政策实施以来，部分家长担心减少作业量会影响学生的学习效果，或许会因此造成误解。教师需要了解家长对于作业的考虑，可通过对家长的问卷调查收集了解情况，倾听家长的意见反馈，有助于更好地改进和落实作业设计。得到反馈后，教师更要及时针对评价进行自我反思，从最开始的作业目标进行思考，使作业重构的整个过程形成一个闭环作业，有助于教师精进作业的质量和管理机制。

四、总结

"双减"对健全作业管理机制、分类明确作业总量、提高作业设计质量、加强作业完成指导提出了要求，而新课标对培养学生核心素养能力提出了要求，这两者奠定了教师探索作业重构的必要性。作业重构需要遵循三大原则：计划（明确作业目标）、执行（优化作业内容）、反思（建立反馈评价机制）。这三大原则应该贯穿整个作业重构的思考过程。

【参考文献】

[1] 成继宗."双减"政策下初中英语课堂教学研究 [J].新课程 ,2021(45):58.

[2] 程樟木,杨丽霞."双减"背景下初中英语作业设计原则与实践 [J].福建基础教育研究 ,2021(11):14-15,42.

[3] 约翰·B. 彼格斯,凯文· F. 科利斯 . 学习质量评价：SOLO 分类理论 (可观察的学习成果结构)[M]. 高凌飚,张洪岩,译 . 北京：人民教育出版社 ,2010:27-28,190,198.

[4] 赵海军 . 落实"双减"、提高教学效率 培养学科核心素养——以初中英语阅读课教学为例 [J]. 基础教育论坛 ,2021(35):27-28.

[5] 蒋舜 . 指向学习增值的单元整体教学下初中英语校本作业设计与实践——以 Unit 4 Where's my schoolbag? Period 3 为例 [J]. 英语教师 ,2022,22(05):111-116,130.

[6] 许灵奇 ."学科核心素养"下初中英语单元作业整体设计路径分析 [J]. 中学生英语 ,2021(32):50-51.

[7] 张颖 . 减负增效提质下初中英语作业设计的有效策略 [J]. 校园英语 ,2021(15):241-242.

[8] 桑杰 . 基于"减负增效提质"理念下初中英语作业的设计 [J]. 中国校外教育 ,2020(02):62-63.

[9] 邱琳 ."双减"背景下中学英语学科作业设计探索 [J]. 学园 ,2021,14(36):1-3.

[10] 赵刚 . 中学英语作业"减负"与"增效"的辩证治理思维 [J]. 教学月刊·中学版 (外语教学),2022(03):14-17.

基于课程思政理念的指向核心素养培养的
初中英语阅读研究

深圳中学坪山创新学校　　李冉冉　魏连婧

【摘要】英语学科核心素养包括语言能力、思维品质、文化品格、学习能力。本文基于课程思政理念对新课标立德树人理念下如何在初中英语阅读中渗透思政元素并提升学科核心素养进行探讨。

【关键词】核心素养；课程思政；初中英语阅读

2017 年 11 月，全国高校思想政治工作会议提出：坚持把立德树人作为中心环节，把思想政治工作贯穿教育教学全过程，实现全程育人、全方位育人。2019 年 11 月，教育部等七部门制定《关于加强和改进新时代师德师风建设的意见》，要求教师"将社会主义核心价值观融入教育教学全过程"，同时须"充分发挥课堂主渠道作用，引导广大教师守好讲台主阵地，将立德树人放在首要位置，融入教育教学全过程"。许建华指出，在此背景下，我们在初中英语教学中秉承德育为先，践行全员、全程、全方位"三全育人"理念，统筹构建课程思政体系，推动各学科与思想政治课形成协同育人效应，是实现立德树人根本任务和铸魂育人总体目标的重要举措。英语作为基础教育阶段的主要课程之一，是课程思政育人体系的重要组成部分。

孙宝蝉指出在立德树人教育背景下，课程思政融入英语课程有助于落实核心素养。初中英语课堂教学的阅读主题或阅读内容，让学生在课程思政的环境中，坚定文化自信，提高文化素养，对学生行为、思想产生潜移默化的影响，实现育人目标。郑蒙蒙认为"课程思政"融入英语课程可以发展完善学生的人文素质，加快学生思想建设进程。

刘正光、岳曼曼提到课程思政对人才培养与课程教学提出的新要求、新目标。外语课程思政在以语言文化学习为基本内容的同时，可以巧妙无痕地将思政元素融入语言教学活动中，基本特征有："德"融入语言教学各环节；"德"落实到各类语言学习活动；"德"体现在语言能力中；"德"体现在思辨能力中；"德"体现在学习共同体中；"德"垂范于教师的教学行为中。柳芊芊认为思政教育现状是教师没有意识到思政教育的重要性，在进行英语课堂教学时没有重点对学生进行思政教育，因此也就没能达成全方位育人的教育目标。在英语课堂教学中，教师对教材中的中国文化素材运用不足，无法激发学生对中华文化的认同感。根据问卷调查，学生和家长普遍认为思政教育是班主任和思政任课教师的事情，没有必要在英语学习和评价中融入思政元素。

基于以上理论背景及现实问题，教师们在课程思政理念下进行初中英语阅读教学，引导学生坚定文化自信，坚持社会主义核心价值观，进而培育其核心素养，符合新课标的培养目标。然而，在初中英语阅读教学中，教师往往侧重于学生语言、阅读能力的学习和提高，忽视了对学生的思想品质的教育和价值观的引领。

下面作者结合几年的教学实践，在课程思政理念的指导下，谈谈如何在初中英语阅读教学中渗透思政教育，落实学科的育人价值的具体策略。

一、对教材进行文本解读，挖掘整合教材内容的思政元素

英语"课程思政"的实现不能脱离课程，教师需基于教学内容对教材进行文本解读，在进行教学设计时充分考虑所教内容的思想性和教育性，对课程中含有的思政元素进行提炼、整合和再加工，有针对性地进行大单元设计，将情感、态度、价值观目标系统化，将语言知识讲解、语言技能训练与思政教育有机融合，寓德育于课堂教学，引导学生对有关思政教育的话题和内容进行思考和交流，这样既培养了学生的思维品质，又渗透了思政教育。在挖掘教材中的思政元素时，教师可以侧重挖掘英语教材中的爱国主义教育、中国传统文化教育、社会主义核心价值观教育和感恩教育的元素。除此之外，教师可以在生活中留心观察和搜索热点素材，将其融合于外语教材的应用中，有益于消减外语学习中的"中国文化失语"现象，从而增强学生的文化意识和传播中华文化的能力。

在解读文本的基础上，杨栋梅提出可以鼓励学生自主阅读，引导合作学习和开展探究活动，让学生在理解文本的基础上，就特定主题语境与同伴进行沟通交流并进行与主题语境相关的创造；孙建阳提出可以使用问题导向法，即教师运用问题串联起课堂，引导学生思考、讨论和回答问题；汤新霞提出可以讲授相关阅读技巧，使学生更好地阅读；赵苏南提到要渗透情感体验，提升学生的文化意识，例如介绍背景知识、播放歌曲等，使学生获得身临其境般的体验。

二、以传统文化为依托，开拓多元化教学方法，有效提升学生素养能力

在全球化经济高速发展的背景下，西方文化渗透在我们的日常生活中，大多数学生受西方文化的影响，缺乏对我国传统文化的了解，不利于我国传统文化的继承与传播。因此，为了更好地落实课程思政，学校应面向学生开展中国传统文化教育，依据初中英语教学内容，引导学生深入了解我国优秀的传统文化，激发学生对中华传统文化的认同感和传播传统文化的使命感。只有让学生体会从古至今的这些传统文化中所蕴含的中国人特有的智慧和毅力、华夏民族特有的民族精神和优秀品质，才能更好地树立学生们的文化自信。王伟、肖龙海和李辉认为教师可以在课程教学方法设计上采用对比分析法，在对比东西方文化差异的同时，引导学生分析和思考文化差异现象的原因，帮助学生在习得语言的同时提高跨文化交际能力。以沪教版八下 U2 的 more practice 为例，本单元主

题语境为肢体语言，阅读的语篇中介绍了不同国家的肢体语言的差异，教师在这个时候可以通过对比引导学生理解文化无好坏优劣之分，作为新时代的学生，应对各种文化予以尊重和包容，这样才能够开阔视野，做有家国情怀和世界眼光的现代人。英语教师还可以基于教材中的西方文化元素进行创新式教学，采用角色扮演或剧本表演等方式，让学生在课堂上亲历西方的生活场景，增强跨文化意识，理解语言所承载的文化内涵，提高跨文化交际能力。另外，采用日常渗透法，在坚持社会主义核心价值观的课程标准背景下开展中小学外语教学，在各项教学活动中有机融入传统文化、家国情怀等爱国主义元素，呼应、强化、延伸课程教育的思政内容。如在呈现例句、讲评练习和布置作业时教师可采用含有思政元素的例句或者语篇，引发学生对现实生活问题的思考，培养批判性思维，对学生的是非观、价值观施以正面影响。以沪教版八下 U3 为例，本单元主题是传统技能，more practice 的话题是皮影戏的制作，教师在布置作业时可以让学生查找资料后写一篇其他中华传统技能的制作过程的说明文。

三、完善评价机制，提高课堂教学的实效性

教师在阅读教学过程中开展整合性教学评价有利于提高教学效果。整合性教学评价是指对课程思政的教学评价与对语言和知识技能的评价相融合。对英语知识与技能的评价属于显性评价，对学生价值观的塑造与家国情感的培养的评价属于隐性评价。隐性评价可以贯穿于学校中的各项课内外活动，不局限于课堂之内。如在沪教版八下的教材中学生学习了传统技能、保护动物等单元主题，教师可以开展以中华传统技艺、保护珍稀动物为主题的英文演讲活动，开展"养宠物好不好"主题英语辩论活动，通过活动促进学生的发展，培育时代新人。

【参考文献】

[1] 许建华 . 立德树人导向下的初中英语课程思政探索与实践 [J]. 教学月刊·中学版 (外语教学),2022(09):31-34.

[2] 孙宝婵 . 课程思政融入初中英语阅读教学课堂的实施策略 [J]. 吉林教育 ,2023(04):47-49.

[3] 郑蒙蒙 .PBL 视域下"课程思政"融入初中英语阅读教学研究 [J]. 教学管理与教育研究 ,2023(03):54-55.

[4] 刘正光 , 岳曼曼 . 转变理念、重构内容，落实外语课程思政 [J]. 外国语 (上海外国语大学学报),2020,43(05):21-29.

[5] 柳芊芊 . 课程思政在初中英语教学中的探索与实践 [J]. 新校园 ,2022(05):47-48.

浅析英语报刊阅读在初中英语教学中的应用

深圳市坪山实验学校　　乔　丹

【摘要】英语报刊作为信息交流的载体之一，不仅拥有各种新鲜丰富的内容，还包含了大量人文、社会以及自然生态等方面的内容，排版中还包含大量美观的图片，因此许多英语教师尝试将英语报刊用来作为教学素材之一，报刊阅读也渐渐进入初中英语教学的课堂中。本文阐述了英语报刊融入初中英语教学的意义，所面临的挑战以及可以参考的实施措施。

【关键词】英语报刊；报刊阅读；初中英语教学

一、引言

如今，信息技术的发展给我们社会的方方面面都带来了巨大的变化。人类已经从口头时代进入了信息超文本时代以及读写时代。因此，信息技术的发展也对英语教学提出了新的要求。传统的以语言文字为主的单一教学模式，越来越不能满足现代初中生在意义表达方面的学习需求。非言语符号形式（如图片、声音、动画、肢体语言等符号）逐渐成为英语教学中不可或缺的教学模式。针对这一问题，一些初高中教师尝试将报刊阅读引入英语阅读教学中。将英语报刊阅读引入英语教学，很好地解决了教材内容不够丰富、课堂枯燥的问题。Teens 报纸便受到了很多教师的欢迎，作为国内第一份专为初中生设计的英语学习时事周报，它以时事文化为主，用简单易懂的英语对内容进行描述，具体包括校园热点、文化知识、休闲体育等。

二、英语报刊融入初中英语教学的意义

（一）提高学生学习兴趣

阅读英语报刊可以有效提高学生的英语学习兴趣。相比于传统的英语教科书，Teens 报纸以插图为主，其中的时尚、科技以及当前热点话题众多，且文本内容本身也不难理解，符合当前学生的阅读口味。报刊内容巧妙地将英语教学内容与学生的情感教育相融合，相比较于小说或者其他类型的文学作品，英语报刊更容易激发学生的阅读兴趣，而且适用性也更加明显。此外，报刊的信息内容具有"新、快、精、广"的特点，学生通过短时间的阅读就能够了解到相关的资讯，哪怕只是随便翻开看看，也能够找到适合自己的阅读内容[1]。

（二）夯实学生语言基础

阅读英语报刊可以更轻松地为学生构建语言情景，从而夯实学生的语言基础。如：词汇积累在初中英语的学习中是很多同学难以跨越的障碍，在痛苦的死记硬背中，很多同学渐渐对英语失去了兴趣，也对自己失去了信心。而将词汇放在自己感兴趣的语篇中，自行构建起语言使用的"情景"则会让词汇积累容易许多。通过在报刊中寻找自己感兴趣的模块，学生有机会接触不同领域的知识和更多类型的文章，进而更加轻松地积累不同领域的词汇。此外，在信息化时代的大背景下，大量的新式词语不断地进入人们的生活与学习当中，而这些实用性较强又有一定专业性的词汇最早便出现在各类新闻媒介当中，再被人们接受且传播。如 shoebox（蜗居）、 overtired（过劳）等。学生通过阅读英语报刊，潜移默化之中便积累了英语词汇。

（三）培养学生文化意识

阅读英语报刊可以培养学生的文化意识。外语学习是一门离不开跨文化交际的学科，语言是文化的一部分，反映文化的同时也受文化的影响，所以在英语学习中，培养跨文化意识与全球视野也是必要的一个环节。英语报刊中的阅读材料资源丰富，为学生们提供了一个了解西方文化经典以及世界发展的平台。不过与此同时，报刊也更注重对中国传统文化和社会主义核心价值观的传播，与时俱进[2]，为学生们提供了大量观察、比较、分析文化现象，挖掘文化内涵的机会，有利于学生文化意识的培养。

三、英语报刊融入初中英语教学的问题

英语报刊阅读与初中英语教学的结合可以为学生的英语能力和思维带来更大的提升，但教师在具体实施过程中依然面临以下问题：

（一）缺乏统一指导思路

很多教师对于如何开展英语报刊阅读以及如何融入课堂依然没有统一的指导思路，一部分教师较为重视教材中的阅读课文讲解，但却忽略了报刊文章的重要性，留给报刊阅读的时间少之又少，甚至有些教师在征订了报刊之后就将其放在一边，置之不理。而对于尝试开展报刊阅读的教师来讲，什么时候上报刊阅读课，是否将报刊内容与课文相结合，哪些文章需要精读，哪些文章需要泛读等问题都没有清晰的思路。

（二）误将报刊阅读作为课后作业

有的教师选择直接将英语报刊布置成课后作业，本意为培养学生自主阅读的能力，但事实上这样的方式只适用于英语水平本身较好且自觉性较强的学生，对于大部分成绩中等的学生而言，这项作业其实在无形中增加了学生的课业负担，也并不能达到培养学生自主阅读能力的目的，甚至会导致一部分学生对此敷衍了事，使报刊阅读失去了它本来的意义。教师在报刊阅读的教学中应该分清报刊阅读的主次，培养学生的阅读能力是首要的，作业只是辅助阅读教学的一种形式，切不可为了完成作业而读报刊[3]。

四、英语报刊融入初中英语教学的措施

为了将英语报刊阅读有效地融入初中英语教学，教师可以采取以下措施：

（一）以精读和泛读相结合的方式组织教学

将英语报刊中丰富多样的信息资源用于课内教学的补充或是课外知识的扩充都有很大的价值。此外，学生们对报刊上的新奇内容容易产生兴趣，教师便可利用其开展英语教学以促进教学活动有序地开展。但报刊版面较多，可以拿来阅读的文本素材容易让人挑花眼，加之常规英语教学的课时量有限，所以欲将报刊阅读与英语教学结合并在一定的时间内完成阅读内容，教师就需要做好大量的准备工作。教师可对报刊中的文本素材进行整理，选择学生较为感兴趣的话题内容并在阅读形式上做到精读与泛读结合。这就需要教师对报刊的文本素材有一个整体的把握，然后在对学情把握的基础之上确定哪些文本需要精读，哪些需要泛读。这样不仅可以使学生全面了解报刊的内容，还可以节约课堂时间，提升学生自主学习的能力。

（二）以报刊阅读辅助课堂教学

在对报刊文本素材进行整理以后，教师可将文本内容分门别类地进行归纳，选出与课堂教学内容相近的素材，进而将课堂当中的阅读内容与报刊素材进行结合。一来可以丰富学生的语言知识，二来能在课本文本的基础之上为学生提供更多更具实时性的素材，拓展视野的同时能够更加贴近生活。如在深圳牛津版教材中，7AU5 的话题为 visiting the moon，整个单元围绕太空旅行这个话题展开，但课本中的文本内容并不够贴近学生生活。而在 *Teens* 报纸初一版中，多期均有大篇幅的内容提及太空话题，尤其是有关神舟飞船的报道，让太空话题距离同学们不再遥远。那么，使用此类话题的文章辅助 Visiting the Moon 的课堂教学，不仅能激发学生们的学习兴趣，还可以在很大程度上提升学生们的民族自豪感。

（三）有效指导阅读过程

报刊阅读融入英语教学在实施的过程中，需要教师给出明确有效的指导，与学生一同制订科学、高效、完善的阅读方案。

生词处理

报刊阅读的文本素材中包含的词汇较为广泛，所以学生在阅读时难免会遇到很多生词。在处理生词时教师可以引导学生完成以下两个步骤。第一，锻炼猜词能力。在语篇中遇到生词时，是锻炼猜词能力的好机会，教师可以引导学生借助上下文或是生活经验等尝试分析并猜测词义。在这个环节中，学生暂不可过于依赖工具书或是词典。阅读完成后，进行第二个步骤，学生将文中生词进行标记并记录其正确释义，整理成自己的生词本，便于日后进行复习。需要注意的是，相比于只记录单词，将生词所在的句子一并记下会更加便于记忆。

阅读笔记

在对文章精读过之后，学生可以集中记录自己在英语报刊阅读过程中所积累的知识。阅读笔记可以与生词记录合并在一起，在记录时，学生们可以从以下三个方面入手：第一，摘抄。对于文中出现的俗语、名言警句抑或是学生自己认为写得比较好的句子，他们都可将其抄下来作为日后的写作素材，哪怕只是简单的查阅和观赏，也可带来成就感和满足感。第二，总结文章概要。在读完一篇文章之后，学生可以通过尝试总结每段的大意以及整篇文章的结构来对文章进行一个宏观的把握，进而提高自己的总结能力和理解能力。这里的呈现方式可以选择思维导图的方式。第三，撰写阅读心得。为进一步提升自己的理解水平、培养思维品质，学生在阅读完文章后，可以围绕文章的主要内容撰写自己此次阅读的感受。

五、结语

信息时代飞速发展，墨守成规只会让自己的教学固步自封，如果初中英语教学一直单纯依靠一本教材，学生每周只读一两篇文章，难以满足新形势下人才培养的要求。英语报刊的合理使用能够让学生掌握语言知识，提升自己的阅读技巧和能力，同时，激发学生们学习英语的兴趣、培养文化意识。虽然将英语报刊阅读融入进课堂仍然面临一些挑战，但是如果教师可以确定科学合理的开展方式并有效指导学生阅读的过程，那么学生的阅读质量是可以得到一定程度的提高的。

【参考文献】

[1] 姚淑慧, 李新国. 英语报刊阅读与大学生语言能力发展 [J]. 教育教学论坛, 2020(06):3.

[2] 唐振刚. 用英语自觉传播中国优秀文化——一节初中英语报刊阅读课的选材和设计 [J]. 江苏教育, 2018(27): 4.

[3] 韩彦. 开展英语报刊阅读教学培养初中学生自主学习能力 [C]. 广西写作学会教学研究专业委员会 .(eds.) 教师教育论坛 (第二辑),2019:162-163.

微课在初中英语教学中的应用

深圳市坪山实验学校　　肖日臣

【摘要】英语课程知识点密集，给教学工作带来了一定难度。因为微课是基于信息化教学技术发展起来的，整合了多元化的教学资源，并且体现出明显的趣味化特征。在教学中引入微课，对于提高学生的学习兴趣、打造一个个性化的学习氛围具有重要意义。本文就微课教学概念和特点进行了探讨，并分析了在初中英语教学中运用微课教学模式的策略，以期为初中英语课堂教学提供思路。

【关键词】初中英语；微课；教学策略

微课通过5～10分钟的视频讲解知识点，既生动有趣，又有助于学生利用碎片化时间。将微课引入到课堂中，一方面有助于学生突破重难点知识，另一方面有助于激发课堂活力，对于提高整个高中英语课程教学质量都具有重要意义。引入微课模式后，学生的课堂参与度更高了，更愿意配合教师，学习思维更活跃。本文基于微课的片段式、交互式学习特性展开分析，着重探讨了课前导入新知、突出教学重难点、引导预习和复习三种策略，为初中英语课程应用微课模式提供了思路。

一、课前导入新知，提升英语课堂魅力

课堂引入环节对于学生的学习兴趣有比较大的影响。创新、形象的新知识导入能够迅速抓住学生的注意力，如同抛砖引玉，是提升英语课堂魅力的重要手段。结合微课的特色优势，将声、像整合成一体，创设英语学习情境，以情境紧紧抓住学生的学习兴趣和注意力，可以让课堂呈现出别样的色彩。因此，初中英语教师在课程开始之初就充分把握和应用微课，发挥微课模式的优势，突出其趣味性、短小精悍的特征，给学生呈现一个新颖的课堂，创设一个情境真实有趣的课堂导入，为提高英语课堂教学效率奠定基础。

例如，在"Travaling around the world"这节课程中，介绍我国著名景点——喜马拉雅山，教师可以在课堂开始时播放一个微视频，展示登山场景。视频中，登山者们在白雪覆盖的高峰上艰难攀爬，配合解说者生动的解说，学生更形象地理解登山这项运动。之后，教师通过几个简单的问题将本节课的主要内容引出来：How high is the Qomolangma? Is it the highest mountain in the world? 有了微课的铺垫，课程显得更生动有趣。在此基础上引导学生对所学内容进行深入探究能够起到很好的效果。这样，微课将学生的思维和注意力聚焦在课程学习中，实现了学生课堂学习兴趣的培养，推动着接下来教学活动的顺利进展和实施。

二、突出教学重难点，强化学习理解

英语语法知识一直是课程中的难点知识，如何讲好英语语法一直是教师比较头疼的问题。而微课为教师提供了新的思路。传统的语法知识教学通常是由课堂上生硬死板的口头讲解来进行，此模式并没有取得较好的教学效果。语法知识点比较抽象晦涩，学生仍旧难以准确理解语法知识点，难以牢固掌握、灵活运用。而引入微课后，每一个微课针对一个语法知识展开深入剖析，用形象的语言讲解语法规律，趣味性增强了。同时微课设置在线上学习平台，学生可反复播放、反复学习，这有助于学生巩固和加强理解。在微课的支持下，抽象、难懂的语法知识点清晰、直观地呈现在学生面前，使学生语法学习的思路更清晰，减轻了学生的学习负担，增强其对所学知识的理解和运用能力，为高效化英语教学课堂的构建提供有利的条件。

例如，在"Visiting the Moon"这节课程中，课程重点在于讲授将来时态的应用方法，将微课引入后，通过微课介绍将来时态的使用场景，配合图片将将来时态的场景解释清楚，使学生更透彻地理解将来时句型的用法，让学生能够灵活运用这个知识内容。教师可将微课引入教学，通过微视频将一般现在时、一般过去时等各种时态进行总结对比，将各个时态的使用场景、应用方法解释清楚，让学生把知识内容加以整理、理解，清晰明了地认识这一知识内容。这样，课程知识通过微课就生动形象地给学生进行整理演绎了，让学生对各种时态有更清晰的认识，教学化繁为简，提高了效率。

三、引导预习和复习，锻炼自主学习能力

英语知识点密集，且各个知识点相对分散，词汇、短语、语法等知识分散在课本各处，而整理这些知识点往往只需要学生利用好碎片化时间，此时微课的作用便显示出来。微课通常保持在 5 ～ 10 分钟，学生利用碎片化时间观看微课，对知识点进行复习和整理，可以有效提高学习效率。同时，微课设置在线上平台上，学生可以随时观看，结合自身情况对课程内容进行预习和复习，随时进行课下学习。通过这种课前预习和课后复习，自我管理、自我控制和自主学习的能力都可以得到锻炼和提高。教师可以将微课引入课程，引导学生进行课下学习，可以设置预习和复习任务，在一定程度上督促学生，进而提高微课在课前预习和课后复习的效果。

例如，在"Boby language"这节课程中，在开展课程教学活动之前，教师可制作好一节微课，呈现一个交际情境，并在情境中使用本节课的语法知识。学生在课下观看本节微课，在微课创设的交际场景中，了解课程的主要句型及其用法、运用场景等。学生对本课所学的重要句型，如"Could you take out the trash?""Could I borrow the car?"等加以整理，总结其用法。通过微课，学生通过分析课文中的重要句式和对话，对课文进行细致的分析，对课程知识点有系统的理解。课程结束后，学生也可以利用微课来查漏补缺，增强学习效果。这种教学方式实现了课前预习、课后复习，培养了学生的自主学习能力，拓展了英语教学功能。

四、结语

综上所述，微课是在教育信息化时代产生的，是当今流行的一种教育模式。它充分考虑了当今时代信息碎片化的特点，将丰富的网络学习资源整合到教学中，受到广泛关注。微课具有体积小、针对性强等特点，适合于初中英语教学。在当前教育强调核心素养的时代，英语教学越来越多地探索新的教学模式，本文结合多年英语教学经验，探讨初中英语教学中微课的价值，总结初中英语教学运用微课在课前导入新知，提升英语课堂魅力；运用微课突出教学重难点，强化学习理解；运用微课引导预习和复习，锻炼学生的自主学习能力等三种途径，以期对提高初中英语教学质量有所帮助。

【参考文献】

[1] 陈婷 . 微课教学在初中英语教学中的应用及现状分析 [N]. 山西科技报 ,2021-12-13(B06).

[2] 赵文彦 . 网络环境下，微课在初中英语教学中的应用 [J]. 校园英语 ,2021(48):231-232.

浅谈思维导图优化初中英语阅读教学

深圳市坪山区星辉实验学校　　熊凯红

【摘要】英语阅读是学生英语语言技能中输入与输出的重要环节。而英语阅读教学是教师教学的重头戏。阅读在整个初中英语教学与学习中都有着举足轻重的地位。因此，教师如何有效帮助广大学生在进行英语逻辑阅读中有效扫除学生阅读障碍，建立学生阅读思维框架，理顺学生阅读思维脉络，增强学生阅读时的逻辑理解、归纳分析能力，从而从根本上有效提高广大学生的英语阅读逻辑理解能力，是目前整个初中教学中备受关注的要点之一。而思维导图在对于思维可视化的英语教学，在对单元整合的重大意义的背景下孕育而生。在我的历年教学中，我有意识地给学生在阅读教学中运用思维导图，确实取得了不错的效果。

【关键词】思维导图；初中英语；阅读教学

从专业教育学和心理学上面来讲，学生理解阅读文章的教学过程就是用自己已有的认知图式与阅读文本中的信息内容进行相互交换、建构而有意义的一个教学过程。当一个学生将自己已知的图式与阅读文本内容中的已有信息内容建立了新的联系并最终达到相互匹配之后，学生就已经可以正确地分析理解阅读文本中的信息内容。初中生正处于以形象思维表达为主的发展升级阶段，而形象思维表达导图所能够具有的形象图形、符号以及关键词等诸多元素都已经能够很好地调动初中学生的思维视觉与形象思维表达模式，思维导图也有利于引导学生对一篇文章内容进行更好的形象理解与正确记忆，是学生掌握英语阅读技能的重要法宝。

一、什么是思维导图

思维导图，英文名称为 the mind map，根据英语的字面意思可将其准确表达为思维心智导航地图。思维导图是一种帮助学生表达发散性思维、简单有效的图形思维工具，实用性比较强。思维导图的最大特点在于图文并重地把各级主题关系用相互隶属又相关的层级图表现出来，使主题关键词与图像、颜色等建立记忆链接。利用记忆阅读和思维的规律，协助学习者在逻辑与想象、科学与艺术之间平衡发展。因此，引导中小学生在阅读中使用思维导图，不管从哪个方面来看都是利大于弊的。

二、思维导图在初中英语阅读中的应用价值

为了有效提升学生的英语考试成绩，很多英语教师都只刻意注重对英语词汇的阅读

讲解、语法的阅读训练，忽视了如何培养学生对学习英语中所学文章的阅读理解能力。有些学校教师为了学生能够在有限的自主课堂讨论时间内顺利完成这一教学目标，并不会引导其他学生进行课堂自主讨论学习与自我探究，而是直接忽视学生们的存在，"忘我"地对一篇文章内容进行独自分析与自主理解，最后只是将自己的东西强行直接灌输或加塞给学生们，这样在无形中又逐渐拾起了过去荒唐的"填鸭式"教学法。长此以往，学生们将只会机械地在文章中不断寻找那些所谓的"标准答案"或者"关键词"，并没有真正正确地理解文本内容中的具体含义，未能与教学材料进行直接互动和思想上的交流，不仅不能有效地提升初中学生整个群体的语言阅读能力，甚至会直接导致整个学生群体陷入被动地、痛苦地背诵课文的恶性循环中。这样的英语教学，连语言技能的学习都掌握不了，又如何去提升学生们的文化品格和跨文化交流意识。那么，落实学科核心素养的培养又成了一句空话。因此，思维导图在英语阅读教学过程中的广泛应用，将可以帮助更多学生对烦琐的阅读知识点进行系统梳理与综合重塑，好比是错综复杂的迷宫中为学生指路的一盏明灯，若是科学地运用了这种思维导图法，将有机会让更多学生对此有一种豁然开朗的美好感觉，有助于有效提升学生的英语阅读能力与英语学习成绩。

三、思维导图在阅读教学过程中的应用

（一）预测阅读话题，激发学生阅读动机

思维导图可以留给孩子们无限的想象和创作空间，不受教材与话题的限制。教师可以充分利用思维导图激发孩子们对于本课的学习欲望和积极性。以沪教版八上 Unit 5 中的文章"Educational exchanges"为例，我以"教育交流"为主题展开思维导图，与学生一起谈论什么是教育交流，教育交流的内容，以及教育交流过程中可能会遇到的趣事与囧事。这一主题讨论不仅激发了他们无限的教学遐想，更有效率地落实了学生英语学科核心能力素养，增进了他们跨领域文化沟通意识的有效培养。其中，有个孩子上交的作品创意满满，令我印象深刻。他选择了自己热衷的国家——法国，把自己想象成一名交换生，所有同学和老师跟着他的思维导图领略了这个浪漫国度的各种美景，体验了当地丰富多彩的活动，并预测他在法国可能会遇到的各种文化冲击。在阅读前，我利用这样的方式开启了他们对于本单元、本话题的无限向往。

（二）理解文章大意，提高阅读理解速度

初中的英语课文阅读篇幅一般短小精悍，文章以通俗易懂为主，学生如果基础扎实，词汇量过关，那么英语课文的阅读理解应该是畅通无阻的。一些逻辑思维能力优秀的学生甚至可以在几分钟之内就将一篇基于短文的思维导图全部绘制出来。以沪教版八上 Unit 1 中的文章"Look it up"为例，两篇小短文都是来自百科全书，难度适中，文章脉络清晰明了。学生读完第一篇关于达·芬奇的小短文之后就能迅速理解文章大意，归纳出人物介绍主要从职业、出生年月、兴趣爱好、童年经历、重要事迹等方面着手。

（三）分析文本结构，为读写结合做准备

思维导图对于运用逻辑分析相关文本的逻辑结构，对相关文章内容进行各种层次分明、结构清晰的逻辑归纳以及分析整理，有着非常大的参考帮助，不仅可以加深学生对有点难度的文本的理解，同时也有利于学生们记忆文章，为读写结合做好准备。以 "Our animal friend" 为例，这其实是一篇故事，讲述的是一个盲人和他的一只导盲犬的感人故事，故事篇幅较长，情节跌宕起伏。有些同学一看到这种长篇大论很有可能就直接放弃了，但是如果利用这种思维导图，学生们就一定能通过理性的理解分析，找出故事文本中的结构，了解到故事分析的六个要素：故事发生的时间、地点、人物、起因、经过、结果，这样故事的细节都能把握到。学生们也可以参照思维导图对故事进行续写，最大限度地激发他们的创造力。

（四）复述阅读文章，巩固文章积累语言

教学中，引导学生们看着思维导图复述课文，然后迅速背诵整篇课文，在学习复述的整个过程中，孩子们的脑海中有了一幅幅画，一幅幅画引导着孩子们一个片段一个片段地在头脑中闪过。利用思维导图把课文中的几个关键词进行联想并当作今后回忆的重要线索。这样，把原本枯燥抽象的课文内容变成了一幅幅形象贴近生活的思维图画，像电影片段一样直观有效地展现了整篇文章的内容全貌，大大降低了初中学生学习复述甚至练习背诵的难度。在学生复述这段课文时，我也允许他们自由发挥，可以用课文中的语言，也可以是自己积累的语言。只要敢开口，多说就是值得肯定的。在这样不知不觉中孩子们积累了常用的语言知识。

（五）简化文本脉络，编写听说训练素材

在新中考英语改革的背景下，听说由原来的 15 分上升至 25 分，这无疑给我们的英语教学提出了更高的要求，对英语教师们也提出了更高的挑战。用思维导图可以有效地整合听说素材，实现从阅读到听说的无缝连接。同样的一篇课文，教师们可以引导学生们利用思维导图进行文本分析，厘清文章思路，同时，学生们还可以利用思维导图来编写句子甚至编写简单的小故事，为听说训练准备素材，然后把自己编写的小故事读给同伴听，让同伴复述这个故事。这样，我们可以做到物尽其用，一篇好的英语课文，既锻炼了学生们的阅读综合理解能力，又训练了学生们的听说读写表达能力。反复高效地利用好了教材，我们的课堂教学才能做到高效，取得实效。

四、结语

综上所述，时代日新月异的快速发展，陈旧的课堂教学方式迟早都会被时代淘汰，作为新教学时代的优秀教师，必须具备基本的信息素养。潜心钻研学习，始终走在专业发展的前列，运用一套科学、高效的专业方式来不断帮助广大学生更好地学习、掌握所学知识。思维导图通过帮助学生准确梳理英语教学文章的阅读重点，将英语文章中的要

点内容进行了分析提炼，提高了部分学生的英语阅读理解以及英语思维方式创新能力。其实，思维导图不仅仅可以运用在阅读教学中，如果运用得当，它对于英语词汇、听说、写作教学等也能起到不可估量的效果。

【参考文献】

[1] 黄燕华 . 浅谈思维导图在初中英语词汇教学中的应用 [J]. 亚太教育 ,2016(07):30.

[2] 刘丽娟 . 运用思维导图，优化初中英语阅读教学 [J]. 当代人 ,2018(10):157.

[3] 东尼·博赞，巴利·博赞 . 思维导图 [M]. 叶刚译 . 北京：中信出版社 ,2009.

[4] 东尼·博赞 . 超级记忆 [M]. 叶刚译 . 北京：中信出版社 ,2009.

双减背景下初中英语课堂教学中"五育"融合

深圳市坪山区第二外国语学校　尹琴

【摘要】在初中英语课堂教学中"五育"融合已经成为当前的一个趋势。但是双减政策的出台对于这一教学活动也带来了诸多的挑战。本文基于对双减政策的内涵分析,探究初中英语课堂教学中"五育"融合的具体策略。

【关键词】初中英语;"五育"融合;双减政策

在当前的教学背景下,积极地培养学生的多元化素质已经成为教学开展的重点。也正是因此,我国提出了五育并举的教学理念,以此推动初中生综合素质的快速养成。英语是初中阶段的一门重要学科,在学科教学中占据着学生的大量时间。因此,有必要在英语教学中积极打破学科界限,实现对学生的五育内容的有效渗透。但是从当前的客观情况来看,我国新近出台的双减政策在很大程度上冲击了传统的教学模式。在全新的教学背景下,如何实现在夯实学生英语基础素养的前提下,实现更为高效的五育并举的教学渗透,已经成为当前教学活动的一个关键课题。本文首先分析双减政策的内涵,然后结合初中英语的客观实际情况,提出在新的教学政策下"五育"融合的策略。

一、双减政策的内涵以及对初中教学活动的影响

随着社会的快速发展,我国的育人理念也不断进步,因此,我国在 2021 年根据客观的教学实际,出台了双减政策。双减政策是指要有效减轻义务教育阶段学生过重作业负担和校外培训负担。这一教育政策是对党的十九大和十九届五中全会精神的贯彻,同时也有助于提升育人水平。随着时间的推移,双减政策开始逐步落地,其对初中阶段的教学活动提出了较为明确的要求和挑战:

首先,在双减政策背景之下,教师对于学生的课后干预力度在不断减弱,尤其是教师在后续的教学过程中不宜再给学生安排更多的课后书面作业,在这一情况下,教师的教学时间和空间变得较为有限。其次,双减政策对于教师的教学效率、教学质量也提出了新的挑战,教师需要在新政策背景下,利用更为有限的时间,实现对学生的多元化素质的综合提升,这对于初中教师来说无疑也是一个巨大的挑战。

但是也应该认识到,双减政策虽然对初中阶段的教学活动带来了较为明显的挑战,却也在很大程度上认可了在后续的教学过程中不断加强对学生综合素质进行培养的价值,这对于在初中英语教学中进行五育并举的渗透来说,也具备一定的指引作用。

二、双减背景下初中英语课堂教学中"五育"融合的策略

目前，双减政策虽然实践落地的时间相对来说较短，但却在很大程度上改变了传统的教学模式，对于初中英语课堂教学中"五育"融合也产生了较为明显的影响。在这种情况下，初中英语教师就应该充分地审视教学政策和教学内容，然后采取合理的教学手段，以迎合全新的政策要求。在具体的实践中，教师所需要采取的策略主要包括以下几个方面：

（一）优化教学理念，提升教学效率

在双减政策的背景下，初中英语教师对于学生课后时间的干预权利变得有限，因此，要想实现五育并举的教学效果，就应该转变自己的教学理念，也就是摒弃传统的文本作业设计模式，转而采取更为灵活多元的作业设计模式，以此实现教学效率的提升。

比如，在完成了"Encyclopaedias"这一单元的课程教学之后，教师为了实现对学生的智育培养目标，除了布置少量的作业之外，也可以鼓励学生利用互联网渠道，从网上搜集一些教学资源，以此夯实学生的学科知识素养。

另外，很多教师在具体的教学实践中，往往也利用这一单元培养学生爱护自然、爱护环境的意识。在双减政策的背景下，教师对学生渗透一些抽象的、枯燥的内容显然不利于学生的提升，可以引入一些英国广播公司关于恐龙等远古生物的纪录片，以供学生在放学后观看。观看此类纪录片可以在潜移默化之中实现智育的目标，同时也能够帮助学生逐步养成人与自然和谐共生的意识。

（二）丰富课后活动，增进学生的学习兴趣

在传统的教学背景下，很多教师虽然已经认识到了培养学生综合素质、渗透"五育"内容的必要性，但是从整体上来看，教师更多是以说教的形式展开的，这对于学生的综合素质的养成无疑是不利的，同时也不符合当前双减政策的要求。针对于此，建议未来教师在教学活动的开展中不断丰富课后活动，以此来满足新的政策要求。

比如，在"Educational exchanges"这一单元的教学活动完成之后，教师为了能够让学生在课本知识之外实现五育方面的提升，可以组织学生尝试展开一些课后活动。比如，教师可以设定关于教育公平之类的课题，鼓励学生利用课下时间展开辩论会。这一辩论活动的开展，能在很大程度上强化学生的道德观念意识，尤其是能够很好地培养学生的社会责任感。可见，此类活动无疑有助于提升学生的五育素养。

再如，在完成了"Ancient stories"这一单元的教学活动之后，教师可以采取家校联动的教学形式，鼓励家长和学生之间开展英语故事会小活动。家长或者学生可以从课外读本上选择一些阅读素材，然后相互讲述给对方听。教师可以让亲子之间在讲述故事的时候，先用英语讲，然后用汉语翻译一遍。借助于这种方式，一方面可以强化学生的英语素质，另一方面能够进一步地强化亲子之间的情感，这对于学生的情感升华也具备一定的价值。

此外，在完成了"Inventions"这一单元的教学之后，教师可以鼓励学生深入生活，

熟悉生活中的一些家务，然后尝试展开一些发明创造，通过这种形式也能够将初中阶段的英语教学和劳动教育有机地结合在一起，以此提升学生的综合素质。

而且，此类教学形式不会占用学生的太多时间，充满了趣味性，因此能够更好地迎合双减政策。

（三）采取多元评价，关注学生的综合成长效果

在传统的教学背景下，很多教师虽然已经认识到了培养学生综合素养过程中的教学评价开展的价值，但是很多教师的评价维度较为单一，且教学评价的视角也较为单一。这显然不符合双减政策的理念，同时也不利于在双减政策之下实现对五育素质的充分提升。针对于此，建议未来初中英语教师采取多元评价，关注学生的综合成长效果：

第一，教师在对学生的成长进步情况进行评价的过程中，应该采取多元化的评价视角，这也就是要求教师对于学生的评价需要坚持多维度的标准，不仅仅需要考查学生的英语学科知识的学习情况，同时还要关注学生对五育内容的吸收情况。

为了能够让教师的评价更具精准性和指导性，教师在评价过程中还应该尽可能地采取量化手段。在具体的教学实践过程中，教师需要将所需要考核的内容进行明确的划分，然后从每一个内容出发，给出分数权重。通过这种形式，教师对学生的阶段性考核结果变得一目了然，从而更好地把握学生的成长进步情况。

第二，教师在完成了对教学评价内容的丰富之后，还需要丰富教学评价的维度。比如，教师在教学评价中，除了不断强化教师的评价精度之外，还需要引入学生自我评价、学生相互评价以及家长评价的维度。这种形式能够实现对学生成长情况的多元化把握，由此避免教师教学过程中的一言堂的现象。教师丰富了教学评价维度之后，需要将各个维度的评分结果进行综合，以此充分地考查双减背景下初中英语课堂教学中学生"五育"融合的情况。

三、结语

近些年来，随着我国教育理念的不断变革，积极打破学科的限制，在学科教学过程中，见缝插针地融合五育教学内容，成为教学的一种主流形式。但也应该充分认识到的是，很多教师由于教学理念的僵化保守，在五育融合中还存在着明显的不足。尤其是双减政策的落地，为初中英语教师教学增加了很多困难。针对于此，本文认为未来初中英语教师首先应该对双减政策的内涵有更为深入的把握，同时在具体的教学实践中还需要不断优化教学手段，丰富教学活动形式，采取更为合理多元的教学评价形式，如此才能够实现更为理想化的教学效果。

【参考文献】

[1] 袁琴 . 初中英语课堂教学中"五育"融合实践探索 [J]. 镇江高专学报 ,2021,34(04):109–110.

[2] 丁秀丽 . 初中英语"五环渐进"教学探究 [J]. 校园英语 ,2021(12):100–101.

基于英语学习活动观的小组合作学习
在初中英语教学中的应用

深圳市坪山区外国语文源学校　　张　雨

【摘要】《义务教育英语课程标准》提出的以核心素养为基础的"英语学习活动观"，力图改变当下陈旧的模式，实现学生的学习优化中的"学习活动观"，要求英语学科教学从知识技能的传授转向聚焦核心素养的培养，从聚焦学生活动开始，初中英语教学活动中围绕"自主、合作与探究"这一原则，充分利用小组合作学习策略，打造高质高效英语课堂。基于此，本文阐述了当前初中英语课堂教学活动中存在的问题，以深圳市坪山区外国语文源学校初中英语为例，分析了小组合作学习在英语教学实践中的优势，并在此基础上提出了在初中英语课堂教学中应用小组合作学习策略的具体方式。

【关键词】英语学习活动观；小组合作学习；教学活动

一、初中英语课堂教学存在的问题

（一）教学策略较为陈旧

当前，不少英语教师在开展课堂教学活动时仍然十分依赖教材，十分严格地依据教材中的内容和顺序组织教学活动，并未围绕教学内容进行适当的延伸，这样在一定程度上禁锢了教学的广度和深度，也使得英语课堂氛围较为沉闷，并且不利于有效激发学生的主动性。

（二）课堂主体不明

英语学习活动观要求教师在组织课堂教学活动时，应该秉持以学生为中心的理念，在开展教学环节、进行教学活动时都应突显出学生的主体地位。然而，当前，不少初中英语教师在教学实践活动中，仍然习惯以教师的视角和思维为主导进行教学环节的设计，未能切实结合学生的特点和喜好，导致学生在这一过程中始终处于较为被动的位置。

（三）教学评价方式较为单一

科学有效的教学评价能够为打造优质的初中英语课堂提供重要的参考和依据，然而，现阶段教师的评价方式仍然十分单一，重点关注结果性评价，对于过程性评价不够重视。由于评价较为片面，主客体颠倒，这便容易造成评价办法与学生的真实需求之间的异位，无法发挥其作用，不利于提升初中英语课堂的教学效果[1]。

二、小组合作学习在初中英语教学活动中的优势

在传统的教师主导的初中英语课堂教学中，各个教学环节基本都是在教师的组织和带领下进行，真正留给学生思考和探究的时间很少，同时，由于并未为学生提供交流和表达自己观点的机会和平台，也阻碍了学生英语表达能力的提高。为了切实改变这一不利局面，教师可以在课堂教学中采用小组合作学习探究的方法，这样不同学习层次的学生都能在小组学习中互帮互助，落实学习内容，并激活学生的主观能动性，让学生能够在小组合作中取长补短，获得提升。正是因为课堂时间十分有限，所以英语教师无法兼顾每一位学生的学习进度和学习情况，但借助小组合作学习模式，可以让每一位学生都参与到课程教学活动中。在齐心协力完成小组任务的过程中，若是谁遇到了问题，可以首先在组内消化，由学习能力较好的学生对其提供帮助，这样不仅能让理解能力和英语基础较差的学生得到提升，还能让成绩优秀的学生对于相关问题的理解更加深刻[2]。如此一来，借助对于英语问题的探究和交流，能够让不同学习层次的学生在不断的思维碰撞和协作中都有所收获，不仅有利于对相关英语知识的理解性记忆，还能通过主体性的激发促进其英语表达能力的提升。同时，在增强英语教学效果的基础上，还能培养学生的协作精神，在良性的竞争中增进同学情感，获得综合性发展。

三、小组合作学习在初中英语教学中的具体应用策略

（一）合理划分学习小组

英语教师在教学活动中采用小组合作学习策略，应对班级学生进行合理分组，通常可参考下述分组方式：应正视学生的个体差异，即英语基础和理解能力的不同，遵循同组异质的原则，否则，若是未采用科学的划分原则，会造成学生在小组合作学习中无法实现均衡发展，如英语能力强的学生积极参与，而基础较差的学生则沉默不语，完全不能激发出小组合作的优势互补作用。因此，教师在分组前应做好准备工作，除了对学生的英语学习能力进行全面的评估，如英语学习成绩、学习态度、学习习惯等，还应综合考虑学生的性别、性格、喜好。确保每一个学习小组的成员之间可以实现优势互补，在和谐良好的小组学习氛围中顺利有序地开展各项活动，同时，教师还应通过组内民主选举，确定小组组长，协助教师将小组学习探究任务落实，管理组员，协调帮扶机制等[3]。

（二）掌握小组合作契机

尽管小组合作学习是一种卓有成效的教学方式，但并不是每一个教学环节都能适用。为此，教师应精心备课，探寻最适合的小组合作学习契机，结合教学内容和学生的实际情况适时组织开展。其一，教师可以在讲授新知识或重要知识点时采用小组合作学习方式。具有难度的新知识对于学生来说不仅是相对陌生的，也是较为抽象的。因此对于学生容易混淆的知识点或是难以理解的英语表达，教师可以开展小组合作学习，在驱动型问题

或任务的引导下，让学生在组内探讨中自主思考、自由交流，合作学习，建构生成性知识内容，以此获取良好的教学效果[4]。譬如，在学习牛津深圳版七年级下册"Travel"时，笔者进行了如下教学设计：（见表1）

表1

教学环节	活动目标	教学内容	活动设计
导入	让学生熟悉不同的出行方式，交流自己在假期去过的旅游景点。为后续的听力环节做好铺垫，用有趣的图片和视频吸引学生的兴趣，活跃课堂氛围。	以视频展示丰富的出行方式与世界各地有名的旅游景点。	观看视频后，以小组为单位完成教师提供的英语单词与图片的连线搭配项目单。
听力准备环节	继续导入不同的国家，地理内容的加入为后续的练习做准备，教师可引入一则自己亲历的旅游趣事，继续调动学生的热情。	教师用"Who'd like to share your winter holiday with us? How did you go there?"与学生互动，并组织小组互动，借助一问一答的形式练习，巩固相关英语单词。	学生举手回答教师的提问与小组互动练习相结合。
课文听力	设置情景，自然过渡至课文，练习辨识发音相近的数字和日期，以及用于描述景点的形容词，并学会一些表示出行方式的固定搭配。	(1)听第一遍时主要回答下述问题："Which country did you visit?It is made up of how many parts?" (2)根据教师提供的问题表格听第二遍。	师生互动核对答案。
表达练习	对所学词汇进行巩固，检验学生对于重点单词的理解，能否做到灵活应用，基于此，培养学生的英语表达能力。	小组合作学习，围绕"Eiffel Tower""When was it built? How high is it? What color is it?"进行讨论，特别注意数字和日期的表达。	小组自主选派代表对探讨结果进行表述型汇报，表现不错的学习小组可获得积分。（教师应注意控制这个环节的时间，至少选择4名代表）
知识延展	继续考查学生对于本课所学单词的掌握和理解情况，主要围绕灵活应用进行任务设置。	小组合作学习，选择本堂课所学的重点单词进行英语造句比赛，规则设置为：规定时间内按要求造句数量最多者获胜。	成果展示，教师评讲，排名前四的小组都可获得小组积分。

续表

教学环节	活动目标	教学内容	活动设计
课堂总结	总结本堂课所学内容,加强学生对于所学知识的印象。		

其二,学生对于同样的主题会有各自不同的看法,此时也是开展小组合作学习的良好契机。正是由于学生们拥有不同的人生经历、性格特点,以及思维方式,因此会对一个主题产生截然不同的思考方向和看法,教师不应关注孰是孰非,而应以此为契机,引导学生在小组合作学习中通过分工协作,全部参与其中,独立思考与集体头脑风暴相结合,让学生学会冷静理性地思考和分析,培养学生形成良好的英语思维。譬如,在学习牛津深圳版八年级下册"Save the endangered animals"时,教师创设了这样一个写作任务:"Write a passage about an animal in danger." 首先,由于写作课程的特殊属性,教师可以提前布置小组合作任务,要求每一名小组成员都参与其中完成分解任务,如:What's the animal? What kind of food does it eat? Why does it live in danger? How can we do for it?"其次,小组成员分别完成自己那部分任务,而后汇总,在课堂上教师给予学生们一定的时间在组内讨论、修改,接着让学生完成作文写作。再次,让学生们在小组内交换批改。最后,教师组织成果展示,收集全体学生的作文,随机抽取几篇,利用投影设备放大展示,让全体学生共同阅读,查找表达搭配不当、语法错误的地方及时更正,对写得好的地方提出表扬。当然,小组合作的契机很多,教师应吃透教材与新课标,在教学设计中根据具体的情形加入小组合作学习方式,最大化发挥出小组合作学习的效用。

(三)推行科学指导评价

英语教师对于小组合作学习进行科学的过程性评价考核,不仅能够准确掌握学生的学习情况,还能针对不足进行教学层面的调整和改进,从而起到提升教学质量和效率的作用。而科学的评价指导工作可以从两方面切入,首先是学生自评与组内生生互评,譬如:每个合作学习小组都有4名成员,那么每一名成员都能为自己和其他组员评分,分值为1—5分,根据实际情况评分,表格如下:(见表2)

表2 小组成员评价表

小组成员	积极讨论 1—5分	主动发言 1—5分	认真倾听 1—5分	遵守纪律 1—5分
成员1				
成员2				
成员3				
成员4				

评价表可每周进行汇总,最后总计分数,得分排名前四的可评为"Shining Star",

教师做通报表扬,并展示于教室积分榜,按照同样的办法每月和每学期也可评选出"Shining Star",月明星可奖励一支钢笔,学期明星则可奖励一张奖状、一本课外读物。其次是教师评价。教师评价是根据每个小组的课堂表现、汇报展示等进行综合评价。教师评价也可设置激励奖品,如笔记本、奖状、英语课外书籍等。如此一来,可以切实做到评价更加全面,不仅仅局限于知识层面,还应扩展到应用性和实践性,以及学习态度等方面的考查。强调团队精神,突显合作意识,这样的评价能够激励学生在后续的合作学习中更有方向,目标更加明确,在良性竞争的氛围中促进小组团结,让每一名小组成员都能在合作中变得更加自信从容,积极而富有激情地融入团体。

四、结语

综上所述,在新课改背景下,初中英语教师应充分创新课堂教学组织形式和教学模式,而小组合作学习则是能够有效激发学生主观能动性的最佳方式之一。教师应在践行中坚持科学理念指导,合理划分学习小组,让每一名组员都能在合作中发挥各自的优势,并获得良好的个体发展;抓住每一个实践小组合作的最佳契机,运用科学的评价指导方式,真正地提高英语课堂教学活动的效率,激发学生对于英语学习的热情,锻炼学生的英语口语能力。

【参考文献】

[1] 刘卫卫 . 小组合作学习模式在初中英语教学中的应用 [J]. 散文百家·国学教育 ,2019 (007):241.

[2] 刘婷婷 . 新课改背景下合作学习模式在初中英语教学中的应用研究 [J]. 中外交流 .2018(016):134−135.

[3] 王梦雯 . 初中英语教学中小组合作学习方法的运用初探 [C].2019 年中小学素质教育创新研究大会论文集 .2019.

[4] 唐仲秀 . 探究新课改下新型合作学习在初中英语课堂中的应用 [J]. 新东方英语 ,2018(004):144.

[5] 曾海珍 . 基于核心素养下的初中英语学习活动观教学 [J]. 科学咨询 ,2021(3):1.

小组合作学习在初中英语课堂的实践与评析

深圳市坪山区第二外国语学校　朱思婕

【摘要】本文聚焦于初中英语课中的小组合作学习实践与评析，简述了小组合作学习在班级管理以及课堂开展中的重要性，并通过初中英语课堂中两个不同的小组合作实践场景的对比，论述了小组合作学习这一教学模式应如何合理利用才能真正调动学生的积极性并提高全部学生的参与度。本文主要从具体细化小组内的分工以及建立完整的评价体系两个方面出发，以期让初中英语课堂上的小组合作学习的作用得以充分发挥。

【关键词】小组合作；初中英语；课堂教学

一、小组合作学习的重要作用

小组合作学习兴起于 20 世纪 70 年代初，其从教学过程的集体性出发，着眼于学生之间的互动性。概括地说，小组合作学习是以小组为基本组织形式，小组成员互相帮助，最大程度地促进自己及他人学习，进而实现共同的学习目标。

（一）激发学生为小组做贡献的责任感

在初中班级的管理过程中，由于初中学生争强好胜和爱讲"义气"的心理特点，小组合作加上一定的积分竞争机制能够有效激发学生为小组做贡献的责任感。

每个小组都是一个小的集体，当个体与集体的目标相同时，每个个体都会用自己的力量让所在集体变得更好。虽然组内会有积极性稍低的成员，但只要教师能够合理搭配小组成员，小组内的"领头羊"就会自发督促其他成员不断前进，为整个小组做出贡献。

比如我在班级推行小组合作制度时，并没有让他们自行组队，而是按照班级孩子的学习成绩、性格特点以及平时对于班级量化分考核（加分扣分制）的重视程度将班级里的 41 个孩子分成了 10 个小组，除一组是 5 个成员外，其余每个小组是 4 个成员。我在分组时尽量保证每个小组在各个方面都能势均力敌，让他们在合作中学习，培养良性竞争意识，同时也尽全力让每个孩子都有参与感。并且每个小组都有主要的 4 个角色，分别是小组长——领头羊，在行为习惯、学习各方面都能起到榜样作用；作业员——主要负责组内作业的收发及检查；卫生员——主要负责准备小组垃圾袋，随时注意组内管辖区域的卫生情况；纪律员——主要负责上课时组内的纪律管理。

当每个人都有了具体负责的事宜，且有了具体的量化考核制度，学生就会在组里主动地有目标地做出一些贡献。并且每个小组的个人分数到清算的时候是按组内均分进行评比，因此也能让组里相对较为优秀的孩子督促那些容易懈怠的孩子不断前进。

（二）培养团队协作精神，提升班级凝聚力

每个小组其实都是一个团队，在学校的各项集体活动中，他们的参与都不仅仅是在为自己争取荣誉，更是在为小组增添光荣，比如学校举办的校运会、各类学科竞赛等等。

另外，在班级的各项事务中，他们也都会作为一个整体去参与，而完成这些事务都需要他们互相配合、互相督促、互相鼓励，比如每天的卫生值日、作业提交等等。

在这些过程中，每个小组都会慢慢培养团队协作精神，而班级又是由各个小组组成的大团体，因此班级凝聚力也会从而得到提升。

（三）有效调动学生自主学习的积极性

在课堂教学过程中，小组合作的学习环节往往是一堂课中最具生机最有活力的一个环节，因为学生们不再扮演知识的接收者，而是知识的探究者。依据威廉斯（Williams）和伯登（Burden）社会构建主义的外语教学观，语言知识是学习者在某一特定社会环境下从自身经验背景出发积极建构的，是重视学习过程、反对现成知识的简单传授。因此，在他们探究语言知识的学习过程中，他们的自主学习积极性会得到极大的提升。

小组合作学习这个概念其实在高校课堂中非常普遍，教师通常会让学生们自行组成小组，然后布置一项任务，比如围绕某个选题要求学生准备一次课堂展示或者是开展研究性学习等，然后就放手让学生自己组成小组并分工合作，最后在课上或者期末验收成果。高校学生的自主学习能力以及人际交往能力普遍来说都是比较强的，所以小组合作的开展一般都比较顺利。而对于初中学段的学生来说，他们的身心均处于一个正在逐渐发展成熟的阶段，自主分工的难度是比较大的，所以在初期完全放手让他们动起来肯定是不可行的。但是一旦教师能够在备课环节进行更明确的指导，给出小组的具体分工，学生们作为小组成员就会为了完成明确的任务而付出最大的努力来为自己小组的学习成果添砖加瓦，这实际上也大大地提升了学生自主学习的积极性。

二、初中英语课堂中的小组合作实践对比

本文主要聚焦于初中英语课堂上的小组合作实践和评析。然而，并不是所有形式的小组合作方式都能取得很好的课堂效果，下面则是两次初中英语课堂中的小组合作实践对比。

（一）根据表格总结进行课文复述

在牛津深圳版初中英语教材的八年级上册第一单元的阅读课堂中，梳理完课文内容并扫清基本的阅读障碍后，我用幻灯片给学生们展示了依据课文内容的基本框架和信息点总结而成的一个表格，并简单要求学生们进行小组合作，分工完成课文复述并上台展示。

根据我的设想，每个小组中的 4—5 名学生将会在两分钟内按照每个人的能力做出合理的任务分工，然后由于他们对于课文内容还不太熟悉，即使有表格内容的帮助，但结构和语言能力还是会让复述任务较有难度，所以我预想的复述准备和练习时间为 5 分钟。因此，我给出的最终限定时间为 7 分钟。

学生们接受任务后，很快便开始了热烈的讨论和分工。然而，我在时间过去两分钟的时候随机询问了两个小组，却发现他们仍然卡在分工这一步，迟迟不能决定由哪个学生具体负责哪几句的复述。我又确认了其他小组的情况，大部分的小组都出现了同样的问题。所以我不得不临时在分工方面补充了一定的指导，比如告诉学生们哪几句的难度较低可以交给英语水平偏低的组员等，并推迟了任务的终止时间。

最终，学生们的展示时间被压缩，加之每个小组都存在英语水平偏低的学生，整个复述的展示过程没能达到预期的效果。

（二）基于课文内容理解的路线图设计和讲解

在牛津深圳版初中英语教材的七年级下册第五单元的阅读课堂中，在课文的阅读理解环节，我设计了一个小组合作的任务。主要内容是让学生根据课文完成一幅水之旅程路线图并上台展示讲解。为了让每个学生都能积极参与其中，至少能有具体的任务，我给每个小组都设置了四项与总任务相关的子任务。

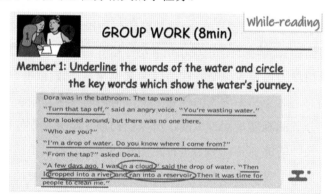

子任务一：找出文中表示水之旅程的相关句子和关键词；

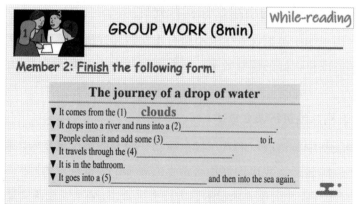

子任务二：完成与课文内容相关的填空练习；

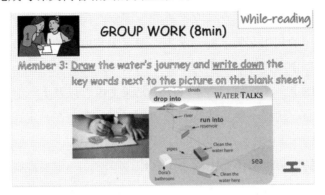

子任务三：画出路线图并标注关键词；

子任务四：带着本小组的路线图上台进行口语讲解。

考虑到每个任务将由不同组员分别完成，且各个任务都需要小组成员对课文进行理解并相互配合，但任务之间没有明显的先后顺序，因此我给出的任务限定时间为8分钟。

四项子任务的难易度有一定的区别，在任务说明结束后，学生们能够迅速判断自己更适合哪项子任务。于是，学生们很快便完成了具体的任务分配，紧接着，他们很快就确定了自己的角色和应该做的事情，迅速进入状态，知道自己该做什么，而不是能者多劳，整个小组只有几个人在完成任务。8分钟后，几乎所有的小组都已完成展示准备，都跃跃欲试地举起了手。在展示环节，几乎每个小组都在短时间内产出了令人惊叹的画作和讲解。

因为各个小组都有擅长画画和英语口语的成员，所以这种不同类型任务的细化分配非常利于最后的课堂生成。同时，这种具体的任务分配既能明确每个小组成员的角色和工作，也能明显提高课堂效率。

三、充分发挥小组合作在初中英语阅读课上的重要作用

（一）具体细化小组合作的任务分工

从前文中所描述的两个实践情景的效果呈现来看，如果只给初中学生一个大任务，

让他们自行决定任务分工，那么他们可能会花费过长的时间在任务难易程度的判断和不同分工的选择上，这样是很不利于课堂推进的。课堂时间是有限的，在初中英语阅读课上设计小组合作环节的初衷是为了提升学生的课堂参与度，使学生敢于开口、敢于展示并提高课堂效率，以期实现"以学生为中心"的教学理念。然而，如果学生将过多的时间花费在任务的分配上，那么他们自主合作探究课文内容以及上台展示成果练习口语的时间就会被大大压缩，这样不仅没有达到预期的效果，还会在一定程度上打消学生的积极性。

因此，在设计初中英语阅读课上的小组合作环节时，一定要根据每个小组的人数和学生的英语水平将大任务细化分解成若干小任务，而且这些小任务的指令和说明必须足够明确并具有很强的可操作性，让学生们有完成任务的抓手和信心。这种任务分工的细化不仅能够让每个学生参与其中，还能增强学生们完成任务后的成就感，从而激发不同英语水平的学生学习英语的兴趣。比如，英语水平偏低的学生在完成一个比较简单的子任务后，会有课堂参与感；英语水平较高的学生在完成较难的口语展示后，会增强开口说英语的自信心。

（二）建立完整的小组合作评价体系

如果想让一种课堂教学模式真正发挥作用，那么一套完整的评价体系一定是必不可少的。小组合作也不例外。虽然前文中的两个实践场景效果呈现有优劣之分，但学生的积极性却是没有高下之分的。这得益于我在班级所建立的一套完整的小组合作评价体系。

在我担任班主任的一年期间，第一个学期我有些不得要领，所以管理方面显得有些手忙脚乱，自己也在琐碎繁忙的事务中身心俱疲。但是经过一个寒假的思考与整理，我在第二个学期初在班上设立了量化考核管理制度，并让班干部自主负责分数的加减和统计事宜，解放了自己又适当约束了他们平时的行为习惯。初中学生对于加分扣分的在意程度是非常高的，一定的奖励和惩罚制度让整个班级的学习氛围变得更好。而且我还会根据分数的统计结果给他们每四周即每个月利用班会课的时间举行一次抽奖活动，准备一些小奖品，学生们的热情十分高涨。这项制度也为我后来开展小组合作学习奠定了基础。

等量化考核制度渐渐成熟后，我才开始在班级推行小组合作制度。当这样一套完整的评价体系建立起来后，每一堂课上的小组合作环节的评价不再局限于当堂课的积分竞争和小奖励，而是和班级的小组合作奖惩机制联系起来，学生们也会更加重视并以一种更加积极和热情的态度去参与每一堂课的小组合作环节。完整的评价体系的激励作用也由此体现。

四、结论

总而言之，小组合作学习对于初中班级管理以及课堂教学起到的重要作用有以下几点：第一，激发学生为小组做贡献的责任感；第二，培养团队协作精神，提升班级凝聚力；

第三，有效调动学生自主学习的积极性。

另外，小组合作现在已经成为初中英语课堂中"翻转课堂"的重要实现方式，同时也已成为初中英语课堂中不可或缺的一部分。"以学生为本、以学生为中心"的教学理念在慢慢渗透到中小学的课堂中去，这也是小组合作的目标之一。由本文描述的两次初中英语课堂中的小组合作实践对比评析，对于如何发挥小组合作在初中英语课堂教学中的重要作用而言，笔者粗略得出以下结论，以期为初中英语教师更加科学合理地利用小组合作提供借鉴：

1. 具体细化小组合作学习的任务分工能够提升课堂效率、增强学生的参与感并激发学生的成就感和学习英语的兴趣。

2. 建立完整的小组合作评价体系能够让学生对于课堂中的小组合作学习环节更为重视，从而激励学生更加积极地参与其中。

【参考文献】

[1]JOHNSON D W,JOHNSON R T. Circles of Learning: Cooperation in the Classroom [M]. Edina, MN: Interaction Book Company, 1990: 64-66.

[2]SLAVIN R E. Cooperative Learning: Review of Educational Research [M]. Beijing: Beijing University Press, 1980: 315-342.

[3] 董岩滨 . 小组合作学习在初中英语教学中的有效性研究 [D]. 曲阜：曲阜师范大学 ,2013.

[4] 杜琼 . 以合作学习为中心的普通高中英语词汇教学探讨 [D]. 武汉：华中师范大学 ,2011.

[5] 龚凡履 . 初中英语课堂小组合作学习的实施策略 [J]. 中小学英语教学与研究 ,2003:8.

[6] 郭砚冰 . 英语课堂合作学习的实施与评价 [J]. 中小学外语教学 ,2002(9):33.

[7] 刘阿娟 . 浅谈合作学习在初中英语词汇教学中的应用 [J]. 中学生英语 ,2014(12):8-9.

[8] 王坦 . 合作学习的理论基础简析 [J]. 课程・教材・教法 ,2005,25(1):30-35.

[9] 谢海芳 . 合作学习在初中英语阅读教学中的应用研究 [D]. 苏州：苏州大学 ,2014.

[10] 杨贝 . 学生课堂展示在研究生英语教学中的作用 [J]. 国外外语教学 ,2006(3):47-49.

[11] 张法科 , 赵婷 . 合作学习理论在大学英语阅读教学中的应用 [J]. 外语界 ,2004(6): 46-51.

[12] 郑家福 , 江超 . 英语课堂教学中合作学习小组分组的问题及策略 [J]. 教育理论与实践 ,2015,35(11):54-56.

[13] 周月明 . 小组合作学习在初中英语教学中的作用分析 [J]. 中学生英语 ,2019(48).

[14] 中华人民共和国教育部 . 义务教育英语课程标准 (2011 年版)[S]. 北京 : 北京师范大学出版社 ,2012.

阅读圈在分级阅读课程的应用与反思

——以黑布林初一绘本 *Holly's New Friend* 为课例

深圳市坪山实验学校　黄雪宜

【摘要】在英语学习中，阅读是英语二语学习者重要的输入活动，而对于青少年阶段的英语二语学习者来说，选择适合自己的英语输入材料对自己的英语学习有着重要的作用。本次课例，以黑布林初一绘本 *Holly's New Friend* 为文本材料，探索英语阅读圈在英语分级阅读中的实践与运用。

【关键词】分级阅读；阅读圈；黑布林；*Holly's New Friend*

一、分级阅读的重要性和阅读圈的概念

合适又地道的阅读材料能让二语学习者充分体验英语的语言魅力，不仅增加他们对语言学习的兴趣，还能通过对文本的感知和分析，使其形成更好的语感和分析能力。因此，为处于初中阶段的学生选择适合的英语阅读材料，在英语教学中有至关重要的影响。除开教材文本落实之外，英语考试所要求的词汇量和语法结构，已经远远超过教材所覆盖的内容，但又与教材的话题及内容紧密联系。在新课标的要求下，阅读材料既要考虑人与自然、人与社会、人与自我的关系，同时又要基于学生英语水平和心智发展的不同阶段差异，来选择合适的阅读材料，因此，在英语教学的拓展活动中，推进英语分级阅读就显得尤为重要。

在以英语为母语的国家，分级阅读已经基本形成体系。它能有效根据不同学生的情况，使阅读更具针对性，能够为阅读材料和学生之间架起一座桥梁。阅读圈（reading circles）的阅读方法又称"文学圈"（literature circles）。学生阅读同一个文本，然后根据不同的阅读任务，组成小型的学生主导的阅读讨论小组。阅读圈本质上是一种小组合作的阅读形式，通过不同的分工进行合作学习。

二、课前活动准备

在本次分级阅读项目的探索中，首先我们课题组对本校七年级学生进行了详细的分析。试点班级基础语法掌握较好，有一定的词汇量和自觉性，同时在教师的引导下，已经逐步适应阅读圈的角色任务，能够较好地完成各个角色所要求的内容，在平时的教学中，学生对预测、五指复述法等阅读策略有一定了解。除此之外，学生基本能够对故事情节进行预测、对全文进行总结，也能够在教师的带领下理解故事的构成要素，并且能

够理解和回答文章的细节问题。七年级的学生积极性高，愿意进行小组讨论，并分享观点。这些情况都有利于在分级阅读中采用阅读圈的方法。

通常情况下，教师让学生以小组（4—6人）为单位，每个人承担一个角色，负责一项工作。阅读圈的角色包括阅读组长（discussion leader），词汇大师（word master），语篇解读者（passage person），生活联系者（life connector），文化联系者（culture collector），总结者（summarizer）。在本课题的分级阅读过程中，我在阅读任务开始时，先不按照小组分配不同角色，而是让每个学生先去熟悉不同的角色。课前学案主要安排了学生完成词汇大师和总结者两项任务，随后慢慢推进其他需要更深入文本的阅读任务（如下图）。本次课例的教学目标主要是：学生能够通过听读、自主阅读，理解故事的细节并养成一定的语音意识。学生能够通过对阅读圈角色的练习，从不同的角度学习掌握和分析文本的能力。学生能够通过小组活动，理解故事中人物的特征，形成整体阅读思维。除此之外，学生能够掌握和运用预测阅读策略，更深刻地理解和记住故事情节，并且形成批判性思维。学生能通过搭建的脚手架对文本进行延伸和再创造。学生能够通过五指复述法对故事进行梳理和总结，把握故事完整的发展脉络，实现整进整出。

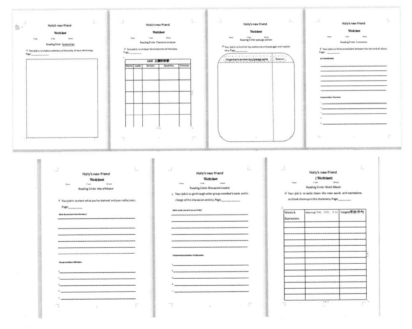

三、课堂教学安排

熟悉了各个角色之后，阅读组长主要负责整个讨论的组织和准备一些问题供大家讨论。在本次课例中，阅读组长主要是讨论需要深入思考的问题。词汇大师的任务是摘录好词好句并解释为什么选择这些词句。语篇解读者要提取重要的信息和解释文中重要的语句及段落。生活联系者要联系自己和小组成员中类似的事件、人物或感想，将所读内容与生活经验建立联系。文化联系者需要从文章中找到与自己的文化相同或相近的内容。总结者需要对所读内容进行总结。通过这六个角色在组里的汇报、分享和讨论，学生可以有效地对文本进行信息加工、思维拓展和深度学习。

在课堂活动设置上，基于学生已经阅读了文本的情况下，先带领学生进行前面内容的回顾。通过动画联播、思维导图以及精心从原书中扣出来的精美图片，邀请学生先一起回顾故事的情节和预测往下的内容。随后给学生 4 分钟时间熟悉自己的角色要分享的内容，从每一个小组中，挑选不同的角色上来做展示。从词汇开始，在学生分析词汇时，引导学生分析为什么作者使用这些词汇，这些词汇让学生对角色形成了什么印象？通过这样的方式，引导学生进一步理解语言塑造人物角色的方法。然后再邀请学生进行人物分析，探讨绘本中是如何体现这些人物性格的。为了实现更充分的展示，让学生对这一部分的内容进行了戏剧的编排，台词和情节根据绘本自拟。这样学生就能更充分地了解故事的逻辑和情节，也能更好地分析人物的性格。演出之后，基于学生的表演，通过五指山的方法，把故事的要素，即人物、时间、地点、冲突、结果，让学生一一罗列出来，再让学生根据这个逻辑，对这个部分的文本进行回顾和复述。

对文本进行充分的解读之后，让学生们以小组为单位，讨论这个故事给学生的启发以及联系自己的生活实际发表感想。如果你是故事中的 Holly，你又会怎么做。让学生畅所欲言，更多地思考与分享。在课程的最后，通过不同宠物动画的呈现，让学生进行情感升华，进一步到人与动物应该和谐相处，宠物也是家人，养宠物要有责任心。

上完以上课程之后，安排了两天的时间，让学生去完成最后剩余部分的练习，同样完成所有学案任务。基于所有阅读，所有学生根据自己的逻辑和思路，给整本书进行思路的整合，画思维导图，并试着根据自己的思维导图做复述，录制复述视频。

四、课后反思

本次分级阅读实践下来，总体感觉比较完整，也有较好的逻辑性。学生也有较充分的空间得到展示，比较不足的地方如下：1. 由于课堂时间的紧凑，对学生展示之后的点评没有更深入。如果能对学生的展示有更多维度的评价，可能学生会学习和掌握得更深入。2. 角色的限制，无法进行更多的横向对比。在同一个角色中，不同的学生可能有不同的思考和角度，如果能有更多时间，让学生也进行一个横向的对比，相信学生会更有收获。

阅读圈形式的探索，还是在一个尝试的阶段，未来会再进一步实践和应用，希望通过阅读圈的方式，更有效的发挥分级阅读的作用。

【参考文献】

[1] 黄新炎 . 当前我国推进英语分级阅读的障碍及对策——从外教社图书漂流活动说起 [J]. 科技与出版 , 2013(12):47−49.

[2] 王振林 . 借助"阅读圈"培养初中生批判性思维的课堂实践 [J]. 校园英语 , 2019(36):132−134.

[3] 陈则航 . 英语阅读教学与研究 [M]. 北京 : 外语教学与研究出版社 , 2016.

专注生本理念 打造平实课堂

——"A boy and a wolf"教学案例与分析

深圳市坪山实验学校 洪漫漫

【摘要】生本教育理念指导下的教学，坚持发挥学生主体作用，把为教师的好教而设计的教育转向为学生的好学而设计的教育。本案例旨在探索生本理念指导下，如何在英语活动课上开展舞台式教学，打造平实课堂，切实提高学生运用英语进行交流的能力。

【关键词】生本教育；平实课堂；舞台式教学

案例背景

小学英语课堂一直试图摆脱以往太过热闹的教学氛围，"为游戏而游戏"的教学设计使得学习浮于表面。学生"玩中学"的时间过多，练的频度和密度过低，教师过于注重形式上的热闹，忽视了语言课的实质，活动目的性不强，不能切实提高课堂的实效性。我们需要构建一个真实的、自然的、和谐的、能够着力体现学生主体性的英语课堂，把为教师的好教而设计的教育转向为学生的好学而设计。在英语课堂上，我们更关注如何让学生在课堂上有"真对话"，如何让小学一年级的英语课堂闪烁出思维碰撞的火花，如何真正成为学生学习的伙伴，组建起"学习共同体"，打造平实的英语课，为生生之间的交互活动提供教学支持。

一年级的学生经过一个多学期的学习，他们已经养成基本的课堂学习习惯，能用简单的英语语言进行交流，对英语有着浓厚的兴趣。他们大多七八岁，求知欲强，活泼好动，善于模仿，具有强烈的表演欲望，对故事有极大热情。但低年段的小学生有意注意时间短，自控力弱，思辨思维较弱。因此，教师要设计符合他们心理的课堂活动。教师把教学内容贯穿到情景剧中，为学生创设学习的情境。学生先行做好功课，成为课堂的主人，把语言知识和技能以小品、课本剧、舞台剧等形式表现出来，运用课堂上所学的英语进行生活化交际。而教师便转换成"参与者"的辅助角色，暂缓批评，激励善待学生，创设一种"心理自由和安全"的课堂教学环境，培养学生的主人翁意识。"学生先学，教师后教"的教学模式下，学习才更能落到实处。

案例主题

本课所在的模块四是拓展内容，它旨在增加学生阅读量。本课选自古希腊文学名著《伊索寓言》，目的在于以故事的形式来激发儿童对语言学习的兴趣。对当中出现的新语言点和句型不做要求。《义务教育英语课程标准（2011 年版）》一级教学目标提出：能在图片和动作的提示下听懂和读懂简单的小故事，能做简单的角色表演，能表达简单的情感和感觉。本课是第三课时，是在前面两课时扫除阅读障碍之后进行的，以舞台式教学的形式进行语言学习的巩固和拓展，致力于学生阅读理解能力、思辨表达能力和健全人格的培养。因此，在本课时采用舞台式教学，设计目标如下：

1. 能认读本单元的核心词汇，发音准确；能认读本单元的核心句型，表达较为流利；能模仿朗读故事，理解人物情感；能复述和表演故事。

2. 借助图片、视频提取相关信息，理解角色的心理活动；能通过角色扮演，学会用语言、动作、表情表达角色的特点；通过小组讨论和发言，启动思辨，激发想象。

3. 在与同伴合作表演中学会分工，团结协作；在小组合作讨论中学会倾听，表达自己的观点；学会以诚待人，不说谎话；了解更多的儿童故事，培养阅读兴趣。

案例描述

一、平实之"习"

培养学生的自主学习能力是教师在小学英语教学中打造平实课堂的根本出发点。

上课前一天在班级群里发布前置学习微视频，提醒学生观看学习并完成相应任务：完成课前导学案，包括人物配对、辨认单词、根据故事情节排序，并和同学分角色表演故事，制作表演道具。

二、平实之"导"

利用单词卡片，以开火车形式让学生轮流认读单词，检查学生单词和句子是否过关。让学生在课堂学习的每一个环节中都能感受到步步为营的踏实，体会渐入佳境的喜悦，树立学习的信心。

核对学生课前习单，校正答案，并解决学生易错的知识点。在对学生学习效果进行检验时，要尽量让在做题过程中有问题或有错误的学生来展示，并把存在问题的地方和原因让学生弄清楚，使他们更能理解所学知识点，从而取得最佳的学习效果。

扎实复习，再次朗读课文，让学生更深入地理解故事，熟悉文本，更好地为后面的展示做铺垫，实现教学目标。读是语言学习之本，几乎一切的语言学习都起始于读。

三、平实之"练"

专注学生稳扎稳打的习得，把语言演练落到实处。老师走下知识的讲坛，把课堂交给学生。先组织学生分小组给故事配音。根据提出的问题，学生练习扮演各个角色时的声音、状态、心情、语言、动作等。每一个学生都有自由的时间进行交互的练习，才能把口语交际落到实处。

片段一：

故事开头，展示图片，学生认真观察并回答以下几个问题：

What is the boy doing?

How does he feel?

What does the boy do?

在讨论小男孩这个人物形象时，适时搭建语言支架，协助学生说出完成的句子：小男孩很无聊（He is bored.），因此想出了一个主意（idea），向山下的农民喊救命（help）；针对人物情感变化，学生认为：小男孩感到无聊的时候，是慵懒的声音；向人们喊救命的时候，是急促的、大声的呼喊；当看到自己的恶作剧成功了以后是调皮的笑声。随着故事发展，配音过程中出现语音语调变化，配上动作和表情。对课文里一些能突出人物性格的对话及动作，请表现出色的学生做出示范：

小男孩：I am so bored.Nothing to do and no one to talk to.（打哈欠状，声音慵懒拖沓）Oh！ I have a good idea!（继而转为窃窃私语，音调变得高扬）继而大声向山下呼喊：Help!Help!It's a wolf!

农夫：（埋头耕田，听到小男孩求助的声音后，快速地跑到"山上"）A wolf? Where's the wolf?

片段二：

让学生选择和把握表演练习的难度。由组长带头组织组员，四人一组，开展小组活动，组员自由选择 narrator、boy、farmer 的角色进行练习。

S1：I want to be a narrator.

S2：I want to be the boy.

S3：I want to be a farmer.

S4：I want to be a farmer,too.

学生在组内协商好角色分配，学有余力并乐于表现的学生可以根据故事情节增加自己的台词，基础较薄弱的学生可以在掌握书本内容的前提下进行表演，使课堂成为每一位学生充分发挥自己能力的舞台。根据自己的理解在课中与教师或同学进行讨论、交流、改编和表演。有效地采用活动化、探索性的学习方式，通过合作、讨论、交流，发挥小组合作学习的作用。

四、平实之"展"

开展英语剧场（English theatre）活动，各小组上台展示成果。基于生本教育理念的指导，发挥学生主体地位，教师做好引领、指导的角色。

1. 学生为主

小演员上台表演前做好准备，上台展现本剧组的精彩表演。做到表达流利（fluently）、声音响亮（loudly）、动作丰富（actively）。在候场时，应带齐本剧组所需的道具和头饰，在候场区排队，随时准备上台。安静观看场上的表演，不得小声讨论，以免影响舞台上的表演。

在欣赏表演的过程中，小观众应该尊重每一位小演员，遵守课堂纪律，认真聆听，需要的时候及时记录自己对表演的评价和看法。在表演后，小观众需要对"剧组"团队和小演员进行评价。评价的标准根据表达流利度、声音响亮度、动作丰富性等给自己和同学评定等级。

2. 教师为客

教师充当导演的角色，作为一名参与者，和学生一起融入到表演中，让学生轻松进入到角色表演的状态中去。简单的工具、肢体动作或表情往往比长篇大论的语言更有表现力。一个道具、一个动作都能传递出一定的信息。

学生按照指令，快速布置桌椅，腾出足够的空间，创造适于表演的舞台。演员轮流在候场处等候，等导演宣布上场时，有序地进入舞台中央。演员声音响亮地向观众介绍自己将要饰演的角色，随着导演"action"的一声令下，便开始了他们准备好的表演秀。

五、平实之"评"

在观看学生表演的过程中，用正面的语言去激励学生的表现，以创造更轻松愉悦的环境。郭旭朗小组表演时台词虽有些许小错误，但总体表达流畅、声音响亮，还准备了生动活泼的头饰。我在班上表扬了这个小组的精心准备和全情投入，是同学们学习的好榜样。他们非常高兴，而其他小组也毫不示弱，在借鉴其他小组的基础上，更是展现了自己的风采。更有原先表演过的小组不甘落后，强烈提出再表演一次。在"百花齐放"的画面中，在"正面引导"的驱动下，学生自觉主动、踏踏实实地打磨自己的"英语基本功"。

此外，学生对剧组和演员进行评价，这些评价的话语虽然稚嫩、直接，但颇有参考和纠正的意义。比如，余振豪指出，朱雨菲在表演时把"We're angry！"的"angry"读错了，并且做出了正确的示范。黎欣昕点评道：一些小组成员在台上表演时很入戏，但仍有个别同学会笑场，导致场面一度"垮掉"……这些来自同学的点评足以说明，当小演员在台上表演的时候，台下的小观众是认真观察细节的。需要更正的地方，他们会大方地向同学指正。这样的表演，不管对于观众还是演员，都有实实在在的收获。

六、平实之"论"

编演后，学生对原课文的理解已提高到另一层次，适时提出几个高要求的问题让学生讨论，以期进一步提高学生英语水平。此时，小组内集体讨论以下问题：

1. Do you like the boy? Why?

2. If you are the farmers, do you want to save the boy?

总结：T：Don't tell the lie. We should be honest.

课堂的最后，播放《匹诺曹》(Pinocchio) 电影中 Pinocchio 说谎长鼻子的片段，这节表演课就在一片哄堂大笑中结束了。无须教师再强调，学生一定也能切切实实地领会到诚实做人这个道理。

案例分析

一、稳扎稳打，夯实基础

本节课以学生活动为主线，注重体验，注重感悟，注重运用。通过课前习（微视频的自主学习，课前习单的完成）——课中习（小组合作配音，上台表演展示）——课后习（讨论总结，习得感悟），从而达成知识、能力和情感上的习得，深化学科核心素养的培养。前置作业使学生能够提前认读本单元的核心词汇和核心句型，扫除知识障碍，在课前导入部分的复习和朗读部分，能够理解人物情感，从而让学生在后面的英语剧场中顺利表演故事。在课中的英语剧场环节，通过小组合作中的自由练习，学生把学习任务细化到语音、语调、情感、动作、表情等方面；在小组内讨论和发言，启动思辨，激发想象；同时，在与同伴合作表演中学会分工，团结协作，在小组讨论中学会倾听，表达自己的观点。

二、以生为本，全员落实

教师要想在课堂中树立并深化正确的生本理念，培养先进的教学观念至关重要。只有明确了自身的位置，才能更好地在课堂中形成以学生为主体的课堂模式，以发展学生潜能为目的，倡导小组合作的自主学习，通过创新来培养学生的学习能力，将教师的"教"最大限度地转化为学生的"学"，多给学生一点自由想象和发挥的空间。

本节课授课于一年级的课堂，学生的自控能力和学习水平参差不齐。在英语剧场环节，有的学生想象力丰富，颇有创造力，对编演课本剧富有兴趣。加上这个故事文字较少，可以想象和演绎的空间比较多。这时，教师要适当加以指导，形成比课文更丰富的文本，才能保证演出成功。有的学生平时比较胆小、内向或基础较为薄弱，存在畏难情绪，会处于观望的状态，没有真正参与到课堂练习中去，此时教师应用语言和奖励机制积极鼓励学生参与活动过程，用正面的语言去激励学生的活动，创造更轻松愉悦的环境，让学生减轻不必要的心理负担，享受表现自我的过程。

三、回归课文，丰实成果

在编演后，学生已完成了对课本内容的再一次学习，他们对故事的理解已提高到情感的层次。在这个时候，就故事的情节发展，提出几个稍有难度的问题让学生讨论，可以拓展学生的思维，提高学生的表达能力，以提高学生综合素质。在课堂的最后，我播放了《匹诺曹》（*Pinocchio*）电影中 Pinocchio 说谎长鼻子的片段，把故事的主题推向了高潮，通过这节课的学习，学生一定能领会到不能撒谎、诚实做人的道理。

深圳市坪山实验学校
"平实课堂"教案

学科：英语

教师：洪漫漫

班级：一 (8) 班

学期：2019—2020 学年度第二学期

Module 4 Things We Enjoy

课题名称	Unit 12 A boy and a wolf Period 3	课型	活动课
教学目标	1. 能认读本单元的核心词汇，发音准确；能认读本单元的核心句型，表达较为流利；能模仿朗读故事，理解人物情感；能复述和表演故事。 2. 借助图片、视频提取相关信息，理解角色的心理活动；能通过角色扮演，学会用语言、动作、表情表达角色的特点；通过小组讨论和发言，启动思辨，激发想象。 3. 在与同伴合作表演中学会分工，团结协作；在小组合作讨论中学会倾听，表达自己的观点；学会以诚待人，不说谎话；了解更多的儿童故事，培养阅读兴趣。		
教学重点	能模仿朗读故事，理解人物情感；能复述和表演故事；在小组合作表演中学会分工，团结协作。		
教学难点	学生学龄较小，认知尚且模糊，对部分单词的感知和理解可能存在问题，对于一年级学生，领会故事人物的心理变化和性格特征，并加以模仿表达，是较有挑战性的。		
前置学习	1. 观看学习微视频，完成课前导学案： (1) 人物配对； (2) 辨认单词：如 farmer，boy，wolf 等； (3) 根据故事情节排序。 2. 和同学分角色表演故事，制作表演道具。		
教学过程	**一、激趣导入** 1. 利用单词卡片，以开火车形式让学生轮流认读单词，检查学生单词和句子是否过关。 T: What can you see? 2. 展示学生课前习单，并核对答案，解决学生易错的知识点。 **二、组内交流** 1. 播放课文视频，组织学生分小组给故事配音。 2. 让学生选择和把握表演练习的难度。由组长带头组织组员，四人一组，开展小组活动，组员自由选择 narrator, boy, farmer 的角色进行练习。 S1：I want to be a narrator. S2：I want to be the boy. S3：I want to be a farmer. S4：I want to be a farmer, too.		

续表

课题名称	Unit 12　A boy and a wolf　Period 3	课型	活动课
教学过程	**三、展示汇报** 开展英语剧场 (English theatre) 活动。 1. 对小演员和小观众提出要求： (1) 小演员：表达流利 (fluently)、声音响亮 (loudly)、动作丰富 (actively)； (2) 小观众：遵守纪律，认真聆听，及时记录，观后评价。 2. 融入集体，教师充当导演； 教师充当了导演的角色，和学生一起融入到表演中。 3. 布置场地，小剧组上台展示。 **四、课堂评价** 1. 学生之间互评； 根据表达流利 (fluently)、声音响亮 (loudly)、动作丰富 (actively) 等三个维度，同学之间、小组之间互相评价。 2. 教师适当点评，及时反馈。 评价多以鼓励性语言为主。 **五、总结评价** 1. 小组内集体讨论以下问题： (1) Do you like the boy? Why? (2) If you are the farmers, do you want to save the boy? 总结：T：Don't tell the lie. We should be honest. 2. 播放《匹诺曹》(*Pinocchio*) 电影中 Pinocchio 说谎长鼻子的片段，学生再次领会这个道理：不能撒谎，诚实做人。		
板书设计	A boy and a wolf Help! A wolf! It's a wolf! Where's the wolf? Sorry. No wolf.		
课后书面练习设计	1. 阅读 "The wolf and the kids" "The wolf's coming" "What's the time, Mr wolf?" 等其他课外故事。 2. 用英语把这个故事讲给家人听。		

续表

课题名称	Unit 12 A boy and a wolf Period 3	课型	活动课
教学反思	1. 一年级学生自控能力和学习水平参差不齐。有的学生想象力丰富，颇有创造力，在舞台上表现突出。但有的学生平时比较胆小、内向，基础较为薄弱，存在畏难情绪。在平时，教师应多用正面的语言去激励学生，创造更轻松愉悦的课堂，让学生能够寓学于乐。 2. 在舞台式教学实践中，教师良好的口语表达能力能让学生更快进入情境，更好地进行文本解读，从而让学生表演更加生动有趣。良好的肢体表达能力则表现为用丰富的肢体动作给学生做示范，亲近学生能够让学生更投入表演。在教学实践中，合理运用肢体语言，使课堂充满活力，也会使学生对课堂充满期待，从而提高教师的课堂效率。		

"翻转课堂"助力学生自主学习

——Unit 7 Grammar Exclamations 教学案例

深圳市坪山中学　胡　云

一、案例背景

过去几年，教育部门提倡利用网络平台，开展"停课不停学"。在进行诸多研究后，在教研员的指导下，决定采用"翻转课堂"教学方式，与传统的课堂教学模式不同，在翻转课堂式教学模式下，学生在家完成知识的学习，而课堂变成了老师与学生之间和学生与学生之间互动的场所，包括答疑解惑、知识的运用等，从而达到更好的教育效果。互联网的普及和计算机技术在教育领域的应用，使翻转课堂式教学模式变得可行和现实。学生可以通过互联网去使用优质的教育资源，不再单纯地依赖授课老师去教授知识。而课堂和老师的角色则发生了变化。老师更多的责任是去理解学生的问题和引导学生去运用知识。课前把学习材料发给学生，让他们"先学"，自行或通过网络学习小组交流，解决自己能解决的问题，老师"后教"，集中时间和精力处理学生不懂的问题，既让学生参与到学习过程中，也有助于提高学习效率。

二、学情和教材分析

本节课内容是沪教牛津版七年级下册第七单元的语法。第七单元的语法分为祈使句和感叹句两个部分。因此需要两个课时来完成本单元的语法教学，祈使句和感叹句各一个课时。学生经过小学六年的英语学习，已经积累了一定的语法知识。这个阶段的学生已经积累了日常生活中常用的习惯用语和交流信息的基本表达方式，能读懂语言简单、主题相关的语篇，提取并归纳关键信息。虽然感叹句对学生们来说是个全新的语法，但是在影视等平台上，学生对感叹句并不陌生。而且感叹句大多数都是短句，此阶段的学生有能力归纳学过的语法规则，能辨识和分析常见的句式结构特征，所以这个语法对学生来说并不是很难。七年级的学生活泼好动，自制力有待提高，而在线教学又很难关注到每一个学生学习的状态，所以教学设计要尽量贴近学生生活，运用多种教学策略，吸引学生的注意力。

三、案例过程

（一）课前

观看微课视频，自己总结归纳感叹句的用法，并且自主学习任务单上面的内容。学生把作业拍照上传到钉钉家校本。在自主学习过程中标注自己不懂的知识点，并积极与同伴或者老师沟通交流，也可以在第二天课上主动向老师提问。

（二）教学过程

Step 1 Lead-in

要求学生认真观察例句，思考 what 构成的感叹句在什么情况下需要加上 a 或 an，在什么情况下不用 a 或 an，并且总结 what 感叹句句型。

What a good doctor he is!

What an exciting movie it is!

What useful information it is!

What beautiful flowers they are!

邀请部分同学申请连麦总结句型，基础较好的同学很快就总结出以下句型：

What +a/an+adjective+countable noun+subject+verb+!

What +adjective+uncountable noun+subject+verb+!

What +adjective+plural noun+subject+verb+!

除了 what 能够引导感叹句以外，how 也能引导感叹句。那么 how 构成的感叹句又有哪些规律呢？细心的同学们发现 how 构成的感叹句非常简单，只有以下这两种结构：

How+adjective+subject+verb+!

How+adverb+subject+verb+!

设计意图：虽然昨天已经布置学生观看微课，但是估计大部分学生只看了一遍，根本记不住视频里的内容，所以在今天的课上再次给学生提供大量的感叹句，让学生再次认真观察句子并且总结规律。传统的语法课，都是老师不断地讲解语法知识然后再让学生做相关练习。美国学者埃德加·戴尔（Edgar Dale）1946 年提出了"学习金字塔"（Cone of Learning）的理论。根据"学习金字塔"，学生听老师讲述，两周以后记得的内容只剩5％。为什么会这样呢？因为这是最被动的学习方式，学生的参与度是最低的，学生基本记不住什么东西。要由被动听转到主动学，让学生主动去发现规律、总结规律，强化学生的理解。

Step 2 Check answers of self-learning sheet

先让几个学生把自己的自主学习任务单进行拍照，发在群里，大家一起批改。然后给学生正确的答案，让学生先自主对答案。再给学生几分钟时间反思自己的错题。接着让学生在留言区讨论他们不理解的题目。

设计意图：这是课前就布置好的自学任务，经过集中学习后先让学生检查之前的作业，个人自主学习＋课堂学习，学生肯定会对感叹句有了新的认识。然后我再提供答案让学生再次核对。学生仍有疑问的题可以在钉钉留言板上留言，或者直接连麦问老师。课上对作业完成得好的学生提出表扬，并且展示优秀作业，有利于提高被表扬学生的学习积极性，也能激励其他学生向被表扬的学生学习。

Step 3 Practice

老师呈现一些图片给学生，学生选择 How 感叹句或者 What 感叹句来描述图片。总结完规律后就到了练习环节，此环节我提供了大量学生们在生活中和学习中的图片。学生看到熟悉的场景，倍感亲切，注意力也都集中在图片上，熟悉的图片刺激学生回忆起已学知识，纷纷主动连麦抢着发言。

设计意图：让学生运用这节课学的感叹句来描述自己熟悉的场景，检测学生是否已经掌握感叹句的用法。

Step 4 A online Test

利用问卷星进行在线测试，检测学生是否掌握感叹句的用法。

设计意图：对于一堂完整的语法课，当堂小测必不可少。课堂检测后，老师可发现学生对本节课的所学知识掌握得怎样，哪些同学已达到了目标，哪些同学还有待于进一步提高，之后老师可制定出相应的措施予以帮助。它可以检测学生的学习效果，同时它也能够促进学生的高效学习。如果按照传统的测试方式，给学生题目做，然后让学生报答案。我们根本不知道屏幕后方的学生谁做了谁没做。所以我采用问卷星的形式，学生提交完作业后成绩立马出来。班上的平均分、得分率等情况一目了然。

Step 5 Summary and self-evaluation

在本环节，呈现学生的在线测试结果，集中讲解学生错得较多的题目。表扬掌握情况良好的学生，增强学生的自信心，提高学生的参与度。叫学生来总结感叹句的用法。在课的最后，让学生完成一张自评表。

设计意图：在线测试能够很好地检测学生的学习效果。这样的测试有助于老师获取教学的反馈信息，对自己的教学行为和效果进行反思，从而不断提高教学水平和专业能力。同时，教学评价应该充分发挥学生的主体作用，老师要帮助学生学会开展自我评价，主动反思和评价自我表现，促进自我监督性学习。

三、案例反思

（一）亮点

1. 用问卷星来进行语法检测，学生点击链接就可以开始检测，学生作答完毕，系统会给出详细的数据：得分、总分、得分率、平均分、详细作答情况等。通过对数据的分析，老师了解了学生的学习情况，了解学生存在的知识盲点，使得教学具有针对性。老师也精准地了解了每一个学生的掌握情况，实现人人参与、人人被关注。

2. 语言教学的重要任务之一是使学生能够使用所学语言进行真实的交流。英语教学要使用相对真实的语言材料，设计含有真实交际的活动。本节课让学生用感叹句描述他们生活场景中的真实图片，一起回忆与同学们的酸甜苦辣，促进了班级和谐团结，使得学生的注意力集中在课堂上；同时也激发了学生的学习兴趣和动机，引导学生主动参与和积极思考。

3. 英语核心素养意味着学生要能够在语言学习中发展思维，在思维发展中推动语言学习，逐步发展逻辑思维、辩证思维和创新思维。本节课提前让学生观看微课，自主学习，完成自主学习单的任务，能让每一位学生都行动起来，去积极地思考和学习，去分析问题和解决问题，从而使每一位学生在课堂上都学有所得，因而可以使学生得到整体的发展和提高。此外，学生通过自主学习，能主动反思自己学习中的问题。自己不会的知识点，也可以通过与其他同学共同探讨，主动探究，使用多种策略解决学习中的问题。

4. 根据不同学生的认知特点和学习需求，设计了选做作业和必做作业。必做作业是基础性作业，选做作业是针对基础更好的学生布置的，属于拓展性作业。感叹句用来表达人的强烈情感，选做作业让学生运用所学，说一些感叹句，并拍成视频，从视频里可以看到学生的丰富情感。

（二）不足之处

1. 本节课的语法学习基本上都是单独的句子，如果把句子放到篇章中，在语境中学习语法，学生更能体会感叹句的感情色彩和用法。

2. 由于线上教学的局限性，教学评价的内容和形式有点单一，评价活动不够多。

3. 对于一些英语基础较薄弱的同学，他们可能无法很好提前完成老师布置的相关任务，并且不能和自己的组员进行很好的交流。因为基础不好，容易自卑，更加不敢和老师交流。老师要思考如何让更多基础薄弱的学生参与到课堂中来。

四、结语

时代的发展和进步让线上教学日渐走入教育领域，在激发学生学习兴趣、提升学习质量方面发挥重要作用。老师需要对线上教学技术予以充分研究并灵活运用。无论是"翻转课堂"还是面授课堂，都要避免"满堂灌"，要发挥学生学习的主体作用，要让每个学生变被动学习为主动学习，让学生在主动学习的过程中体验成功，从而让他们看到希望和学习的信心。在日常的教学中，也可以采取线下与线上结合，采用丰富多彩的学习方式，激发学生的学习乐趣，让学生的英语学习攀上新的高峰。

浅析生本教育在平实小学英语课堂中的体现

深圳市坪山实验学校　　李燕青

【摘要】生本教育在设计教学时，以学生的兴趣为突破口，把教学置于学生的兴趣之内，充分体现寓教于乐的教学宗旨。平实课堂要求教师刻苦钻研教学业务，努力创新教学方式，不断提高教学能力。推进学生形成勤学善思、合作共享的学习习惯，落落大方、侃侃而谈的学习风貌，逐步实现"教育走向生本，教育激扬生命"。
【关键词】生本教育；小学英语；平实课堂

在英语课堂中，英语教师应该充分地运用生本教育的理念进行教学，从而激发学生对英语学科产生浓厚的学习兴趣并积极主动地思考和探索。本文将结合邬辉云、李惠娟以及周灿老师呈现的单元整体教学案例深圳牛津版四年级上册 M2U6 "My parents"，从以下方面谈谈生本教育在平实小学英语课堂中的体现。

一、以生命为本，关注每一个学生的全面发展

"生本教育"是郭思乐教授提出的教育理念，其精髓是：一切为了学生，高度尊重学生，全面依靠学生。作为小学英语教师，我们不仅要让学生了解英语知识文化，还应当了解每一个学生在英语听说读写这四个方面的基础能力。因为英语是一门语言，因此，我们不仅要关注学生学习语言的能力，更要关注学生对于语言运用的能力。如果想要达到这样的教学目标，我们可以通过课堂小测试或者随堂练习、活动来检测学生对知识的掌握情况，还能提前检测了解不同水平的学生的学习情况。这样的课堂，才能真正做到以学生为本。本课的三位教师都在课前对学生的学情做了充分的了解，因此课堂的每一个教学活动都是基于学生的真实学习水平和学习兴趣设计的，充分调动了全体学生的学习兴趣。例如，上课前几分钟的课前准备，教师会和学生进行互动提问，内容包括日期、星期、天气、当天课程安排等，而不只是简单的一句"How are you?"。这样的热身小对话使学生能根据实际情况进行回答。同时，这样的开场互动还让学生感觉很亲切、熟悉。教师能从学生学习生活中的点滴出发，培养学生大胆开口说英语以及将英语运用到生活中的习惯。如果每一节英语课，我们都能这样将学习内容和课前引入有机结合，那么我们的课堂将会更加高效。

二、单元整体教学，关注学生英语思维的培养

小学英语单元整体教学的关键在于整体。教师在备课时，要深入分析单元整体，提

取话题主线；仔细区分单元各板块的功能，以便整合板块划分课时。课时划分依据：要求做到每一课时都有相对独立的教学目标，同时又有梯度地推进单元整体目标的达成。该课是第二模块，主题是"My family, my friends and me"的第6单元"My parents"。授课教师根据学生学情共分三个课时：第一课时教师从自身出发，介绍自己的家人和职业，从而引导学生介绍自己的父母的职业。主要学习 Look and learn, Listen and enjoy，学习职业词汇，初步感知句型架构。在第二课时中，教师从自己的校园工作环境的大家庭着手，从小家庭到班级、校园的大家庭。学习的板块是 Listen and say, Play a game，学生在会话学习中进一步理解、巩固、运用单词和句型。到了第三课时教师和学生们一起了解身边同学的父母的职业。A visit with Jill's father（对应板块是 Say and act），在故事表演中拓展语言。这样的设计能够融入生活，畅想未来，使学生认识到不同的职业以及职业的作用，有利于树立学生的理想，树立正确的价值观。本堂课容量很大，不仅学习了课本上的各种标识，还对与消防有关的一些知识进行了拓展，周老师在教学中处处鼓励学生大胆表达。例如在 Think and say 环节，周老师创设了"What do you think of firemen?"和"Which job do you like best? Why?"两个问题来激起学生的深层思考，学生在课堂上生成性的回答是最自然的，还能培养学生用英语思维表达的能力。第三课时是在前两节课的基础上，更加细致地引导学生学习，内容也不再局限在课题"My parents"上了，而是上升到了社会、国家的角度。教师通过火灾的照片，引出"Don't play with fire."的标识，并通过导学案，让学生通过观察这些生活中随处可见的标识，思考后写出标识对应的标语。在后面创设的情境"when you meet fire"中，教师借助判断句子的对错，给学生普及一些消防小知识。这些学生平时没有注意的标识和小知识，教师借助教学活动无形中进行了德育渗透，不仅培养了学生的社会格局，还能帮助学生了解更多生活中的基本常识，加强学生自立自卫的安全保护意识。在教学设计上，我们还应该注重培养学生的创造性思维。例如，这节课的第三课时在学习 be afraid of 时，教师先用猫和老鼠、狼和兔子的例子引导学生学习，在后面的造句练习中，PPT 上只展示了 fire 和 fireman，以及几乎一整句被挖空的话：The _____. 此时，学生创造性地造出"The fire is afraid of the fireman."和"The fireman is not afraid of the fire."这两句话，可见适当的文本留白更能有效地激发学生的发散性思维，也能使学生更积极地运用目标语言进行表达。毕竟小学生天生爱学习，教师应抓住这一特性，促使其会学、乐学，永远保持这份天性，不要让这一天性过早夭折。要做到这点，尊重学生独特的想法和见解尤为重要。本课的教师能够灵活处理教学中的小插曲，既遵循生本"尊重儿童"这一要求，又促使学生在课堂上踊跃发言，更好地提高了学生的英语实践运用能力。

三、小组合作，人人参与

生本课堂倡导的是学生学会自主学习、合作学习以及探究性学习。（约翰逊，2006）在小学英语课堂中，如果我们要践行生本的理念，首要条件就是学生积极参与。学生投入课堂活动的积极程度、参与面的广度都会直接影响教学的效果。教师应当是学生学习的伙伴，帮助学生通过小组合作学习进行对话和探讨，鼓励学生提出自己的独特想法。"My parents"这一课充分发挥了学生个体及学习小组的优势。教师在课前组建小组时做到了组内异质、组间同质，使不同的个性和学习能力的学生在组内发挥不同的角色作用。因为分工明确，这节课让每个学生在组长的带领下都积极投入小组合作学习中，组员在课堂内外相互监督制约、互相学习。生本课堂实施小组合作的目的就是要让每个学生都能参与学习过程，让每个学生都体会到成功的喜悦。在这节课上，我们的教师注重培养学生养成良好的合作学习习惯，例如虚心听取他人发言，积极思考提问等。本课的三位教师都在设计活动的时候充分考虑到了不同学习水平的学生，在内容和难易程度上都是弹性的。例如在第一课时邬老师的课堂上，邬老师通过自身示范，最后引导小组内的每个同学都能用自己会的句型像邬老师那样介绍自己的父母；第二课时的李老师通过整节课的引导和示范，最后每个小组都能进行不同层次的调查活动并进行汇报；第三课时周老师的课上，通过 Say and act 这部分的模仿学习，小组根据导学案形成每个小组特有的表演内容。有的小组创设的故事是采访警察，还能提出一些创造性的问题："What do you do? Are you afraid of bad men?""小警察"回答："No, I'm not afraid of bad men, because I am a policeman.I am brave and strong."因为学生们在前面学习得非常扎实，所以到了输出环节能以模仿课文的形式进行文本改编，还可以根据小组的喜好改编成自己喜欢的职业。如此一来，每个成员都会热情高涨地一起设计自己小组有趣的故事，学生们自己编对话、设计剧情，最后形成每个小组独一无二的故事。在观看表演的时候，学生们也会互相学习不同小组的优秀之处，学会聆听，做小评委为其他小组评分。这样的教学人人平等，所有学生都能积极参与，开动脑筋在课堂上充分体现自我价值。

四、结语

在英语课堂中实践"生本教育"不仅符合学生的认知规律，还能培养学生的英语思维以及自主学习能力、合作能力。因此，广大教师要坚持"生本教育"思想，让生本之花开遍课堂的每个角落，从而创建小学英语高效课堂。

【参考文献】

[1] 韩英 . 新课改背景下小学英语课堂教学有效性探析 [J]. 知识经济 ,2014(13):145.

[2] 蔡远霞 . 生本理念下的小学英语高效课堂教学 [J]. 新课程 (小学),2013(10):76- 77.

[3] 王宏权 . 关于构建小学英语生本课堂的思考 [J]. 成才之路 ,2011(7):55.

[4] 大卫·W．约翰逊 罗杰·约翰逊 爱迪斯·约翰逊·贺路伯 . 合作性学习 ABC[M]. 粟芳，迪恩·W·杰斯沃德译 . 上海：上海科学普及出版社 ,2006.

以阅读圈为例，反思合作学习在初中英语
课外阅读中的实效性

深圳市坪山区同心外国语学校　文榕仪

【摘要】阅读在初中英语教学中占着举足轻重的地位。本教学案例提出在合作学习的基础上开展阅读圈活动，即将阅读任务细化并分配到个人身上，每个学生根据自身角色的阅读任务深入阅读，并在小组讨论中互相表达、讲授和学习，以阅读圈在实践教学中为例，反思合作学习在初中英语课外阅读中的实效性。

【关键词】初中英语；课外阅读；实效性

一、案例背景：聚焦英语课程标准和课程改革的合作学习模式

阅读在整个语言学习过程中占据主导地位，也是中学语言教学和学习的重要内容。《义务教育英语课程标准（2022年版）》中将课程分为三级呈现，一、二、三级分别为3—4、4—6、7—9年级，其中对初中生的课外阅读量有以下要求：二级（小学5—6年级）累计课外阅读5000词；三级（7年级）累计课外阅读4万词；三级（8年级）累计课外阅读10万词；三级（9年级）累计课外阅读15万词。新课标还要求学生能够分析作者观点，了解作者的态度、语篇结构，从而提高整体的逻辑水平。新课标对阅读要求的字数变多、难度变大，突出强调了学生对英文文章有更深层的理解。然而在初中学业水平测试的压力下，许多教师在课堂中注重讲解语言知识、训练相关解题技能，很少带领学生进行文学阅读，学生疲于应付以机械练习、记忆的形式为主的课内作业，缺乏英语课外阅读的机会，学生渐渐失去了阅读的兴趣和学好英语的自信。

我国新一轮基础教育课程改革指出要"改变课程实施过于强调接受学习、死记硬背、机械训练的现状，倡导学生主动参与、乐于探究、勤于动手，培养学生搜集和处理信息的能力、获取新知识的能力、分析和解决问题的能力以及交流与合作的能力"。

由于合作学习理论基础强，在弥补班级教学和个别学习的不足、有效提高学生的学业成绩、促进学生良好非智力品质的发展等方面成效显著，因此合作学习很快受到教师们的关注和重视。本人在我校的英语课外阅读中对合作学习进行了实践和探究。

二、案例描述：基于阅读圈的合作学习在初中英语课外阅读中的实效性

（一）教学背景

学情分析：七年级学生的英语阅读水平和成绩的层次分化严重，缺乏英语课外阅读

的机会和兴趣。

教材分析：《典范英语 7》，体裁主要为故事，情节性强，易于理解，适合七年级的学生阅读。本课时选用的是其中一则故事 ——Cornflake Coin。

教法学法：小组合作学习。

学习目标：

①学生通过小组合作学习，讨论和总结该故事的情节发展、人物特点，赏析好词好句，提高语言能力；②学生通过小组合作学习，对故事内容做出批判性评价，将其与自己的现实生活相联系，提高思维品质；③学生通过小组合作学习，增强学习能力，尤其是合作学习的意识和能力。

（二）问题探究和教学过程

合作学习算不上新颖的教学方法，但是让人望而却步。印象中的合作学习中学生的参与度不高，流于形式。这一现象引发了我的思考："如何确保小组全员参与，每位同学都积极贡献自己的想法，避免有的同学在旁无所事事、坐享其成呢？"许多教师在课堂教学中发现有的学生坐在一旁发呆，不参与讨论。该类学生认为："反正我讲的也没有其他人好，待会儿找个成绩最好的代表发言就可以了，我不参与也无所谓。"

为了避免以上小组合作中的弊端，我采用阅读圈开展英语课外阅读。每位成员都将担任不同的阅读角色，通过独立阅读文本完成针对性阅读，撰写角色任务表。各位成员将在小组内进行观点分享，在不同角色的分享结束后，完成对本篇文章的阅读和理解。班内共有 48 名学生，我将他们分为 6 人一组，组成每人角色不同的异质组，根据故事的特点分了 6 个角色，如下表：

角色	姓名	任务
Discussion leader 讨论领导者		组织小组成员按各自的角色发表观点、进行讨论，并帮助组员产生新问题或观点，保证整个讨论能够有序、有效地进行。
Plot analyst 情节分析者		以思维导图或连环画等方式展现故事的发展过程或者逻辑框架，需加以总结性的句子阐述。
Character analyst 人物分析者		赏析故事中的人物，包括他们的语言、动作和心理所反映的性格特征，在文中找出对应的原文加以阐述。
Word master 词汇大师		提炼文章中的重要词汇，找出其在语境中的词义（meaning）和用法（usage），鉴赏这些词汇在语境中的文学修辞功能。
Connector 连接者		挖掘阅读内容与自身经历或现实生活的联系，联系社会文化的发展动态，并对其进行批判性评价。
Summarizer 总结者		对文章大意进行简要概述；并在最后对整个讨论的内容和成果进行总结和评价。

当学生知道自己的角色之后，都感到非常惊讶。这里的惊讶有两层含义：一方面学生对自己拿到的角色感到惊喜，因为组内的每个人的角色都不同，每个人在组内都是独一无二的，学生纷纷记录好自己的角色需要完成的任务，准备好带着任务去阅读；另一方面是学生发现组内的每个角色都是缺一不可的，任何一人没完成好阅读任务，都会对其他组员理解文章造成影响，想要坐等其他组员帮自己发言是不可能的，因此学生会有更强的责任感和使命感。

在课上讨论开始之前，我把学生的角色任务清单收上来看，他们在自主阅读的情况下完成的清单要比我预期的好很多。有了自主阅读的机会，学生的思绪不是被老师牵着走，而是每个学生对文本有了不同的见解。不同于课内阅读理解，课外阅读或文学赏析不需要千篇一律的答案，而是读者从个人经验出发和文本互动，因此每个人对文本的理解会有不同之处。

在课堂讨论进行的过程中，组内的不同角色都非常积极地分享自己作为组内独一无二的角色"小专家"所读的内容；discussion leader 作为总指挥，维持整个讨论井然有序地进行，保证每位同学都有分享的机会；word master 抱着词典和同学分享自己找到的单词是如何帮助自己理解文章的；plot analyst 拿出自己画的思维导图或者连环画分享故事情节的发展；character analyst 仔细地记录了故事人物的语言、外貌和心理活动，以此分析人物的性格特点；connector 把故事和自己的现实生活相联系，引起了组员们的共鸣；summarizer 对小组讨论的要点进行总结。6 个角色轮流分享结束后，每个组员都知道了其他角色是如何理解这个故事的。

在对学生的小组讨论进行指点的同时，我发现角色分工确实很大程度地解决了组内学生讨论的问题，学生的积极性大大增加。然而我也发现了不同组的相同角色，尤其是英语成绩和阅读能力稍弱的学生在解读文本和语言表达上要稍逊色些。因为一个小组内的角色是唯一的，在组内没有可以比较和分享的对象，该角色的思维的深度和广度无法得到有效的发展，这对学生自身的发展是不利的。

由此延伸到本教学案例的问题二："如何实现不同层次学生之间所学内容的效益最大化？"

要想让同角色但是不同层次的学生进行交流，则需要在原有的异质组讨论的基础上，加上同质组讨论，即相同角色一起组成新的角色专家组，深入讨论某一角色的阅读任务。于是，在第一轮的异质组讨论结束后，学生开始换座位开展同质组讨论，原本的 6 人小组，共 8 个异质组，变成了 8 人一组，共 6 个同质组。学生在同质组讨论中，深刻地体会到了"强中自有强中手"，大家都拿出自己的角色任务清单进行比较和讨论，看看大家对文本的理解有哪些异同之处。比如 plot analyst 的专家有的拿出图文并茂的思维导图进行讲解，有的则拿出自己画的连环画，旁边标注着简短的关键词。通过同质组的专家们讨论，学生意识到了可以利用不同的方式和角度完成同一项阅读任务。阅读能力弱的同学可以向其他同学借鉴，阅读能力强的同学也在给同学讲解和分享的过程中实现了知识的巩固，强化了自己的合作意识。大家纷纷取长补短，争取在下一次做得更好。在同质组的角色专家讨论完毕后，回到原始的异质组讨论，将自己在专家组学习到的内容再一次分享给同学，每个小组成员都能汲取不同角色的精华。同质组帮助不同层次的学生进行交流，实现了所学内容的效益最大化。分享结束后，各组推选一个角色把小组讨论的结果向全班展示，各组进行展示的角色不重复，学生在教师的引导下，对这位同学的分享进行点评和拓展（以下展示基于拼图式合作学习的阅读圈模式的流程图和课堂照片）。

第一轮异质组(基本组)讨论：组内不同角色分享自己的阅读成果，修改和补充自己的阅读清单。

第二轮同质组(专家组)讨论：组内相同角色分享自己的阅读成果，修改和补充自己的阅读清单。

第三轮异质组(基本组)讨论：组员互相分享在专家组讨论的内容，修改和补充自己的阅读清单。

第四轮各组代表展示学习成果：各组推选一个角色把小组讨论的结果向全班展示，各组进行分享的角色不重复，学生对每个角色的分享进行点评和讨论。教师解答学生的疑问并进行拓展。

不同于形式化的小组讨论，这堂课 3 轮小组讨论和 1 轮成果分享远超出我的预期。每个小组讨论的热情都很高，每个学生都是求知若渴的神情，因为他们有了明确的角色分工和清晰的讨论任务，更多的是学习的动机和兴趣。

三、案例评析：阅读圈合作学习的案例评析和理论阐述

（一）案例评析

本教学案例提出在拼图式合作学习的基础上开展阅读圈活动。拼图式合作学习将任务细化并分配到个人身上，让学生最大限度地发挥个人优势的同时，也实现不同知识结构的学生互补，提高他们的思维品质，增强创造性认知能力，共同感受集体成就感，学会如何与人交往合作，突显了学生的主体地位。

（二）理论基础

1. 马斯洛（Maslow）的需要层次论

合作学习集中体现了马斯洛的需要层次论。合作学习为学生的自我实现创造了社会性交往的条件，满足了学生的各种基本需要，特别是高层次的需要，能激发学生的潜能，改变学生的学习态度，变"要我学"为"我要学"。

2. 建构主义理论

基于拼图式合作学习的阅读圈模式以建构主义理论为基础：每个学习者都以自己独特的方式感受着外部世界，有不同解决问题的方法和构建知识经验的过程。学生是知识意义的主动建构者，教师是教学过程中的组织者和指导者，是学生意义建构的帮助者及促进者。在合作学习的过程中，学生不断获取和丰富知识与经验。

3. 最近发展区理论

基于拼图式合作学习的阅读圈模式以维果茨基（Vygotsky）的"最近发展区"理论为基础：学生的最近发展区介于其实际发展水平（已经具备的独立解决问题的能力）和潜在发展水平（指还未形成的，但可以在能力稍强的人的帮助下独立解决问题的能力）之间。为了实现组员之间的均衡发展和保证小组活动的顺利进行，阅读圈的角色分工是以学生的学习能力为基础的，异质组的组员之间学习能力有所差距，其差距就是学生发展水平的最近发展区。学生能够在同其他同学交流合作的同时了解到他们的思维方式和学习策略并进行反思，做出调整和改进，最终实现学习目标。

4. 输入假说理论

克拉申（Krashen）的输入假说理论对培养学生阅读能力起着不可或缺的作用。阅读圈模式通过学生大量的阅读、大量的文本输入，弱化语法程序，实现语言的自然习得，阅读文本的选择符合研究对象年龄段群体特征，即选择略高于他们现有水平的文本进行语言习得；在阅读圈教学过程中，教师依据每组成员的基础及专长分配个人角色任务清单，在完成阅读文本后填写个人角色任务清单，同质组及异质组等的分享话语是语言输入的一种方式，这一过程使学生通过自身对文本所理解的内容进行了知识的主动构建，实现了语言的可理解性的输入。

（三）案例总结

综上所述，本教学案例以阅读圈为例，反思了合作学习在初中英语课外阅读中的实效性，并反思了传统合作学习中出现的两个问题：

1. "如何确保小组全员参与，每位同学都积极贡献自己的想法，避免有的同学在旁无所事事、坐享其成呢？"

2. "如何实现不同层次学生之间所学内容的效益最大化？"

本教学案例通过明确阅读角色分工，组合异质组和同质组交互讨论，解决了以上提及的传统合作学习中出现的问题。希望教师们能在今后的教学中借鉴合作学习模式，为探索基础教育课程改革中的初中英语阅读教学的新模式做些有益的尝试。

【参考文献】

[1]ANDERSON P L,Corbett L. Literature Circles for Students With Learning Disabilities [J]. Intervention in School and Clinic, 2008 (44): 25-33.

[2]ARONSON E. Jigsaw classroom. Retrieved on 3 October 2005 from http://www. jigsaw.org 2000-2005.

[3]O' MALLEY J M, CHAMOT A U. Learning Strategies in Second Language Acquisition: Subject index[J]. 海外英语, 1990, 67(10):126-127.

[4]OXFORD R L. Language Learning Strategies: What Every Teacher Should Know[J]. TESOL Quarterly, 1990, 27(1).

[5]SHAABAN K. An initial study of the effects of cooperative learning on reading comprehension, vocabulary acquisition, and motivation to read [J]. Reading Psychology, 2006,27(5):377-403.

[6]WHITTAKER C R. Integrating Literature Circles into a Cotaught Inclusive Classroom [J]. Intervention in School and Clinic, 2012 (47): 214-223.

[7] 金威. 合作学习模式在大学英语分级教学中的应用研究 [J]. 大连大学学报,2012, 33(5):140-142.

基于培养学生思维品质，提升文本解读能力的初中英语阅读教学案例

——以牛津深圳版八年级下册 Unit 8 Life in 2050 语篇为例

深圳市坪山实验学校　　赵佳伟

【摘要】 英语学科核心素养的培养，是英语教学的重要方向。阅读教学，作为英语教学的关键组成部分，毫无疑问是培养学生核心素养的主阵地。而思维品质，作为英语核心素养的一方面，承担着培养学生逻辑思维、创新思维等方面的任务。因此，本文通过介绍一个阅读教学案例，旨在帮助学生理解文本内容，拓展发散思维，力求实现利用英语进行独立性思考和表达，培养学生的思维品质。

【关键词】 阅读策略；思维品质；本文解读

《义务教育英语课程标准（2022年版）》提出了要准确把握课程要培养的学生核心素养，教育教学要围绕核心素养确定课程目标，创新教学方式。而以语篇形式出现的阅读教学，在学生思维品质的培养方面应该发挥着重要作用。本文将通过教学分析、教学步骤、教学反思和课后评析四个方面进行案例介绍。

一、教学分析

（一）教学内容分析

本课阅读教学文本材料选自牛津深圳版《英语》八年级下册 Module 4 Unit 8。本文材料以网页的形式呈现。网页界面显示了2050年用户发的关于鲸鱼旅馆、绿色房屋和 CJ3 汽车这三种高科技事物的介绍和用户的使用感受。文章的话题是未来生活，容易激发学生的学习兴趣，在教学过程中应该鼓励学生们发挥想象，畅想未来的美好生活。

（二）学生分析

本课时的教学对象为深圳市坪山实验学校初二年级学生。初二年级学生有一定的语言知识储备，本篇文章难度适中，学生基本可以理解文章的大概内容，梳理出文章的结构，但是对于文章深层意义的解读和在理解文章内容的基础上发展创新型思维能力这两个方面，对于学生来讲有一定挑战，同样也对教师提出了更高的要求。另外，在阅读策略的使用方面，初二年级学生还有待训练和提高。由于授课教师借班进行授课，因此很难全面掌握学生的具体情况，在教学中问题的设定具有一定的灵活性。

127

（三）教学目标

经过本节课的学习，学生能够：

1. 展开想象，讨论未来的生活将会是什么样子；

2. 运用寻读、略读等阅读策略理解文章介绍的三个未来新产品的外形和特点，并能够掌握寻找补充论据的技巧；

3. 针对文章的细节内容，结对进行提问和回答；

4. 复述文章介绍的三个新产品，或设计一个新的未来产品。

四个教学目标设置清晰，教学环节环环相扣，层层深入，为学生的课堂生成搭好了教学支架，既注重多梯度、多维度地训练和培养学生的文本理解和分析能力，又注重发展学生创新性思维能力，培养学生运用英语进行独立思考的能力。

（四）教学设计思路

1. 课程设计理念

《普通高中英语课程标准（2017年版）》中提出，应培养学生辨析语言和文化中的具体现象，梳理、概括信息。建构新概念，分析、推断信息的逻辑关系，正确评判各种思想观点，创造性地表达自己的观点，具备初步运用英语进行独立思考、创新思维的能力。英语阅读课不仅承载着传授语言知识的任务，更是培养学生思维品质的主阵地。本节课主要运用思维导图、概括大意、结对问答、在理解文章的基础上进行创造等方式培养学生的思维品质。

在教学过程中，授课教师应该对文章内容进行整合，多维度进行文本解读，加强对学生思维品质的培养。文本解读过程中教师可以从主题角度、内容角度、文体角度、语言角度和作者角度进行文本解读。本节阅读课主要从主题、内容和作者角度进行解读，具体包括理解篇章模式、文本结构、作者的观点和想要传达的价值观等方面的解读，帮助学生理解文本内容，拓展发散思维，力求实现利用英语进行独立思考和表达，增强阅读教学的有效性。

2. 备课思维过程

①创设情景，激发学生参与热情

本次选择的文本围绕着未来生活这一主题，因此在导入阶段，教师选用了学生耳熟能详的动画人物哆啦A梦，创设了一个跟随着哆啦A梦去参观未来生活的情景，整节课的教学都围绕着这个语境，贴近学生生活，更利于激发学生的学习兴趣，激发学生的想象力和创造力，并为后续阅读活动做好准备，推动学生思维活动的顺利进行。

②立足文本，帮助学生梳理内容

在阅读过程中，教师运用多种方式帮助学生梳理文章结构，理解文章内容，充分掌握每个未来产品的外形和特点。针对第一部分，授课教师设计了针对细节的填表任务；针对第二部分，授课教师设计了连线匹配，让学生找出相对应的产品特点和具体细节描述针对第三部分，授课教师首先让学生找到本段的段落大意，之后通过两个问题引导学生完成本部分的思维导图。在读后环节，授课教师首先设计了一个问答活动，让学生结对，根据文章内容一方提问，一方回答，在巩固文章的基础上，鼓励学生提出有创造性的、文章中不能直接找到答案的问题，发散学生的思维，让学生真正做到有所思考，表达自己的观点。

③重组文章，深化学生情感体验

文章每部分内容由产品介绍和用户评论两部分组成。授课教师调整了语篇的呈现顺序，引导学生了解三个产品，在这部分内容完成之后，设计了让学生选句子填空的活动呈现出了用户评论。这样的方式一方面检测学生是否真正了解了文章介绍的产品，另一方面，设空的句子都是关于产品前后的对比，让学生更好地、更直观地理解这些产品的优势。

二、教学步骤

（一）引入话题

1. 观看视频：教师播放一段哆啦A梦的视频，引入设置情景：已经到 2050 年。

2. 自由讨论：教师展示一些图片，引导学生从衣食住行四个方面展望未来生活。

［设计意图：吸引学生的兴趣，引入话题，同时通过图片的形式，引导学生掌握一些文章中会出现的关键表达。］

（二）读前活动

学生观看图片和标题，勾选出符合图片的描述。

1. The hotel looks like a very large fish.

2. The hotel is built on a mountain.

3. There is a robot helper in the house.

4. The CJ3 has a wide window at the front.

5. The CJ3 does not have any wheels.

［设计意图：引入文章，训练学生看的阅读策略。］

（三）读中活动

1. 学生阅读第一个有关产品 Hotel Whale 的文段并填写表格。

Location	
Shape	
What does it have?	
What do you think of it?	

［设计意图：训练学生扫读的阅读策略。］

2. 学生阅读有关产品 Forever Green Houses 的文段并把其特点和支持性细节连线。

smart

    a. The medicine cupboard in the bathroom is connected to your doctor's computer.

    b. Your smart fridge is connected to the supermarket's computer.

green

    c. There is glass outside of the house. Heat is held under the glass and is used as energy for each house.

［设计意图：引导学生掌握寻找支持性细节的阅读策略。］

3. 学生阅读有关产品 CJ3 的文段，找到中心句并回答下列问题。

① Why is it new?

② What do we do in the car?

［设计意图：引导学生进行细节理解。］

4. 学生从方框中选择合适的句子补全向导的评论。

> A. I'm helping protect the environment.
>
> B. They will satisfy everyone.
>
> C. we can't see as many fish as we do today.
>
> D. my children watched the fish outside their bedroom window.
>
> E. I was polluting the city.

Mrs Peng: "When we were staying at the hotel recently, ＿＿ They were never bored!"

Mr Yu: "When we were living in our old house, we were using more energy. I would certainly recommend Forever Green Houses to my friends. ＿＿"

Mr Hu: "While I was driving my old car, ＿＿ That does harm to the nature. Now, with the new technology in my CJ3,—＿＿"

［设计意图：帮助学生更好地理解三个产品的优势，并在阅读中训练学生六选五题目的做题技巧。］

（四）读后活动

1. 两人活动：学生两两结对相互提问并回答有关三个产品的细节问题。

［设计意图：训练学生听说考试中询问信息的做题技巧。同时复习今天所学内容，为下一个小组分享做铺垫。］

2. 小组活动：学生以小组的形式展示介绍今天所学习的其中一个产品。学生也可以自行想象创造一个新的产品进行展示。

［设计意图：学生巩固今天所学的内容并展示自我，训练口语表达。同时，激发学生的创造性思维。］

3. 讨论：学生思考科技发展和自然环境之间的关系。

[设计意图：提醒学生无论科技怎样发展，人们都应该注意保护环境。]

三、教学反思

课后，授课教师进行了深刻反思，认为本节课的可取之处在于以下几个方面：

（一）创设情景贯穿整节课，设计的教学主线清晰明确

为了使学生更有代入感，授课教师创设了一个哆啦A梦带领大家乘坐时光机，穿越时光去领略2050年的生活的情景，由此来激发学生的学习兴趣，拓展学生的思维，兼顾实用性和趣味性。整节课由此展开，并把这个情景贯穿始终，覆盖到每一个教学环节上。教学主线就设计成了解并介绍2050年的新产品，将学生的注意力集中在了解这三个产品的外形和特点上，教师由此引导学生分析文本，梳理信息，创造生成，提升内涵。

（二）教学环节环环相扣，层层深入，文本解读充分

本节课的教学环节设计合理，由浅入深，授课教师引导学生逐步理解文章，每一个环节都给学生搭好支架。在导入环节，授课教师设置了一个自由讨论环节，让学生想象未来的生活可能会是什么样子，并在屏幕上给学生一些图片提示，让学生有话可说，学生也可以在此基础上自由发挥。在读中环节，授课教师首先引导学生观看图片和文章前言部分，勾选描述正确的句子，让学生对文章所介绍的高科技产物有一个初步了解；之后聚焦于每一个语段的具体分析，进行细节阅读，运用填写表格、匹配连线、寻找段落大意、提问等多种方式，帮助学生梳理文章内容，掌握细节内容，对于用户感受部分，授课教师巧妙地设计了一个选句填空的任务，进一步加深学生对这三种产品的了解。在输出环节，授课教师共设计了两个活动，一个是结对问答，进一步巩固文章内容，并在此基础上发散学生的思维，引导学生提出一些语篇中无法直接找到答案的问题，加深学生的思考，达到真实交际的目的；另一个是进行分层的小组合作活动，小组可以选择文本复述，选择文本中的一个产品进行介绍，也可以选择小组合作设计一个新的未来产物，从外形、特点等方面介绍。

根据布卢姆的认知目标分类，认知目标包括记忆、理解、应用、分析、评价和创造。在本节课中，授课教师不仅注重低阶思维的理解和应用，更是注重培养学生高阶思维中的分析和创造，使学生的思维能力得到了训练。另外，教学活动的设计关注到了情感态度，授课教师在帮助学生深入解读文本的同时，注重对学生情感态度进行潜移默化的渗透和教育。

（三）注重阅读策略的点拨，提升学生阅读能力

在整个授课过程中，授课教师注重对学生阅读技巧的训练和点拨。其中包括注重思维导图的运用，体现在板书的设计和第三个语段的理解和分析都运用了思维导图的方式。另外，综合运用寻读、略读等方式训练学生的阅读能力。在每次阅读前给予学生一些阅读策略的指导，可以降低阅读的难度，提升学生的阅读自信心，达到提升阅读能

力的目的。

然而，不足之处在于，由于授课教师借班授课，对于学生的具体学情了解不够充分，因此课程的时间分配不够合理。在学生结对提问环节所给的准备时间有些长，致使最后的输出活动开展不够充分，只有一组学生进行展示，其他组的精彩分享未能展示。

四、课后评析

现场各位点评专家认为本节课学生参与度高，教学环节顺畅，有如下亮点：

（一）授课教师文本解读到位，关注到了产品介绍时要注重外形和特点两个方面，并且关注到了科技发展与环境保护的关系这个话题。教师在整个授课过程中，没有过多地聚焦语言点，更关注内容，引导学生做到使用英语来进行独立思考和表达。

（二）课堂上互动真实发生，授课教师能够关注到学生的课堂生成，给学生充分思考的时间，让学生表达自己真实的想法，并给予相对应的反馈，很好地调动了学生的积极性。教师的身份更像是一个引导者和促进者，学生成为课堂的主体，给学生提供阅读、思考、讨论、表达的空间。

（三）课堂环节设计具有层次性，符合学生的认知规律。教学环节的设计基于文本，并最终超越文本，在此过程中，授课教师对于每一个教学环节的深入都搭好了支架，为学生的生成奠定了基础。

同时，现场评课专家对本节课提出了改进意见：课堂的结尾部分有待改善。在课堂结尾部分的情感升华环节，所预留的时间不够，导致学生的思考和讨论不够，建议将课堂上部分基础理解内容以课前预习单的形式呈现，给最后的情感升华部分预留出更多的时间，更好地达到情感升华的目的。

【参考文献】

[1] 中华人民共和国教育部 . 普通高中英语课程标准 (2017 年版)[M]. 北京：人民教育出版社 ,2018.

[2] 梅德明 , 王蔷 . 义务教育英语课程标准 (2022 年版) 解读 [M]. 北京：北京师范大学出版社 ,2022.

[3] 张秋会 , 王蔷 . 浅析文本解读的五个角度 [J]. 中小学外语教学 (中学篇),2016,39(11):11-16.

[4] 莫影春 . 在高中英语阅读教学中培养学生思维品质的策略 [J]. 中小学外语教学 (中学篇),2019,42(12):24-29.

依托生本教育，打造扎实英语课堂
——Unit 2 Can you swim? 教研案例

深圳市坪山实验学校　张彩玲

小学英语新课程改革要求我们要注重培养学生一定的综合语言运用能力，而小学英语课堂作为学生语言实践能力培养的主阵地之一，要建立在生本理念的基础上，尊重生命发展规律，以学生的发展作为终极目标。

平实课堂提示我们打造扎实的课堂，要充分发挥学生的主体性，以课前、课堂到课后为时间线，在各个时期根据学生的身心特征以及能力特征设计符合逻辑的教学任务和教学活动。小组互助合作模式，学生有共同的学习目标，在此基础上他们可以在教师创设的情景条件下通力合作，合理分工，善于发现组内每一位同学的优点，让每一个人都发挥出自己的水平。

在进行沪教版小学英语四年级上册 Unit 2 Can you swim? 的教学中，我们先研究了学情，同学们在三年级已经积累了 What can you hear? I can hear… 的句型，学生已经有了一定的基础。而在本课第一课时中，我们引入了 What can you do? I can… 的问答来让学生充实对于 can 的使用，然后学习了 Can you…? Yes, I can./ No, I can't. 的用法。

根据平实课堂的"三步五环"课堂模式，我们在教授第二课时之前让学生先预习了 Can he/she …? 的句型，有了第一课时的基础以及一定的语感，在人称主语替换的情况下，大部分同学在预习过程中很快可以感知到对于第三人称做主语时，以 Can 引导的问句的回答。而在课堂教学中，我们除了继续强化 Can he/she …? 的问与答之外，对于涉及的表示"abilities"的词做了归纳总结，锻炼了学生的归纳整理能力；通过角色扮演的活动，调动学生的兴趣，在输入达到了一定量的基础上，学生们也能流畅输出，深化释疑；接下来还设计了利用学习的语言点以及 interview 的形式，让学生采访身边的同学，反馈在笔头上，达到主题的再次提升。

在这节课中，我们根据学生活泼积极的性格特点，设计了韵律感强的 chant，结合文本内容让学生对 host 这个词有了感知，并且邀请学生当我们表演节目的 host，学以致用，丰实课堂；通过对同类别词汇的总结，以及关键句型口头上的输出和笔头上的输出，扎实学习，充实课堂；而这一切的设计，都依托了生本教育的理念，让学生乐于学习，激发学生的学习积极性。通过这一节课的研讨，我们走在生本教育与平实课堂的道路上，继续探索着！

课堂实录

一、组织教学及复习

T: Good morning, boys and girls. Today we will go on to learn Unit 2: Can you swim? First let's enjoy a song!

播放歌曲。

T: Now let's review the letter a's pronunciation. Please say out loudly with the tape.

播放音频，学生跟读：

Pat is my dad. He likes jam. He has a jar in his hand. He's not sad. The jam is not bad.

T: "a "says /æ/ here, let's look at more words. Hat, hat; bag, bag；mat, mat; cat, cat; fan, fan; apple, apple.（带手势，引导学生尝试）

Ss: Hat, hat; bag, bag；mat, mat; cat, cat; fan, fan; apple, apple.

T: Wonderful，now please take out your books and turn to Page 9,then take some notes.

Ss: OK.

T: Now let's make a new chant. Who can try ?

S1: Pat is my dad. He likes bags. He has a bag in his hand. He's not sad. The bag is not bad.

S2: Pat is my dad. He likes hats. He has a hat in his hand. He's not sad. The hat is not bad.

S3: Pat is my dad. He likes apples. He has an apple in his hand. He's not sad. The apple is not bad.

T: All of you did a creative job. Let's read the new chants together.

学生齐读。

T: And now I want to see who has quick response. Pay attention, please.

二、自主合作，强化…can…的句型的运用

学生完成 Quick response 游戏。

T: You can find that these words are all about abilities. Now let's think and say. What can you do ?

S1: I can jump. I can sing. I can write. I am great!

S2 I can draw. I can run. I can hip. I am great!

S3: I can dance. I can skate. I can jump. I am great!

T: Maybe you can talk about your friends' abilities. You can say like this: He /She can… He /She can…He/ She can…He /She is great. Now please work in pairs.

学生两两合作，巩固句型。

S4 : I have a friend. He is a boy. He can jump. He can run. He is great!

S5 : I have a friend. She is a girl. She can write. She can sing. She can dance. She is super!

T: Yesterday we have learned about Supergirl. So can you talk about Supergirl's abilities?When we talk about abilities, we always say he or she can/cannot do something. Here let's try to complete the blanks. First look at the pictures, what information can we get from the pictures?

Ss: Supergirl can run fast. Supergirl can swim. Supergirl can fly. Supergirl cannot draw.

T: Kitty likes Supergirl very much. She thinks about her all the time. Now she is asleep. What's in Kitty's dream? Let's watch the video.

三、深化释疑，加强学生对于 **A dream interview** 的理解

学生观看视频。

T: So in Kitty's dream, she is on TV. She is the host of the *Super Show*. When you watch some programs, there are always some hosts, like Zhong Nanshan, who has done great job to protect us from the covid-19; like Wang Han, who has host many programs in Hunan TV. Now let's finish the left part of the blanks. Which group can say out the answer together?

小组齐声回答：

Superdog is super too. He can fly. But he can't write his name.

T: OK, excellent! Let's read the passage by groups. Group 1, Group 2 and Group 3, you are Kitty; Group 4, Group 5 and Group 6, you are Supergirl; Group 7, you are Superdog. Oh, I am the narrator.

全班按小组分角色朗读。

T: About this dialogue, can we give it a title?

S6: Supergirl and Superdog.

T: Wow, you have found the characters in this dialogue.

S7: Kitty's dream.

T: Yes, it is a dream. And actually, it is a dream and it is an interview. So we can mix them together and name the title: A dream interview. And please turn to Page 8 and write down the title.

学生做笔记。

T: Now comes our favourite part—role play. You can find your partners and prepare for three minutes. Let's review the requests of performances together.

Ss: Dress well, face the audience, speak loudly, speak fluently, act creatively!

小组里排练。

T: So today we have learned "host", who can be a host of our role play?

S8: Let me try.

T: Come here.

小组表演。

T: All of you have good performance. You have acted vividly and the audience have watched attentively! You are the best! You can cooperate with group members so well. And please look through the dialogue and talk with your partners then try to fill in the blanks.

学生两两合作讨论。

Pair 1: Hello, everyone. I'm Kitty. I am the host of *Super Show*. Supergirl and Superdog are our friends. They are both super. Supergirl can run fast, swim well and jump high. Superdog can fly high. I like them very much.

T: Wow, well done. You can use this word: both. It means two people have the same thing or they are in the same class or in the same school.

学生齐读，复述文段内容。

四、主题升华，采访身边的同学

T: Kitty has her dream interview. And are you interested in your classmates? Do you like to have your dream interview? Now take out your paper and try to write your dream interview.

学生笔头训练小作文。

T: Who has finished the composition? Let's have a look.

课堂作文投影和点评。

T: In Tom's composition, he is talking his friend Peter. So Peter is his guest. Peter can ride a bike. Peter can skip. Peter can fly a kite. But Peter cannot draw beautiful pictures. Tom, you know a lot about your guest!

五、总结评价，归纳所学内容

T: So after class, I will check your compositions. Let's have a summary of this lesson.

S: Kitty has a dream. In her dream, she has an interview. It is about Supergirl and Superdog. Kitty is talking about their abilities!

T: Oh, yeah! In this interview, they are talking their abilities! Supergirl can ...Supergirl cannot... Superdog can... Superdog cannot...

T: So when we want to know someone's abilities ,we can ask...?

Ss: What can you do?

T: When we want to make sure whether he or she can do something , we can say:

Ss: Can he/she...? Yes, he/she can. No, he/she can't.

附：

Unit 2 Can you swim? 教学设计

学情分析

四年级的学生在课堂上思维活跃，善于模仿，乐于表现自己，喜欢小组合作，对英语学习有较浓的兴趣。同时，他们具备一定的词汇量和记忆单词的能力，掌握了不少简单的英语交流语言并具备一定的语言综合运用能力。但这个时期的学生，想表现自己却害怕出错，导致有些学生不愿开口。所以，教师应抓住每一次能让学生表现及感受成功的机会，多鼓励，激发学生学习英语的积极性，培养他们的自信心。

教材分析

本课是沪教版四年级上册第一模块 Getting to know you 中 Unit 2 Can you swim? 的第二课时，内容包括 Say and act 部分，可以加强对本单元核心内容的巩固，在三年级的教材中已经初步渗透过 What can you hear? I can hear... 的内容学习，学生对于 I can... She can... 的表达比较熟悉。这一单元主要是关于 can 引导的一般疑问句的学习。

本节与上节相关性分析

本课时呈现了 Kitty 在睡梦中采访 Supergirl 和 Superdog 的情景对话，是对 Listen and say 的场景延伸，提供了进一步运用语言的情境。主要句型 Can... ? Yes, he/she can. No, he/she can't. 是奠定在上一课时 Can you...? Yes, I can. / No, I can't. 的基础上，此句型能巩固学生对 fly、write 等单词的掌握。句型 ...can... 在第一课时出现过，此课时再次出现，以达到深化强化的效果。

教学目标

1. 能听、说、读、写单词 fly、write、but、welcome。

2. 能使用句型 Can...? 来确认他人是否拥有某项能力。能使用 ...can... 来描述他人的能力。

3. 引导学生多发现他人的优点，与身边人友好和谐相处。

教学重点

1. 单词：fly，write，but，welcome

2. 句型：—Can ...?

—Yes, he/she can. No, he/she can't.

...can....

教学难点

引申的词汇 host、interview 的认读与理解

步骤	目的	教师活动／方法	学生活动／学法	条件／手段
一、组织教学及复习				
1. Greeting：师生对唱，与学生打招呼。	1. 借助 "What can you do?" 这首歌曲活跃课堂气氛。	1. 播放歌曲，与学生对唱。	1. 学生进行模仿，边唱边做动作。	师生对唱，既能快速集中学生注意力，又能培养师生感情，增加默契。
2. Free talk.	2. 询问天气情况，让学生放松心情。	2. T：How is the weather? T: Do you like sunny days?	2. Ss: It's sunny. Ss: Yes. 学生回答教师的问题。	师生对话或学生之间相互问答，问答方式可以多样化，内容也可以自由说。
3. Say and do. (revision)	3. 复习 Learn the sounds 教学内容，对第一课时的语音部分进行复习。	3. T: Now let's review the letter a's pronunciation. Please say out loudly with the tape. T: "a" says /æ/ here, let's look at more words. Hat, hat; bag, bag；mat, mat; cat, cat; fan, fan; apple, apple. （带手势，引导学生尝试） T: Wonderful, now please take out your books and turn to Page 9,then take some notes.	3. 学生边做动作边跟读。 Ss: Hat, hat; bag, bag；mat, mat; cat, cat; fan, fan; apple, apple. Ss: OK… 学生做笔记。 学生个别回答。	师生互动。 生生互动。

续表

步骤	目的	教师活动／方法	学生活动／学法	条件／手段
		T: Now let's make a new chant. Who can try? T: All of you did a creative job. Let's read the new chants together.	学生齐读。	
二、自主合作，强化 *...can...* 的句型的运用 1. 完成 Quick response 的游戏。	1. 玩游戏，并根据游戏引出 I can... 的表达操练。	1. T: Let's play a game. I want to see who has quick response. T: You can find that these words are all about abilities. Now let's think and say. What can you do?	1. 学生玩游戏，根据游戏内容大声读出 write、fly、swim 等等有关能力的单词。学生个别回答。	游戏学习法生动有趣，引人入胜。
2. 引导学生进行多人称自主训练 ...can...	2. 由 I can... 替换成 He/She...，为此课疑问句句型人称的转换做好铺垫。	2. T: Maybe you can talk about your friends' abilities. Use: He/She can... He/She can...He/She can...He/She is great. Now please work in pairs.	2. 学生两两合作，巩固对句型的运用。	利用实际场景，请学生介绍自己的朋友的能力。
3. 复述 Supergirl 的能力。	3. 通过描述自己的能力、他人的能力，过渡到 Supergirl 的能力	3. T: Yesterday we have learned about Supergirl. So can you talk about Supergirl's abilities?	3. Ss: Supergirl can run fast. Super-girl can swim. Supergirl can fly. Supergirl cannot draw.	师生互动；学生根据上节课文本内容共同回忆。

续表

步骤	目的	教师活动／方法	学生活动／学法	条件／手段
		T: Yes, do you still remember this word. When we talk about abilities, we always say he or she can/cannot do something. Here let's try to complete the blanks. First look at the pictures, what information can we get from the pictures?	学生感知"ability"的词义。	
三、深化释疑，加强学生对于 **A dream interview** 的理解 1. 引出本课文本，回答前面提出的问题。	1. 播放视频。 对于补充词汇 host 的教授。	1.T: Kitty likes Supergirl very much. She thinks about her all the time.Now she is asleep. What's in Kitty's dream? Let's watch the video. T: So in Kitty's dream, she is on TV. She is the host of the Super Show. When you watch some programs ,there are always some hosts,like Zhong Nanshan, who has done great job to protect us from the covid-19; like Wang Han, who has host many programs in Hunan TV. Now let's finish the left part of the blanks. Which group can say out the answer together?	1. 学生观看视频感知词汇 host。 小组齐声回答：Superdog is super too. He can fly. But he can't write his name.	视频中情感的渲染、音效、师生互动。

续表

步骤	目的	教师活动／方法	学生活动／学法	条件／手段
2.回归课本，听读故事。	2.激发学生的感情，培养学生的语音语调，同时为后面的 role-play 做准备。	2.T: Let's listen and follow the tape again.	2.跟读与模仿。	情感的熏陶。
3. 故事情节的感知和分角色朗读。	3. 故事的渲染，使情景变得更真实、更连贯。	3. T:OK, excellent! Let's read the passage by groups. Group 1, Group 2 and Group 3, you are Kitty; Group 4, Group 5 and Group 6, you are Supergirl; Group 7, you are Superdog. Oh, I am the narrator.	3. 全班按小组分角色朗读。	生生互动。
4. 文本大意的归纳和点拨。	4. 通过学生们对故事的分角色朗读，让学生们对故事内容进行一次内化，加深对故事情节的印象。	4. T: About this dialogue, can we give it a title？Wow, you have found that the characters in this dia-logue. T: Yes, it is a dream. And actually, it is a dream and it is an interview. So we can mix them together and name the title: A dream interview. And please turn to Page 8 and write down the title.	4. 个别回答。 S6: Supergirl and Superdog. S7: Kitty's dream. 学生做笔记。 Ss: Dress well, face the audience, speak loudly, speak fluently, act creatively!	学生从文本总体把握，了解中心大意。

续表

步骤	目的	教师活动／方法	学生活动／学法	条件／手段
5. 小组合作，丰富文本，角色扮演。		5. T: Now comes our favourite part—role play. You can find your partners and prepare for three minutes.Let's review the requests of performances together. So today we have learned "host", who can be a host of our role play？	学生小组合作共同丰富文本，生动演绎。 补充 "host" 的使用场景。 S8: Let me try. 小组表演。	在每一次角色扮演活动中反复渗透角色扮演的要求。
		6.T: All of you have good performance. You have acted vividly and the audience have watched attentively!You are the best! You can cooperate with group members so well. And please look through the dialogue and talk with your partners then try to fill in the blanks. T: Wow, well done. You can use this word: both. It means two people have the same thing or they are in the same class or in the same school.	6. 学生两两合作讨论。 Pair 1: Hello, everyone. I'm Kitty. I am the host of *Super Show*. Supergirl and Superdog are our friends. They are both super. Supergirl can run fast, swim well and jump high. Superdog can fly high. I like them very much. 学生齐读，复述文段内容。	生生合作。

续表

步骤	目的	教师活动／方法	学生活动／学法	条件／手段
四、主题升华，采访身边的同学	1. 复习新知识，强化记忆。 2. 情感教育：全面了解事物，不能以偏概全。	1.T: Kitty has her dream interview. And are you interested in your classmates? Do you like to have your dream interview? Now take out your paper and try to write your dream interview. T: Who has finished the composition? Let's have a look. 2.T: In Tom's composition, he is talking his friend Peter. So Peter is his guest. Peter can ride a bike. Peter can skip. Peter can fly a kite. But Peter cannot draw beautiful pictures. Tom, you know a lot about your guest!	学生笔头训练小作文。 课堂作文投影和点评。	教学内容的升华。
五、总结评价，归纳所学内容	巩固课堂所学内容。跟读录音，能更好地培养学生纯正的语音语调；复述故事能加深学生对故事的印象；学生可以根据自己的学习情况来选择其中两项作业，基础比较薄弱的学生找到了自信。	1.T:So after class, I will check your compositions. Let's have a summary of this lesson. T: Oh, yeah! In this interview, they are talking their abilities! Supergirl can… Supergirl cannot… Superdog can… Superdog cannot…	1.Ss: Kitty has a dream. In her dream, she has an interview. It is about Supergirl and Superdog. Kitty is talking about their abilities!	生生互动，师生互动，家校结合。

续表

步骤	目的	教师活动／方法	学生活动／学法	条件／手段
	对于基础较好的学生可以培养他们综合运用语言的能力。	T: So when we want to know someone's abilities ,we can ask... T: When we want to make sure whether he or she can do something, we can say: 2. 布置家庭作业。	Ss: What can you do? Ss:Can he/she...? Yes, he/she can. No, he/she can't. 学生可以根据自身情况选择分层作业。	

板书设计

Unit 2 Can you swim? (P2)

—Can …?

—Yes, he/she can.

No, he/she can't.

He can…

教学后记

本节课我以学生为中心，遵循学生的身心发展规律，从易到难，循序渐进，不断地让学生体验成功，达到了突破重难点的目的。通过学生喜欢的"采访活动"的形式，激发了学生的兴趣和学习欲望。在教授过程中，我采用了师生个人、学生同桌、小组合作等多种教学方法，锻炼了学生的合作能力和语言表达能力。同时，在学习内容枯燥的基础上，我巧妙地通过学生喜欢的 TPR，chant 和 role-play 等环节，让学生学起来既轻松又愉快；通过提问、设疑等方式引导学生积极思维、认真倾听与学习，效果良好。在教授知识内容的同时，我不忘渗透情感教育，并能引导学生要学会欣赏身边同学的优点，正确看待别人的能力，多向他人学习的道理。

英语听说之短文复述课例分析——校园活动篇

深圳市坪山实验学校　曹艳辉

一、教学设计思路

自 2021 年起，深圳市中考英语听说分值由之前的 15 分提升至 25 分，而其中短文复述分值由 3 分增加至 8 分，信息点由 4 个增至 6 个，其重要程度不言而喻。短文复述难度加大，这使其也成为英语听说能否拿到高分的关键。

纵观近年来的短文复述真题，虽然话题有很多，但可以分为两大类。第一大类是介绍类，包括介绍人物、景点、动物、植物、玩具、节日等。第二大类是活动类，包括校园活动、旅行以及课外活动等。而每一大类下话题的信息点其实是有规律可循的，通过总结各类话题信息点的时态、人称、句型等，进行预测训练，可以达到提升得分的效果。

本节课以校园活动为话题，教学目标是通过总结话题相关时态、人称、句型，让学生学会如何听前准确预测、听中快速记录、听后高效练习。

二、教学过程

教学过程设计如下：首先让学生通过观察短文复述真题思维导图来头脑风暴，在校园活动类短文复述中，大概率会谈论哪些内容；然后教师带领学生一起总结高频信息点的时态、人称、句型；接下来以一篇真题为例，讲解如何进行预测并进行速记；最后进行实战演练，不中断地让学生完成 1—2 篇短文复述真题，请同学们进行评分，找出可改进之处。

Step1: Lead-in(导入)

【设计思路】教师向学生呈现四幅短文复述真题思维导图，让学生观察后进行头脑风暴：When we want to introduce an activity, what can we talk about? 学生通过自由讨论，总结出主要的信息点，如时间、地点、活动、持续时间、目的、感受等。教师呈现自己总结的常考信息点思维导图，学生可进行补充。

Step 2: Presentation(新授)

1. 人称、时态、句型总结

【设计思路】短文复述是一个与时间赛跑的题目，从思维导图呈现出来，到停止录音，每一秒钟都至关重要。我们把这段时间分为听前、听中和听后三个阶段。听前有 50 秒时间，首先要根据题目中的 "你的复述可以这样开始：……" 来迅速确定人称和时态，并在草稿纸上记录，以便提醒自己在复述过程中时刻注意人称和时态。例如，通过 "你的复述可以这样开始：Simon's school will hold a Culture Week..." 可以判断人称是第三人称（单数或复数），时态是一般将来时。然后，根据信息点预测句型，写下关键词。句型总结如下：

Time:	Place:
* one's school/class will hold/go to...	* one's school/class will hold...on/in...
* ...took place at/in/on...	* one's school/class will go to...
* tomorrow /next Monday/week/month	* It will be held in/at...
* on April 4th	* ...was held in/at...
* last weekend/month/Friday	
How long:	**Activities:**
* ...will last...days.	* There will be...
* ...lasted...days.	* ...will be held...
	* ...be going to hold...
Reason/Purpose:	**Plan:**
* ...will do sth. to…/because...	* ...plans to do...
* In order to…, ...did …	
People/Guests:	**Feelings/Opinions:**
* All the teachers and classmates/most students will take part in...	* ...is/are excited/...
* Most of the students are going to join in the activities.	* ...is interesting/educational/ meaningful...
* ...will invite...	* It must be exciting/...
* ...will be invited.	* In one's opinion, it is a good chance to...
* ...was invited.	
Rules:	**Hope/Wish:**
* ...set/sets rules for...	* ...hopes/hope to do...
* ...needn't to do...	* ... is looking forward to (doing)...
* ...tells/tell us (not) to do	* ...is sure they will...

2. 如何快速记录

【设计思路】听中，要根据短文内容迅速修改预测句式。在记录的过程中，要学会使用一些缩写与速记符号，也可以形成自己特有的记录方式，这些要经过长时间的积累练习。教师总结一些比较常用速记和缩写符号如下：

速记符号						
缩略词	原词	such as/for example	information（保留前几个字母）	The United Nations	week（保留首尾字母）	government（保留辅音字母）
	速记号	e.g.	info	UN	wk	gvmt
箭头	原词	take	rise/up/increase …	down	right/true	bring
	速记号	→	↑	↓	↙	←
数学／化学等符号	原词	be different from	more than	water	because	add/plus
	速记号	≠	＞	H_2O	∵	+
自创符号	原词	music	are（根据发音）	end	question	and so on
	速记号	♫	R	//	?	…

3. 结合笔记，迅速开口练习

【设计思路】在 60 秒的准备时间里，学生要抓紧时间开口训练，边说边发现问题、边补充。同时要注意人称、时态的转换，注意句子中的谓语动词，尽量尊重原文，按照 6 个要点的顺序复述，还要适度增加连接词，如 because、so、but、although 等。评价表格如下表：

完整度失分点	准确度失分点	流畅度失分点
1. 要点信息缺漏（　　）	语音问题： 1. 单词发音（　　） 2. 加音（　　）	1. 句子表达卡顿（　　）
2. 出现原文没有的信息（　　）	3. 吞音（　　） 4. 语调平淡（　　） 5. 声音太小（　　）	2. 上下文意思不连贯（缺少过渡词、句）（　　）
3. 细节信息缺乏（　　）	语法问题： 1. 时态（　　） 2. 人称和数（　　） 3. 语序（　　）	3. 单词或短语卡顿（　　）
4. 信息点错误（　　）	4. 词组搭配（　　） 5. 多个动词（　　） 6. 其他（　　）	

Step3: Practice(练习)

【设计思路】实战演练环节，学生完成 2021 年一套中考听说短文复述题目"The Toy Festival"。从播放题目指令到停止录音，要求学生全程按照要求完成，以便让学生真实地体验中考的节奏。录音结束之后，请同学按照表格进行自我评价，也可以同桌互评。同学们积极性很高，下图是题目思维导图及部分学生的草稿：

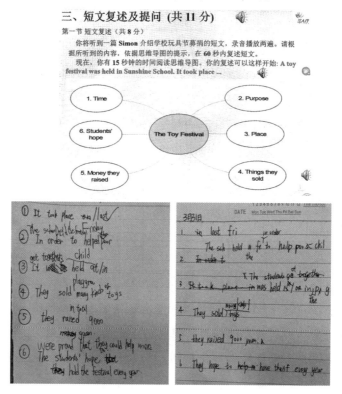

三、教学反思

本节课教学目标基本达成。通过教师讲解以及真题演练，学生对于如何在听前预测、听中速记、听后高效练习有了一定的了解。学生不再觉得短文复述无从准备，也不会在录音开始前无所事事。通过分析，我总结了本课的亮点如下：

1. 以话题为主线，总结相关句型。

对于学生来说，短文复述是一个难题，很多学生有畏难心理，听力时一旦某个句子听不清就会很紧张，导致后面的内容也会出错。通过本节课的学习，学生学会相关话题的一些句型，并了解到听前预测的重要性，短文复述不再是一场无准备之仗。

2. 巧用速记技巧，提高复述准确率。

除了听前预测，听中快速记录也是一个难点。短文复述文章大概在 70 词左右，读两遍，语速较快，想要完全记录原文是不可能的，并且在记录的过程中通常还要将第一人称转换成第三人称，因此学会如何快速记录是非常重要的。通过本节课的学习和练习，学生的速记水平有所提高。相信通过更多的练习，学生的短文复述将会有更大的进步。

英语与历史跨学科融合课程建构初探
——以"紫禁城寻宝"主题课程为例

深圳市坪山区中山中学　陈洋钰

中华人民共和国教育部《关于全面深化课程改革落实立德树人根本任务的意见》明确指出，"要在发挥各学科独特育人功能的基础上，充分发挥学科间综合育人功能，开展跨学科主题教育教学活动，将相关学科的教育内容有机整合，提高学生综合分析问题、解决问题的能力"。全球化背景下，打破传统独立学科的壁垒、设计跨学科教学课程、实施跨学科学习实践、开展以培养多学科核心素养为目标的跨学科育人教学是大势所趋。作为一名初中英语教师，笔者也在不断探索依托英语学科的跨学科教学的可能性，积极实践多学科融合的教学尝试，帮助学生通过跨学科学习实践发展多学科核心素养。

一、课程背景

现行牛津深圳版初中英语教材基于帮助学生"生成一种宽广的学习情怀——在东西方文化中汲取精华，丰富自己，服务世界"这一目标，遴选多种体裁与题材的文本，设计各类"听、说、读、写"练习，学生通过教材学习理解口头和书面语篇所表达的意义，并表达意义、进行人际沟通。从提高学生英语语言能力的层面上来看，现行牛津深圳版初中英语教材体现了培育英语学科核心素养的基本要素。然而，现行教材虽根据学生在初中阶段各年级对英语学科的语言能力和技能培养的需求，每个学期在每个年级以单元为单位设置了8个不同的学习主题，但主题之间联系松散，甚至无法构成联系，不利于学生建构认知图式、形成自己的英语学科知识体系、提高英语学习能力。

学科核心素养发展更高阶的目标应反映在其育人价值上。文化意识体现英语学科核心素养的价值取向。"文化意识指对中外文化的理解和对优秀文化的认同，是学生在全球化背景下表现出的跨文化认知、态度和行为取向。文化意识的培育有助于学生增强国家认同和家国情怀，树立人类命运共同体意识"。英语学科对学生文化意识素养的培养目标与历史学科的价值追求不谋而合。中学历史课程通过引导学生探寻历史真相、总结历史经验、认识历史规律、顺应历史发展趋势来发展历史思维，形成对中华优秀传统文化的认同，树立家国情怀。因此，以英语语言学科为依托，立足学科育人理念，整合英语学科现行资源与历史学科教育资源，打破学科壁垒，减轻学生线上、线下学习负担，建构符合学生学习需求、迎合学生探究兴趣的跨学科融合课程是具有实践必要性及紧迫性的。

二、课程概述

本课程依托英语学科，以"Treasure Hunt in the Palace Museum（英语话中华——紫禁

城寻宝）"为主题，结合历史、数学、物理学科的核心知识与概念，创设主题意义探究学习情境，设计主题探究任务，以期帮助学生运用跨学科学习思维分析问题、解决问题，提升学生的跨学科核心素养，落实立德树人根本任务，加强青少年对中华优秀传统文化的理解和认同，坚定文化自信。在本跨学科课程中，学生在教师的引导下进入主题探究情境，进行通关游戏，展开寻宝之旅，陆续找到紫禁城中 8 处宝藏，关于每一次宝藏的探究学习都将英语、历史、数学、物理几门学科的相关概念或技能串联起来，在每个主题探究情境中需要解决 3 个跨学科探究问题，整个课程历时一年，共计 24 个探究问题，对应 24 个课时。

三、课程目标

本跨学科课程旨在：

1. 让教师成为跨学科教学的导游。我们希望通过本跨学科课程把英语、历史、数学、物理 4 门学科的知识和技能整合起来，完善自己的知识结构，同时不过多干涉学生的探究过程，而是引导学生建构跨学科知识体系，帮助学生通过自主、合作、探究的学习方式解决探究问题，支持学生创造性地发展多元思维和批判性思维，推进融综合性与探究性为一体的深度学习方式，培养学生的跨学科意识、思维和能力。

2. 让教师形成跨学科教研的团队。来自不同年级、不同学科的 4 名教师组成跨学科教研组，针对"英语话中华——紫禁城寻宝"主题，打破彼此之间泾渭分明的学科界限，研讨寻找更多契合点进行渗透和融合，创新跨学科学习活动设计，在求同存异中获取更多的教育灵感和教学智慧。

3. 让学生成为跨学科学习的中心。跨学科学习的意义在于，学生对各门学科的认知和理解不再是单一的、割裂的，我们希望学生能够通过"紫禁城寻宝"跨学科主题探究实践将各门学科的"知识点"串联成"知识线"，最后拓展成"知识面"。在遇到问题时，学生能够践行英语学习活动观展开自主学习、合作学习、探究学习，能够运用时空观念去思考问题，用史料实证、逻辑推理、科学思维去分析问题，用英语语言去描述问题，最后产生跨学科主题探究作品。

四、课程设计

表 1　"紫禁城寻宝"跨学科主题学习"时空"

主题探究情境	节次	探究问题	探究目标
The sundial: 太和殿前的宝藏	1	日晷起源于何时？在古今中外有什么样的象征意义？	运用日晷的计时方法，绘制时间表盘，用英文记录自己每天的学习生活
	2	古人怎么用日晷进行时间和长度的测量？	
	3	A day in my life——小小时间规划师	

续表

主题探究情境	节次	探究问题	探究目标
Lion sculptures: 乾清宫前的宝藏	1	紫禁城里的石狮子为什么爱"烫头发"？	用史料实证的学习方法解读紫禁城石狮子与成语"门当户对、和而不同"的关系
	2	紫禁城里的石狮子为什么是成双入对的？奇数与偶数的区别是？	
	3	英文中表示阴、阳二性的词汇组合有哪些？	
Taipinggang: 保和殿前的宝藏	1	史料实证：太平缸为何伤痕累累？	太平缸物理实验
	2	太平缸中的物理知识（比如液态与固态的相互转化）	
	3	Talking about quantities——借助太平缸，用英文说"多少"	
Imperial Examination: 保和殿里的宝藏	1	史料实证：古人为何对科举考试如此狂热？	英文课本剧：日本遣唐留学生阿倍仲麻吕的故事
	2	古代科举考试有数学吗？古代的"数学"是什么样的？	
	3	科举考试如何促进古代中外文化交流？	
Ten mythical animals: 屋脊上的宝藏	1	太和殿屋脊上的十大神兽究竟是何方神圣？	用数学集合思维对比中外神兽的异同，制作小视频
	2	故宫各大宫殿屋脊上的神兽数量为什么不一样？这些数量分别有什么含义？	
	3	中外神兽大 PK	
Black roof: 文渊阁上的宝藏	1	文渊阁为何以黑瓦为顶？	拼搭文渊阁建筑积木，锻炼数学几何、分类归纳能力，感受文渊阁的不对称结构，用英文介绍自己的拼搭作品
	2	文渊阁为什么不是对称结构？	
	3	Symbol of Colors——紫禁城的色彩美学	

五、课程案例评析

"紫禁城寻宝"主题跨学科课程将英语学科与历史学科的核心素养培养目标串联起来，打破两门学科之间的壁垒，探讨了初中英语学科与历史学科相融合的跨学科主题课程建构的实践必要、实践策略和实践意义。面向未来的英语教学，应当发挥学科间综合育人功能，指向多学科核心素养的发展，创设主题意义探究学习情境，设计主题探究任务，以期帮助学生运用跨学科学习思维分析问题、解决问题，加强青少年对中华优秀传统文化的理解和认同，落实立德树人根本任务。同时，在居家在线教学的特殊时期，英语学科与历史学科融合教学实践符合当前推动"双减"见效落地、减轻学生线上与线下学习负担、提升教育教学质量的政策要求。通过探索英语学科与历史学科融合教学实践的可能性与实践途径，可见英语跨学科主题教学尚有更多创新路径有待挖掘。英语仅仅是交际工具的固化思维是落后的，英语与各学科之间的融合使我们看到了学科之间更多横向的、纵向的对比与延伸，提供了英语课程改革的新思路。在未来的教学教研工作中，一线英语教师应放手融合、大胆创新，为把学生培养成为具有科学文化素养和终身学习能力的创新型人才做出贡献。

【参考文献】

[1] 中华人民共和国教育部 . 关于全面深化课程改革落实立德树人根本任务的意 见 [EB/OL].[2021-07-06]http://www.moe.gov.cn/srcsite/A26/jcj_kcjcgh/201404/t20140408_167226.html.

[2] 中华人民共和国教育部 . 义务教育英语课程标准 (2011 年版)[S]. 北京：北京师范大学出版社 ,2012.

[3] 中华人民共和国教育部 . 关于进一步减轻义务教育阶段学生作业负担和校外培训负担的意见 . [EB/OL]. http://www.gov.cn/zhengce/2021-07/24/content_5627132.htm.

[4] 中华人民共和国教育部 . 统筹规划中华优秀传统文化和革命传统进中小学课程教材，为学生成长培根铸魂——教育部印发《中华优秀传统文化进中小学课程教材指南》和《革命传统进中小学课程教材指南》[EB/OL]. [2021-02-05]http://www.moe.gov.cn/jyb_xwfb/gzdt_gzdt/s5987/202102/t20210205_512630.html.

[5] 中华人民共和国教育部 . 普通高中英语课程标准 (2017 年版 2020 年修订)[S]. 北京：人民教育出版社 ,2020.

[6] 中华人民共和国教育部 . 普通高中历史课程标准 (2017 年版 2020 年修订)[S]. 北京：人民教育出版社 ,2020.

[7]PEEPLES S. Think Like Socrates: Using Questions to Invite Wonder and Empathy Into the Classroom [M]. Los Angeles: Corwin Press, 2019.

项目式学习在初中英语单元整体教学中的应用研究
——以"Family life"为例

深圳市坪山区光祖中学　代　静

【摘要】在"双减"政策和新课标的时代背景下，基于大单元整体教学设计，通过研究项目式学习模式，有助于教师在课堂唤起学生学习的冲动和主动性，促进减负增效，落实核心素养；项目式学习能提高学生综合能力，锻炼系统思维，实现"全面而有个性的发展"。本文尝试将关于英语学科的项目式学习融入到初中英语单元整体教学背景当中，通过基于案例的项目单元教学设计，为英语教育工作者提供设计参考和教学思路。

【关键词】项目式学习；新课标；双减；大单元教学

一、项目式学习的概念

项目式学习是一种教学方法，学生通过对真实存在的与生活息息相关的问题或挑战，通过一段时间的自主探究，利用多学科知识和协作工具，从而获得有价值的项目成果。

项目式学习自 20 世纪 70 年代末引入语言教学领域以来，因其对真实语料的运用，以学习者为中心的教学理念，基于意义体验、合作学习方式及过程与结果并重的价值取向而受到广泛关注，逐渐成为应用语言学研究的前沿领域。

二、项目式学习的研究背景

（一）新课标与项目式学习

随着《义务教育英语课程标准（2022 年版）》的颁布，如何基于课程标准将知识与技能目标升级为素养目标？素养下的教学需要用"分类、提炼"的思维从课标中提炼出可以迁移的概念，对课标中描述的知识和思维能力、价值观进行整体认知。

项目式学习关注项目目标的统整性和迁移性。好的项目目标以概念覆盖知识点，同时整合能力和价值观，学习理解有持久迁移价值的知识和能力。

新课标中提出"学创结合"的概念，引导学生在迁移创新类活动中联系个人实际，运用所学知识解决现实生活中的问题，形成正确的态度和价值判断。项目式学习倡导学生用所学知识在真实情境中进行科学观察、分析、比较，探究性地实践和解决问题。

在新课标的课程方案中提到的一个根本性转变就是从教育质量提升到育人，这正是项目式学习最"擅长"的目标。巴克教育院用 34 年对 20 多个项目式学习案例进行研究，结果显示所有项目式学习为培养核心素养的"育人"目标提供了一个落地方法和实施途径。

新课标的修订原则中提到要坚持创新导向，凸显学生主体地位，关注学生个性。这正是项目式学习的现状，借鉴国际先进的理念、框架、案例，发展有中国特色的落地形式。

新课标的课程实施部分提出，"探索大单元教学，积极开展主题化、项目式学习等综合性教学活动，各门课程用不少于10%的课时设计跨学科主题学习"，已经明确将项目式学习作为新课标课程实施的一种推荐的教学方法。

（二）"双减"政策与项目式学习

"双减"政策强调，要"大力提升课堂教学质量，以减促增"。项目式学习如何发挥它的价值呢？从学科学习视角看，传统教学方式通过反复练习、简单记忆、重复训练来获取知识，项目式学习却可以帮助学生建立学科学习和真实性之间的联系，在真实的情境中解决有挑战性的任务。

"双减"政策为学生解绑，学生学习的主动性和积极性等学习品质的作用将会日益凸显。教师可以围绕某一个学习品质设计项目，让学生带着问题，在角色扮演、问卷调查等多种方式中感受学习品质的内涵，在实践中用自己的方式内化这样的学习品质。

"双减"政策下，学生拥有更多自由的时间，除了培养个体的兴趣爱好之外，学校教育还可以增加培育学生的社会责任感等公民教育的活动。高质量的项目式学习注重引导学生关注与社会有关的情境，比如可持续发展问题、种族歧视问题等，在潜移默化中成为一个负责任的公民。

"双减"政策也是对学生身心健康的呼唤，教师在教学中可以借助项目的方式，以科学的方式管理自己的身心健康，发展科学的思维品质，养成健康的生活习惯。

项目式学习契合"双减"政策，"双减"政策中指出，无论是对于学校的"三点半"课后服务项目，还是对于非学科类培训机构的课程设置，以体验式、探究式、项目式、综合性学习为主要学习方式的综合素质拓展类活动都将成为关注重点。

（三）大单元教学与项目式学习

大单元教学设计是指以大主题或大任务为中心，对学习内容进行分析、整合、重组和开发，形成具有明确的主题、目标、任务、情境、活动、评价等要素的结构化、多课型的统筹规划和科学设计，是一种注重整体性、系统性、探究性的教学形式。因此，在大单元教学设计时采用项目式学习的方法，二者互为补充，会让教学常变常新。

基于单元教学的项目式学习是提高英语单元教学实效性、落实英语核心素养的有效途径，但完成项目式教学并不容易，比较稳妥的方式是采用项目式学习的要素，促进学科教学的变革，提高学习效率，同时，在学生核心素养培育方面进行有益的探索。

三、项目设计

项目课程设计一般包含六个步骤（见图1），教师项目主题的确立要立足于新课程标准，英语项目式教学的开展，必须紧紧围绕学科核心素养的四个要素进行。在项目的准备和实施阶段，要依靠文本内容，充分发挥文本的育人价值。

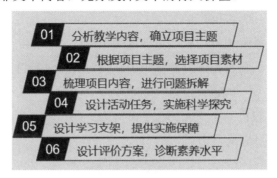

图1　项目课程设计的一般流程

课本素材是第一素材，教师不仅要深入解读文本，还要找到文本中的主线，借此挖掘文本深层的主题意义。文本还是学生完成学习理解、应用实践和迁移创新所用的基础性材料。课外素材具有关联性、趣味性、前沿性、广泛性等特点，根据教学项目斟酌选用。

（一）文本分析

本单元以"家庭生活"为话题，以家庭生活方式与家庭成员的相处情况为主线。学生在阅读板块了解两名学生不同的家庭生活和他们对家庭生活的感受。主阅读篇章中省略了采访者所提的问题，而直接呈现了被采访者的回答。可以让学生通过扮演采访者，向主人公提问，从而帮助学生理解话题讨论的方向；主阅读篇章呈现的两名学生的家庭生活有很大的区别。因此在教学中，应提醒学生运用对比的阅读策略，并结合Comprehension部分的完成笔记的练习帮助学生加深对篇章内容的理解。

学生需要通过参与采访、调查问卷、思维导图等与实际生活相关的项目学习活动，整合、丰富有关家庭生活的话题内容，自主探究家谱绘制、家规制定的原则和方法。

语言知识包括家庭人物的称谓、家庭物品、家务劳动等相关的词汇短语，以及一般现在时和祈使句的语法点。文化知识包括家谱的传统、家规家风的传承。语言技能包括理解性技能（读、看）和表达性技能（说、写）。

（二）学情分析

执教对象为初三学生，学生对"家庭生活"的话题较为熟悉，掌握一定的阅读技能，阅读习惯较好，有团队合作意识。学生对此话题的词汇量掌握充足，对涉及的语法点也能熟练运用。学生的学习理解能力相对较高，而实践应用能力和迁移创新能力略显薄弱。

（三）设计理念

新课标要求英语学习活动的设计应以促进学生英语学科核心素养的发展为目标，围绕主题语境，基于口头和书面等多模式形态的语篇，通过学习理解、应用实践、迁移创新等层层递进的语言、思维、文化相融合的活动，加深学生对主题意义的理解；帮助学生在活动中习得语言，运用语言技能，阐释文化内涵，比较文化异同，评析语篇意义，形成积极的情感、态度、价值观，进而能在新语境中运用语言和文化知识分析和解决问题，创造性地表达个人观点、情感和态度。

确立项目主题后，教师根据项目所承载的知识内容，整合单元素材，寻找贴近学生真实生活的课外素材，然后根据项目和知识的结构对项目进行拆解。项目实施前，教师向学生介绍"项目式学习"的定义、目标和教学形式，指导学生分组，明确组员的任务和职责。项目式学习以教材一个单元的教学时间为周期，在一个单元完成之后，同学们共同分享和评价项目学习成果。

（四）设计目的

根据布卢姆对知识认知过程划分的六个维度，通过本项目的实施，学生能够完成以下认知目标：（见图2）

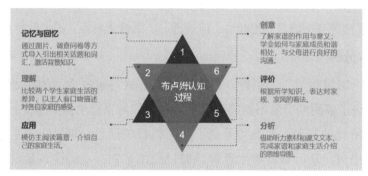

图2 项目认知过程的六个维度

（五）项目目标

1. 学生能够通过阅读有关家庭生活的采访记录，比较、分析两种不同的家庭生活，并在此基础上描述自己的家庭生活。

2. 学生能够利用听力和文化角素材，了解"家谱"的相关知识、作用和意义。通过小组合作，归纳总结信息和绘制思维导图。

3. 学生通过阅读"More Practice"板块介绍与父母沟通的方法，从而掌握与长辈进行有效的沟通的技能。

4. 学生能够用相关的主题语句结合材料信息，根据场合制定不同的规章制度。

（六）项目流程

（七）项目样态

项目呈现的形式包括PPT、思维导图、口头采访、调查问卷、海报等。

四、项目实施

（一）实施过程

教学步骤	教学活动	设计意图
项目介绍	1.Brainstorm. What activities do you usually do together with your family? shopping　talking and sharing　playing games cooking meals　Activities　holding a party watching films　taking trips　doing sports 2.Speak up. (1)Ask your classmates the questions in the table. (2)Report your group's results to the class.	1.To activate Ss' knowledge about family life. 2.To help the students learn to use the target words and phrases to make an oral report.
问题探究	1.Look at the pictures, the title, the introduction and the sub-headings of the interviews on page 35. Then choose the correct answers. (P34) (1)The article is about family life in _____. 　　a. cities　　b. the countryside (2)Emily is _____ years old. 　　a. 14　　　　b. 15 (3)It seems that _____ has a bigger family and likes to help with the housework. 　　a. Emily　　b. Jerry	Predict the main idea of the passage.
项目创造	1.Read and figure out the questions asked. ●Skim the first part of Emily's and Jerry's interviews to tell what they are about. (Who, people, in family?) ●Skim the second part of Emily's and Jerry's interviews to tell what they are mainly talking about. (Have, get, many possessions?) ●Skim the third part of Emily's and Jerry's interviews to tell what they are mainly talking about. (Do, housework)	1.To better understand the differences between the two families by filling in the table. 2.Develop Ss' ability to ask questions with the given words. 3.Encourage Ss to analyze, contrast and express.

续表

教学步骤	教学活动	设计意图
项目创造	●Skim the fourth part of Emily's and Jerry's interviews to tell what they are mainly talking about. (Do, go out, or, do things together, family?) ●Skim the fifth part of Emily's and Jerry's interviews to tell what they are mainly talking about. (Do, parents, set rules for you?) ●Skim the sixth part of Emily's and Jerry's interviews to tell what they are mainly talking about. (What, like, most, family?) 2.Read the interviews again and complete the notes below. 3.Think and Express. Whose family life do you prefer, Emily's or Jerry's? Why? Although she _____ , she _____ . Although he _____ , he _____ .	
项目成果展示与评价	Family tree 1.Read an article about family trees ,then answer the questions. ●Why do people use a family tree? ●How do they make a family tree? ●What can people do with their family tree? 2.Listen to the conversation between family members,then analyze their relationship. 3. Draw a family tree for your family. Writing 1.Show a mind map about family life, ask Ss to think about their family life and fill in the mind map. 2.Ask Ss to find out useful expressions from the text on P35 and add them to their mind maps. 3.Drafting and Editing.	1.Understand the role and significance of genealogy. 2.Students can write a short article about their own family life. 3.Improve the skills of communicating with parents.

续表

教学步骤	教学活动	设计意图
项目成果展示与评价	More Practice 1.Read the title and the first and last paragraphs of the article. Then answer the questions. 2.What kinds of problems do you have with your parents? How do you solve them? Discuss these with your classmates.	
成果分享与创新	1.Interview your classmate to know about his or her family life and write a report to compare it with yours. 2.Find some idioms about family and family life.	1.Consolidate what they've learnt. 2.Expand knowledge on relevant topic.

（二）教学评价

1. 自我评价

评价项目	评价内容	评价等级			
		A	B	C	D
自我状态	1. 兴趣浓厚，主动投入，积极性高				
	2. 注意力集中				
	3. 独立思考，乐于合作				
学习过程	1. 明确课时目标				
	2. 理解文章大意				
	3. 运用阅读策略和技巧，完成相应的阅读任务				
	4. 按照指定速度，完成阅读任务				
	5. 结合课本内容，进行采访、口头汇报				
	6. 讲课本内容和课外拓展知识结合，创作思维导图、海报等				
	7. 反思感悟，有辩证思维				
自我巩固	1. 阅读后积累词汇与句型				
	2. 将课本内容用英语进行转述				
	3. 对家庭生活话题进行拓展阅读和学习				

2. 组内互评

评价项目	评价等级							
	自评				组内成员评价			
	A	B	C	D	A	B	C	D
1. 项目目标								
2. 项目实施								
3. 项目展示								
4. 课堂表现								
5. 小组合作								

3. 教师评价

项目计划测评				
Before-project(20%)	Excellent(10)	Good(8)	Medium(6)	Not Good(4)
Feasibility				
Practicality				
Innovation				
过程性评价				
While-project(20%)	Excellent(10)	Good(8)	Medium(6)	Not Good(4)
Assignments Division				
Working Efficiency				
Communication Atmosphere				
项目成果评价				
Post-project(60%)	Excellent(10)	Good(8)	Medium(6)	Not Good(4)
Goals Achievement				
Group Presentation				
Outcome				

【参考文献】

[1] 中华人民共和国教育部 . 义务教育英语课程标准 (2022 年版)[S]. 北京：北京师范大学出版社 ,2022.

[2] 夏雪梅 . 项目化学习设计：学习素养视角下的国际与本土实践 [M]. 北京：教育科学出版社 ,2019.

[3] 曹锋 . 高中英语项目式教学实践研究 [M]. 济南：山东科学技术出版社，2020.

基于思维导图的英语阅读七选五解题能力培养

——指向思维品质培养的教学实践案例

东北师范大学深圳坪山实验学校　富金晖

【案例主题】

本案例研究基于核心素养视角下教学目标和评价目标的要求，从学生在阅读七选五解题过程中普遍存在的问题入手，通过思维可视化工具，对七选五题型解题策略进行建构，在培养学生思维品质的基础上，带动英语学科中其他核心素养如语言能力、文化品格和学习能力的全面发展。

【关键词】

阅读七选五；思维导图；思维品质；核心素养

【案例背景】

一、核心素养理念下对英语教学提出了新的要求

以学生为中心、基于学生发展的学科核心素养总框架和各要素，详细阐释了语言能力、文化意识、思维品质和学习能力这四大要素的内涵及表现。《普通高中英语课程标准（2017年版）》中强调："基于课程的总目标，普通高中英语课程的具体目标是培养和发展学生在接受高中英语教育后应具备的语言能力、文化意识、思维品质、学习能力等学科核心素养。"其中，包含逻辑性、批判性、创新性等内容的思维品质体现了英语学科核心素养的心智特征，有助于提升学生分析问题和解决问题的能力，并对事物做出正确的价值判断。

二、英语阅读七选五题型对学生思维品质的要求

英语阅读七选五题型是"在一段约300词的短文中留出五个空白，要求考生从所给的七个选项中选出最佳选项，使补全后的短文意思通顺，前后连贯，结构完整。"该题型体现了《普通高中英语课程标准（2017年版）》中要求的"通过比较、识别各种信息之间的主次关系；客观分析各种信息之间的内在关联和差异，发现产生差异的各种原因，从中推断出它们之间形成的逻辑关系；根据所获得的多种信息，归纳共同要素，建构新的概念，并通过演绎，解释、处理新的问题，针对所获取的各种观点，提出批判性的问题，能辨析语言和文化中的具体现象，梳理、概括信息，建构新概念，分析、推断信息的逻辑关系"，是英语学科核心素养中思维品质的具体表现。

三、思维可视化工具有助于培养学生思维品质

思维导图是一种行之有效的教学手段和学习策略。在阅读过程当中绘制思维导图可

以帮助学生快速而清晰地了解作者的意图和文章的整体，整理文章结构，清晰思路并强化理解，从而得以快速完成"概括"任务。它是发展性思维的可视化，更加关注不同信息之间的关联性，如因果、顺序、比较、转折、递进等，侧重对篇章结构以及句间信息的分析。

【案例描述】

一、教学设计思路

（一）教学与评价要求分析

《普通高中英语课程标准（2017年版）》明确指出：英语学科核心素养主要包括语言能力，文化意识，思维品质和学习能力。英语学科核心素养水平划分中每一种素养中的二级指标是英语高考命题的依据。

语言能力发面：学生能够提炼主题意义，分析语篇的组织结构、文体特征和连贯性，厘清主要观点和事实之间的逻辑关系，了解语篇恰当表意所采取的手段。

文化意识方面：能够选择合适的方式方法在课堂等现实情境中获取文化信息；感悟中外优秀文化的精神内涵，树立正确的价值观；理解和欣赏所学内容的语言美和意蕴美。

思维品质方面：主动观察语言和文化的各种现象，通过比较、识别各种信息之间的主次关系；根据不同的环境条件，客观分析各种信息之间的内在关联和差异，发现产生差异的基本原因，从中推断出它们之间形成的逻辑关系，解释、处理新的问题，从另一个视角认识世界；针对所获取的各种观点，提出批判性的问题，辨析、判断观点和思想的价值，并形成自己的观点。

学习能力方面：开展自主学习和合作学习，反思学习效果并据此优化学习策略和方法，运用英语进行交流和表达。

（二）教学与评价目标确定

1. 通过句子和语段训练，能够提炼主题意义，理解文章结构和句子之间、段落之间的逻辑关系及语境中的信息词。

2. 通过语篇训练，运用思维导图对语篇和选项进行分析，快速、有效地解题。归纳总结七选五语篇及选项的特点及解题关键点，形成七选五解题策略。

3. 通过对"人与自我"主题语境下两个语篇的阅读，学生能够形成健康的生活方式和积极的生活态度，培养正确的世界观、人生观和价值观，将英语教学与思政教育结合起来，达到学科育人的目的。

（三）教学与评价设计思路

1. 评价内容

（1）学生是否能够抓住文章的脉络，获取其中的主要信息，理解句子之间、段落之间的逻辑关系，并做出正确的判断。

（2）学生是否能够基于读和看的内容，建构解题策略，实现深度学习，树立积极乐观的生活态度。教师通过关注各种评价活动反思：评价是否促进了学生英语学科素养的形成，是否促进了学生的自信心的建立，是否反映了学生的学习成就或不足。

2. 评价方法

(1) 教师关注学生的学习与探究过程，并精心指导和帮助，及时点拨。

(2) 学生主动参与学习活动并尝试自我评价和同伴互评，养成自我反思的习惯，在体验自主学习、合作学习和探究式学习过程中达到培育学科核心素养的目的。

3. 调整措施

如果发现教学中存在问题，及时调整教学计划和方法。它包括消除学生思维障碍，激发学习兴趣，指导学习方法，控制教学节奏，改变教学组织方式等，使教学过程沿着最优化的方向发展。

二、教学流程图

教学流程图见图 1。

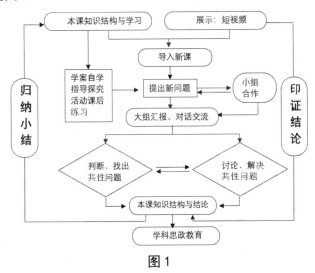

图 1

三、教、学、评主要过程及分析

步骤	教师活动	学生活动	设计意图	核心素养提升点
Step 1 Activity 1	1.Show a clip. 2.Show the speech (Part 1) to help the students to learn about logical relation between sentences. 3.Show the speech(Part 2) to help the students to learn about the traits of success.	1.Summarize the main idea. 2.Tell the logical relation between sentences and learn to use the correct linking words.	学习理解类活动 试听教学，创设真实情境，引出主题。获取感知语篇结构、句间逻辑关系和观点与事实，为提取和归纳解题技巧做好准备。	语言能力： 提取概括信息；描述阐释意义。 思维品质： 分析、归纳、比较、判断。

续表

步骤	教师活动	学生活动	设计意图	核心素养提升点
Step 1 Activity 1	4.Draw a structure map of the speech.	3.Learn to tell the difference between opinions and facts. 4.Understand the speech with the help of a mindmap.		
Step 2 Activity 2	1.Get students to read Passage 2 and work out their own mindmap with the key information in a group and choose the best answers. 2.Ask the students to put on their mind-maps on the blackboard and the students assess them. 3.Ask the students who draw the best mind-map and choose the right answer to explain and the teacher adds some necessary information if anything is missing.	1.Read Passage 2, draw the mind-map and choose the best answers. 2.Assess their mind maps on the blackboard. 3.A representative from the best group gives the reasons for their choices.	应用实践类活动运用已知解决未知，学会运用思维导图理解语篇结构和句子之间、段落之间的逻辑关系。培养学生的推理、分析和归纳的能力。发挥学生评价主体的作用，调动学生的内驱力，促进合作学习，相互激励，自我教育，自我完善，实现共同发展。	语言能力：提炼主题意义，分析语篇的组织结构、文体特征和连贯性，厘清主要观点和事实之间的逻辑关系。思维品质：利用思维导图分析、论证、概括、推断并整合信息。文化意识：能够选择合适的方式方法在课堂等现实情境中获取文化信息。学习能力：自主学习，合作学习。
Step 2 Activity 3	Summarize the rules and draw a mind-map on the blackboard.	Draw the mind-map of the rules.	归纳、总结七选五解题技巧，培养学生归纳能力。	
Step 3 Activity 4	Give the students ten quotes on success and happiness. Get them to choose one to share opinions with others. Offer help if necessary.	Choose one quote and voice their opinions.	迁移创新类活动深化理解主题意义，活动中训练思维与表达能力。加强德育浸润。	感悟中外优秀文化的精神内涵，将所获得的知识和能力迁移到新的情境中，用于解决真实问题，学会论证与评价，理性表达个人观点，体现多元思维，做出正确的价值判断。

续表

步骤	教师活动	学生活动	设计意图	核心素养提升点
Step 4 Home- work	Let students finish the gap-filling exercise or write a short passage on success or happiness.	Option 1: Finish the gap-filling exercise. Option 2: Write a short passage on success or happiness.	拓展话题内容，巩固课上所学。培养学生的创新能力和实践能力。	

四、学业质量评价设计

学生通过本节课学习，能够提炼主题意义，分析语篇的组织结构和语篇的连贯性，厘清主要观点和事实之间的逻辑关系并对语篇所缺内容做出正确的判断。能够运用思维导图解释、处理新的问题，并提出批判性的问题，辨析、判断观点和思想的价值。

五、教学过程描述

1. 考点引领，建构示范

通过问题层次和顺序的设置，学生感受解题的思路，首先关注语篇主旨、结构和内容。然后，学生从局部入手，理解事件发生的逻辑顺序，关注语篇衔接词等解题线索来理解上下文的连贯性、一致性等语段特征和逻辑关系。在此基础上，学生理解成功的八个特征之间的并列关系，寻找解题关键词，学会区分观点和支撑性的事实。

通过思维导图的呈现，整个篇章脉络结构就一目了然了，有助于帮助学生建构解题策略，形成解决问题的能力，培养其思维品质。

2. 合作探究，知识建构

学生阅读原创语篇"The philosophy for a happy life"。小组合作学习，理解篇章结构及上下文逻辑，绘制思维导图，在合作探究的过程中，学生要完成对信息的获取与梳理、概括与整合、内化与运用，要在零散的信息和新旧知识之间建立关联，归纳和提炼基于主题的新知识结构，这是从理解到应用、从分析到评价的语言学习的过程，引导学生的思维从低阶向高阶稳步发展。

然后通过张贴、展示思维导图，进行学生评价。评价环节发挥学生评价主体的作用和促学作用，聚焦在英语学生英语学科核心素养的形成及发展，关注学生在英语学习过程中表现出来的情感、态度和价值观，引导学生学会监控和调整英语学习的目标、学习方式和学习进程。

3. 启发思维，迁移创新

引导学生通过对主题语境下引言的理解展开讨论和交流，分享彼此对成功和幸福的理解，帮助学生树立正确的世界观、人生观和价值观。

通过真实语境下的语言运用，高三学习受到精神上的鼓舞。

六、教学反思

（一）命题选材

根据高考命题一核四层四翼和高考学业质量水平二的要求，围绕人与自我的主题，笔者原创了 success 和 happiness 两个话题设计教学内容。在着重考查学生在具体社会情境中英语语言运用能力的同时，有效培养学生把握语篇结构和对上下文逻辑关系分析的能力。内容的选取有利于学生增长知识、开拓视野，渗透对文化意识、思维品质和学习能力的培养。坚持思想性原则，落实立德树人根本任务，培养学生的核心素养。

（二）教学设计

以主题为引领，以活动为重点，创设真实情境，设计具有综合性、关联性和实践性特点的学习活动，使学生通过学习理解、应用实践、迁移创新等一系列融合语言、文化、思维为一体的活动，获取、阐释、评判语篇意义，表达个人观点，让学生在做事情的过程中体验语言、感受语言、探究语言从而学习和掌握语言，发展多元思维和批判性思维，培养创新精神和实践能力。

（三）教学改进

1. 囿于时间的关系，课上不能将思维导图的具体画法做详细示范和说明。如果设计连续两课时，可以在第一课时指导学生思维导图的具体画法并做详细示范和说明。

2. 对于七选五的解题，常常就题论题，缺少对语篇育人价值的挖掘。对语篇结构的把握、逻辑关系的理解甚至是文本的解读，也只是停留在七选五题型上。其实，这种语言能力、文化意识、思维能力和学习能力的培养，更多的应该放在平常的英语教学，尤其是阅读教学上。

【案例评析】

一、从解题规律和解题方法的角度讲

《普通高中英语课程标准（2017 年版）》要求学生"能识别语篇中的主要事实与观点之间的逻辑关系"，而不只是区分事实与观点；要求学生"能识别语篇中的内容要点和相应支撑论据"，而不只是抓住内容要点；要求学生"能识别语篇为传递意义而使用的主要词汇和语法结构"，而不只是理解语篇传递的意义。课程标准理念指导下的英语阅读教学应逐步从对文本进行简单的文字信息处理，过渡到深层含义的评判性解读和意义建构。无论从新课程标准对学生的思维培养目标，还是从高考英语试题对深度解读文本的阅读技能和逻辑推理思维能力的侧重都可以看出，培养学生深度解读文本的思维能力是现今和今后作为一线教师的我们必须孜孜以求的重要目标。这就要求教师以阅读教学的语篇为载体，通过挖掘语篇的内涵，培养学生分析和解决问题的能力进而培养学生的思维能力，提升学生的思维品质。

二、从学业评价的角度讲

引入评分量表及编码技术，构建多样化评价方式，从而客观全面地了解学生核心素养发展现状和思维品质的发展程度，找出存在的问题，明确发展方向，及时有效地反馈评价效果，促进学生全面而富有个性的发展。

三、从思维品质培养的角度讲

无论从课程标准中对学生的思维能力的要求，还是从英语试题对深度解读文本的阅读技能和逻辑推理思维能力的侧重都可以看出，培养学生深度解读文本的思维能力是今后一线教师必须重视的。这就要求教师加强文本解读，通过挖掘文章的内涵，培养学生分析和解决问题的能力进而培养学生的思维能力，提升学生的思维品质。

简论造句在初中英语词汇教学中的应用

深圳市坪山实验学校　谷佳雨

【摘要】词汇是英语课程内容的重要要素，是发展语言技能的重要基础。新课标认为，词汇不是孤立存在的，不只是记忆单词的音、形、义，更要学会在语篇中理解和表达。用词汇造句是学习词汇的行之有效的方法，本文着重从造句在英语词汇教学中的重要性、使用策略和实际操作三方面进行阐述。

【关键词】造句；初中英语；词汇学习；应用

一、造句在英语词汇教学中的重要性

《义务教育英语课程标准（2022 年版）》（以下简称"课标"）提出，"英语课程要培养的学生核心素养包括语言能力、文化意识、思维品质和学习能力等方面"，其中语言能力是核心素养的基础要素，学习能力是核心素养发展的关键要素。

词汇是英语学习的入门基础，但词汇并非孤立存在，而是通过一定的句法关系和语义关系与其他词语建立联系的。它通过语境来传递信息，是语篇中的有机组成部分。词汇学习不只记忆单词的音、形、义，还包括了一定的构词法知识，更重要的是在语篇中通过听、说、读、看、写等活动，理解和表达与各种主题相关的信息和观点。但是在日常教学中，有些教师将词汇的重点仅放在发音、拼写和词义层面，围绕相关词汇讲解词性变换和固定搭配。在课堂上，学生则偏向于机械记忆、重复，忙于跟记课堂笔记；在课后，学生进行抄写，强制背诵，缺少在特定语境中使用词汇、表达语境信息的能力培养，最终导致学生下苦功白费力，使得学生逐渐丧失对英语学习的兴趣。

造句使得英语词汇学习更具应用意义。新课标强调，学习词汇不是简单地词汇记忆和机械操练，而是要学会运用词语在特定情境中理解和表达意义。词汇本身是凝固的，但是词汇在句子层面、在语篇层面呈现出的意义是无限的，因此可以借助造句活动来帮助学生发现词汇规律，加强运用，内化所学，掌握词汇学习的主动权。

二、造句在英语词汇教学中的使用策略

造句是在教师讲解新词汇的音、形、义之后，学生运用新词汇以及其相关主题情境的词语，组织句子，表达至少一个清晰的信息。根据认知心理学，记忆痕迹是信息加工的副产品。因此，在通常情况下，学生对新学词汇的加工程度越高，对新学词汇的记忆就更加牢固。在理解词汇含义的基础上，学生通过组构句子，实现对词汇用法的关注，

真正实现词汇的长时记忆和应用实践。

从教学实践来看，学生对于新词的理解难点主要在于难以区分词性，此困扰在造句时尤为明显。此外，学生完成的句子以简单句为主，句式单一，内容单薄，难以达到新课标要求的"描述事物、行为和特征，说明概念，表达与主题相关的主要信息和观点"。因此，作为教师，应该指导学生，充分利用课本资源，积极引导学生拓展主题语境下的词块，并且丰富自己的句式结构，最大程度地实现从孤立的词汇到成熟的语篇的转变，提高学生的语言表达能力，实现语言表达和传递信息的目标。

其一，造句训练应该以课本为依托。教师应该在主题意义的引领下梳理本课内容，确定本单元的核心词汇，选择那些具有代表性的和易于理解的单词，例如，名词、动词、形容词等，并且词汇教学应该以课本为基础。词汇表是课本新词汇的高度概括，其中词汇的选取总是来自课本的某一具体篇章。在词汇教学过程中，教师改变以往单纯以词汇表为总览教学的方式，请学生在阅读篇章时学习新词汇。教师可以合理利用多媒体资源，可以采用图片、动画或者实物等多种形式进行讲解，充分调动学生感官，以增强学生的理解和记忆。此外，学生应在教师的指导下，在篇章中标注单词词义、词性，并且尝试翻译篇章，了解新词汇在篇章中具体的含义和用法。以课本句子为依托，讲解词汇在此句中的含义，并且进行词性转换、词块拓展。课本中地道的表达引导学生应用词汇，让学生在英语学习过程中更深入地感知语言学习和使用的真实性和需求性。

其二，造句训练应当在语境中进行。新课标提示，要依托语境展开教学，引导学生在真实的、有意义的语言应用中整合地学习语言知识。要引导学生"学会运用词语在特定情境中理解和表达意义"。教师的词汇教学引导应该结合学生的生活实际，选择与学生密切相关的或能激发学生兴趣的话题来创设情境，最大程度地提高学生用英语组构句子表达信息和想法的激情。此外，充分利用现代技术资源，通过多媒体对话、视频导入，使得学生尽可能地参与词汇表达，引导学生独立思考。

其三，造句训练要引导学生丰富句型，学会扩写和改写。在词汇教学过程中，我们会发现学生组构的句子多为简短的陈述句，停留在词义、词性层面，传递信息简单，较少涉及固定搭配。教师应该引导学生扩写句子，加入更多细节信息，通过思考主体是什么、在哪里、在什么时间、为什么、怎么样，增加形容词、副词、短语等延长句子的长度。此外，教师可以引导学生改写句子，运用较为高级的从句，如宾语从句、定语从句、状语从句、形式主语或宾语，或者利用衔接词将句子拓展改写，使造句内容更为饱满，句型更为丰富。

其四，造句训练要为学生提供及时反馈机制。在词汇课堂教学中，学生依据课本例句、教师展示例句了解词汇的音、形、义之后，教师请学生进行课堂现场造句，并且及时在课堂上给予反馈，指出在造句中出现的错误和不足之处，教师可以根据学生的反馈进行相应的调整和改进。此外，教师在介绍与课本单词相关的其他单词和短语时，应引导学生注意区分课本单词与之前所学单词的差异。除了课堂反馈外，为了帮助学生巩固所学的知识，教师可以给学生留一些书面作业，要求学生仿照课本句子，自己造句。这样可以帮助学生更好地掌握单词的用法，并且提高他们的写作能力。教师可以在单元主题下，组织学生进行小组探究式学习，让学生根据所学的单词编写一个故事或者写一篇文章，进行展示和分享，帮助学生更好地理解单词在不同语境中的含义和用法，提高他们的创造力和表达能力，也可以对学生在此单元所学词汇的理解和应用进行综合性评价。

三、造句在英语词汇教学中的实际操作

以上海教育出版社《义务教育教科书 英语（八年级下册）》第六单元"Pets"为例，说明造句训练在词汇教学中的实际操作。

本单元以宠物为主题，阅读主篇章为"Head to Head"，讨论了支持与反对养宠物狗的观点，重点在引导学生学会表达自己的观点，并且能够给予有逻辑的理由和支持论据。

1. 造句训练。在课堂上以课本为依托，在教师的讲解之后进行造句练习，实现当堂反馈。以单词 reason 为例。

【课文原句】Keeping pet dogs is a good idea. There are lots of reasons for this.

【音】/'ri:zn/ 教师引导学生注意划分音节，以及关注字母组合的发音，即 ea 发 /i:/。

【义】the cause of an event or situation or something that provides an excuse or explanation，原因；理由；解释

【派】reasonable，reasonably，帮助学生了解更多词性变化。

【拓】for this reason, no reason，the reason why 给学生搭建造句的支架，帮助学生利用所学搭配自由造句。

【例句】The reason why I chose Jon as my pet is because it's cute.

【造句展示】

（1）我迟到是因为我睡过头了。

The reason why I was late is because I overslept.

（2）给我一个帮你的理由。

Give me a reason why I should help you.

2. 造句训练需要以语境为依托，教师应该尽可能创设与学生生活实际相关的情境。教师在日常教学中结合主题语境，不断介绍关联词汇，让学生有意识地创建单元词汇网络。

在此单元教学中，教师创设与学生分享自己的宠物猫 Jon 的情境，将与宠物相关的单词、词组呈现其中，引导学生关注词块。

T: Jon always runs free and lies around in the house. Jon wakes up early, so I have no choice but to get up early and feed him. What about your pet's daily habit?

与自己生活密切相关的分享引起学生的共鸣，触发学生讨论和发言的积极性，引导学生使用本单元的词汇和词组进行造句训练：

S1: My pet dog is cute, too. It usually lies on the sofa. I often walk her and she loves me faithfully.

S2: I usually feed my pet rabbit in the evening. I feed it on small bars of carrots. It clicks its teeth when it is happy.

S3: My pet dog is small. It will wave its tails when it's happy. I often hold it in my arms.

S4: My kitty is cute. It always responds to me quickly.

当学生有意识地将所学词汇在主题情境下表达出来，教师应该给予鼓励和反馈，及时提炼并且将 lie、feed、faithfully、respond to、click 等需要理解的词汇形成板书，在接下来的活动中，不断有意识地复现，减轻学生的记忆负担，同时使学生真正理解词汇的用法。

3. 造句训练中教师要引导学生学会扩写和改写。以学生的书面作业呈现为例。

【学生原句】I lay on the sofa.

【扩写】I lay on the comfortable sofa, watching cartoons last night.

【改写】I lay on the sofa which was very comfortable and watched cartoons last night.

词汇教学课堂后，学生的造句训练作业在一定程度上使得学生可以独立思考，更好地理解单词的含义和用法。教师反馈后，部分学生会自主建构和内化新知，在下次课后作业中有意识地组构长句来传达更多信息，书面表达能力也得以训练和提高。

4. 应用实践，迁移创新。教师可以让学生进行小组探究式学习，让学生根据某个主题或情境编写一个简短的故事或对话，连句成篇，进行主题写作。学生可以通过讨论和协作来共同完成这项任务，并在课堂上展示他们的作品。这样可以帮助学生将所学到的单词和短语应用到实际生活中，提高他们的语言运用能力。

【学生主题创作片段展示】

Group 1:

I bought a pet dog. The reason is the pet dog is cute and it can teach me what is responsibility. I usually feed it, train it and play with it on the sofa. It was faithful to me. However, it died of heart attack. According to my mum, I can't keep it from dying. It scared me. But I believe my pet dog went to paradise.

Group 2:

I feel that animals are very faithful to people. Many animals are in danger now, so protecting animals is our responsibility. We should let animals run free in their homes. We should care for animals. What's more, we should keep others from hurting animals. I believe that through people's efforts animals will surely live better until they die normally.

Group 3:

During the Labor's Day, Tom and his family decided to go to the aquarium. The reason for the heavy traffic all the way was that people wanted to go out and play at the same time. This caused many complaints from people. When they arrived there, a dolphin show attracted their attention. According to a stranger, the dolphin show here was fantastic, so watching a dolphin show here was their first choice. When the trainer clicked his fingers, the cute dolphin began its performance.

在这场课堂展示中，学生们小组合作，以动物为主题，创作出了一个又一个妙趣横生的小故事。在英语词汇教学中运用合作探究，可以帮助学生更好地理解和运用词汇，提高他们的语言能力。此外，通过小组分享展示，学生可以锻炼自身的口语表达能力，引领学生从语篇的故事完整性、语言知识的正确性以及语言表达的流畅性等多角度分析、评价语篇，同时，学生们可以互相学习、互相帮助，培养合作精神和团队协作能力。这种方法不仅可以提高学生的学习效果，提升学生的思维品质，也可以增强他们的自信心和自尊心，激发学生学习兴趣，使得学生积极参加语言实践活动，乐学善学。

总而言之，新课标强调，英语课程内容由主题、语篇、语言知识、文化知识、语言技能和学习策略等要素构成。围绕这些要素，通过学习理解、应用实践、迁移创新等活动，推动学生核心素养在义务教育全程中持续发展。教师在词汇教学中不可因循守旧，应该采取科学的、合理的教学策略，来引导学生充分理解并且灵活运用词汇来表达信息和情感。可以依托课本创设情境，进行遣词造句的训练，重视课堂讲解与当堂以及课后反馈，引导学生连词成句、连句成篇，引导学生最终能够"运用所学语言进行有意义的思考、建构、交流和表达""实现学以致用、学用一体"，增强学生学习英语的成就感。

【参考文献】

[1] 陈静波. 有效教学：初中英语教学中的问题与对策 [M]. 长春：东北师范大学出版社,2010.

[2] 刘建杰,王春艳. 浅谈"遣词造句"在小学语文教学中的重要性 [J]. 中国教师,2020(11):46-47.

[3] 蓝作敏. 基于"仿句造句"的课堂词汇教学模式 [J]. 校园英语,2021(40):149-150.

[4] 谭家瑜. 如何在初中英语教学中强调贴切精准的表达 [J]. 中学教学参考,2011(22):125-126.

[5] 吴海峰. 简论造句在初中英语词汇教学中的应用 [J]. 中学课程辅导,2013(8):16-17.

情景教学法在短文填空教学中的实践运用

深圳市坪山实验学校 何晶

一、情景教学法在短文填空教学中的优势

短文填空这一题型是广东省中考英语的重难点，在近几年的省考中，此题型的平均分仅为 3.96 分，是考生失分最严重的题型，因此被众多考生称为中考英语的"拦路虎"。这一题型主要考查学生对于英语的综合运用能力，尤其是对上下文的理解和把握；在一定的语境中考查学生的语法知识、词汇知识、语用知识和逻辑推理能力等。

当前关于这一题型的教学研究比较少，且仅有的课例教学大多也以较传统的"填鸭式"教学呈现，如从常考的九大词性出发，教师一点点地讲解灌输相应的语法知识点，但此类做法忽视了对于学生语言能力的培养，教学效果往往事倍功半。因此，目前的短文填空教学缺乏系统的方法指导，学生在学习的过程中依旧存在较大的困惑。本课例将情景教学法引入短文填空题型教学，旨在填补这一教学领域中的空白，帮助学生掌握系统的解题方法，并通过真实情景真正应用所学方法攻克这一所谓的"拦路虎"。采取创设情景的方式，让学生在自己熟悉的或感兴趣的情景中学习和练习，使其真正感知所学知识，有利于促进学生理解英语知识在具体情景中的运用，并且增强其学习兴趣，活跃课堂气氛，提高课堂效率。

二、短文填空教学案例分析

本课的教学设计是在对历年广东中考、省考的短文填空进行横向和纵向分析的基础上，和深圳市考进行了对比，本文作者选择了实词类，也就是和市考不同的地方进行教学内容设计。教学目标是，帮助学生了解短文填空的考查方向及三种解题策略，即上下文语义法（context）、固定搭配法（collocation）和词汇复现法（word repetition）；并让学生运用三种解题策略进行实词类练习巩固，同时梳理相应的复习方向。教学设计的理念是以 2016 年广东省考关于老潘的语篇为依托，通过师生互动的情景设计让学生初步感知 context, collocation 和 word repetition 三种解题策略，进行第一步的学习理解。在应用实践阶段，通过实战演练和对三种策略的应用，让学生熟悉对名词、代词、形容词、副词，特别是对动词考察的特点，帮助学生确定接下来的语言运用和语法复习的方向。在最后的迁移创新阶段，学生通过扮演出题人的角色，以小组合作"挖空"的方式进行综合性的运用。

1. Lead-in：free-talk（导入）

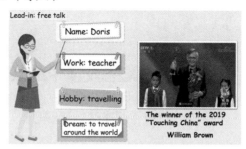

【设计思路】教师以和学生轻松交谈的方式自我介绍，并让学生猜测自己的兴趣爱好，让学生在轻松活跃的氛围中融入课堂学习。在学生猜测后，教师揭秘自己对于旅游的热爱，同时引出本课情景主人公，一位自驾环游中国的在华外籍教授——"感动中国2019年度人物"之一的潘维廉。

2. Explore the three strategies（学习策略）

1. Introduce a school interview activity to students and lead them to finish the dialogue.	
2.Work out three basic strategies for blank-filling through the dialogue: the strategy of context;	
work out the strategy of collocations;	
work out the strategy of word repetition;	

续表

practice the strategies and finish the dialogue.	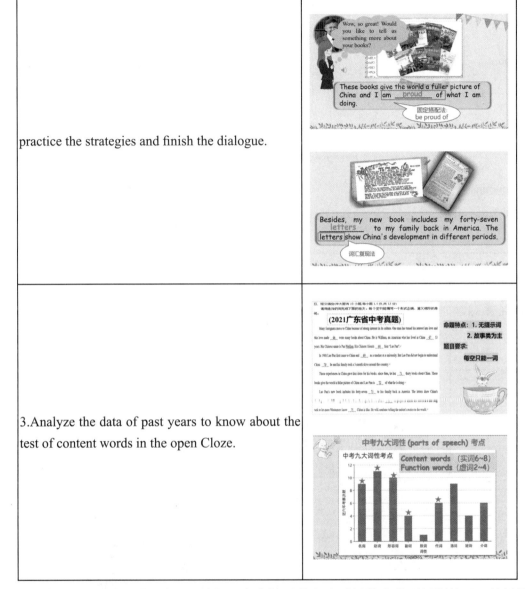
3.Analyze the data of past years to know about the test of content words in the open Cloze.	

【设计思路】首先，教师通过创设真实情景的方式引导学生发现解题技巧。教师将2021 年广东省中考真题中的五个实词单独找出来，并将该语篇改编为情景对话的形式，让学生在校园小记者和老潘（即潘维廉）的对话以及老潘的真实照片中，补充对话，完成填词，初步感知 context、collocation 和 word repetition 三种解题策略。之后，教师揭秘该语篇出处，并引导学生思考，与深圳中考语法填空相比，广东省考短文填空有哪些特点。此后，教师通过统计近六年的省考真题数据，说明本节短文填空课的教学重点：实词（名词，形容词，副词，代词和动词）。在此环节中，学生通过融入情景，倾听老潘的故事，在猜词填空中感知和应用策略，并且了解省考的出题特色。学生并非生硬地去接受策略，而是真正地通过自我挖掘、自我发现的方式获取新知。

3. Practise the strategies in dealing with content words（应用实践）

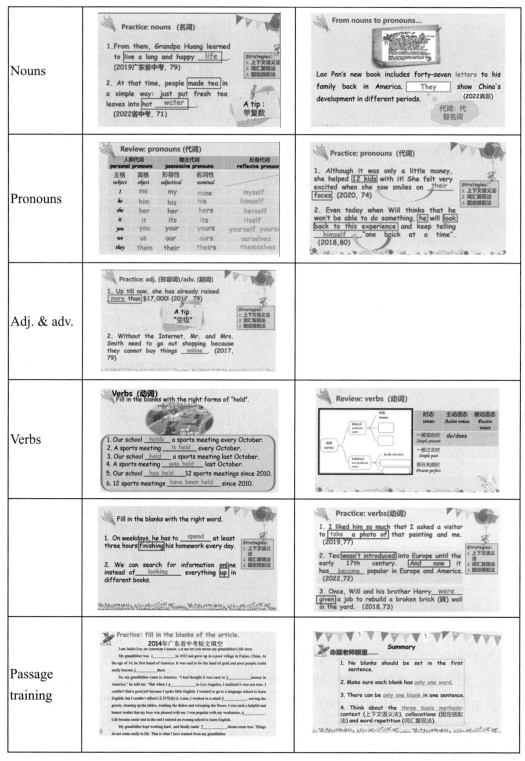

【设计思路】在应用实践环节的教学中，本课以历年真题为基础，以相应的情景为依托。教学环节主要包含两个方面：五大高频实词的逐个击破，和真题语篇训练。

首先，教师将近六年真题中出现的实词按照词性进行归类整理，让学生将前面学到的三大策略，应用于各类实词的真题句子练习中，同时，教师补充讲解五类实词在省考中常见的词形变化特点，培养学生"方法＋词形"的解题意识。在名词的教学中，教师主要引导学生注意名词的单复数问题；并且通过老潘对话情景中的句子，引导学生发现名词与代词的替换，巧妙引入代词，以先学后教的方式应用所学策略；在形容词和副词的教学中，教师主要引导学生关注这两类词的"变级"问题；最后是实词教学的重心，动词，教师先通过图片创设情景，让学生用 hold 一词的正确形式完成六个谓语动词的句子填空（涉及谓语动词的时态、语态和主谓一致三大变化），帮助学生复习构建谓语动词知识点思维导图，同时复习非谓语动词的相关知识点，之后进行相应的真题句子练习。词句的训练完成之后，学生进行真题语篇训练，感受篇章真题，培养上下文语篇意识。教师在指引学生讲解答案后，引导学生站在出题人的视角总结短文填空的命题规则，为下一阶段的迁移创新（学生自主命题）做铺垫。

4. Set blanks by students themselves （迁移创新）

【设计思路】学生的"挖空"输出是本堂课的亮点和核心环节，教师要创设真实的情景，让学生通过小组合作的方式进行综合性的命题。在知识的迁移创新环节，教师沿用情景教学的思路，创设情景：热爱环游中国的老潘和家人们自驾来到了广西，看到了同学们熟悉的一幕，渔民王大民正在准备利用鸬鹚捕鱼。这一场景选自深圳牛津版八下第三单元"Traditional skills"中的主课文"Fishing with birds"。教师选取了该篇课文的片段，让同学们回归课文，针对这一熟悉的小语篇进行小组合作讨论活动，引导学生根据命题原则，站在命题人的角度给该语篇中的五类实词进行"挖空"，目的在于让学生进一步了解实词在中考中的考查方式，帮助其在之后的做题中更加得心应手。

三、教学反思

本堂课是一节区级公开课，整堂课下来，很多听课教师反映课堂精彩，学生表现也很积极。通过分析，我认为本堂课的亮点主要包括以下两点：

1. 通过创设真实情景，开展短文填空的教学。传统的短文填空教学主要是单纯地从几大词性出发，学生所接受的知识是碎片化的语句，对于上下文的感知并不强烈。而本堂课以改编广东省考语篇真题，创设对话情景再揭秘中考的方式切入，有利于培养学生的上下文语篇意识。此外，在词性的分类训练、语篇训练以及学生自主命题中，教师都有通过图片、教材故事等创设情景，让学生真正地做到"在学中用，在用中学"，课堂也变得生动有趣，课堂氛围十分活跃。

2. 充分发挥学生的主体性。纵观整堂课，教师都注重让学生成为课堂的主人，整堂课基本由学生来讲题，教师发挥引导补充的作用。尤其是在最后的小组合作自主"挖空"环节，学生们主动思考，积极讨论，自信地展示自己的命题成果，与此同时，其他组的成员针对性地做出相应点评等，充分体现出"以生为本"的教育教学理念，提升了学生综合应用语言的能力。

另外，我认为本堂课的不足之处在于，板书不够丰富精美。可以在板书方面多下功夫，让整堂课更加优秀。

初中英语写作评价中同伴互评模式建构的应用研究

——以深圳牛津版八年级下册 Unit 6 Pets 写作课为例

深圳市坪山区中山中学 黄 丹

【摘要】英语写作中有效的文本反馈是提高学生英语写作能力的重要环节，而现阶段大部分初中英语写作课流于形式，学生写作有写无评，学生的基本写作能力得不到提高；因此本文立足于在写作评价中构建自评、同伴互评及师评的多元写作评价模式，实践证明在写作中构建多元的写作评价模式可以有效促进学生写作评价自主意识和写作能力的提高，从而提高学生的英语语言运用能力以及促进学生英语学科核心素养的形成，进而推动英语写作教学的改革与创新。

【关键词】英语写作评价；多元写作评价模式；初中英语写作教学

一、理论背景

苏联心理学家维果茨基（Vygotsky）于 20 世纪 30 年代提出了基于建构主义的社会文化理论（SCT）。该理论认为学习的过程应该是在社会背景的大环境下完成，因此学习是具有社会性的。学习最先是通过新手（儿童、学习者）和专家（父母、教师）的社会互动而产生，在共同建构的过程中，新手能够达到自身无法独立达到的发展水平，这是新手逐步趋向自主、完成由他人调节到自我调节转变的过程。其中儿童独立解决问题的现有水平与借助成人的协助所能达到的更高水平之间的差距称为最近发展区（ZPD），而在最近发展区内专家提供的协助即为"支架（scaffolding）"。

二语习得早期关于"支架"的研究主要侧重探究"专家支架"，即在教学过程中教师是如何为学生提供"支架"以及提供了哪些"支架"。其中伍德（Wood）等人认为教师会为学生提供六种类型的支架，即引起兴趣、简化任务、维持目标、指出理想解决方案与当前产出之间的相关特征及差距、控制挫折感、示范；罗勒（Roehler）和坎特龙（Cantlon）的研究则发现教师支架可以提供五种功能，即提供解释、提高学生参与度、核实并且澄清学生理解、规范行为示范以及邀请学生提供线索。随着研究的深入，不少学者还发现不仅教师会为学习者提供"专家支架"，学习者之间也会提供"同伴支架"；与"专家支架"相似，"同伴支架"也会为学习者的学习提供一定的帮助，即水平更高的同伴提供的支架能够有效促进水平较低的同伴的二语发展，甚至水平较低的学习者也会为水平较高的学习者提供支架。基于此，在二语教学过程中，教师可以根据"专家支架"

和"同伴支架"的特点运用在写作评价模式的构建中，以期通过同伴之间的社会文化的影响和建构来提升学生英语写作水平和能力。

二、案例背景

《义务教育英语课程标准（2022年版）》中提到在新时代下，学生发展核心素养是落实立德树人根本任务的育人目标。课程标准提出英语学科的核心素养包括语言能力、文化意识、思维品质和学习能力等方面。当前基础教育改革的重点是发展学生的学科核心素养，而英语学科核心素养主要由两部分组成：一是必备品格，包括文化意识和思维品质；二是关键能力，包括语言能力和学习能力。文化意识是指对中外文化的理解和对优秀文化的认同，是学生在全球化背景下表现出的知识素质、人文修养和行为取向。思维品质是指人的思维个性特征，反映在其思维的逻辑性、批判性、创新性等方面所表现的水平和特点。学习能力是指学生积极运用和主动调适英语学习策略，拓宽英语学习渠道，提升英语学习效率的意识和能力。语言能力是指在社会情境中，以听、说、读、看、写等方式理解和表达意义、意图和情感态度的能力；而写作在英语语言能力的培养中占据重要的地位，培养英语写作能力既能够发展学生的英语语言运用能力，又可以培养学生的思辨、批判和创新等英语学科核心素养。

三、问题探究

在当前的初中英语写作教学中常常出现一种"轻写作"教学的现象，教师觉得写作课锻炼不了学生的写作能力，以及一线教师平时教学任务繁重、新课时较紧张导致写作课在日常英语教学中可有可无或写作课有写无评等现象，由此也造成了学生认认真真地写的作文，教师却很少给予学生写作相应的评价，或者教师迫于批改作业时间紧张只是给了个大概分数；这样的写作评价往往流于形式，长期下来学生无法真正从写作课中训练和提升自己的英语写作能力以及思维能力；由此，学生在正式的考试中作文经常会出现各种各样的写作问题，如文章不分段、跑题、内容缺失、语法不正确、单词拼写错误、缺少结尾、逻辑不通顺等常见问题；针对以上写作教学中经常出现的问题，笔者探索在写作评价中纳入"多元评价模式"，通过培训学生，让学生进行写作自评、生生互评并结合师评的多元写作评价模式，旨在解决写作课有写无评的现实问题，以期提高学生的英语写作水平和发展学生的英语语用能力，并进而提升学生的思维能力，最终发展学生的英语学科核心素养。本文以深圳牛津版英语教材八年级下册 Unit 6 Pets 这一单元写作话题为例，详细介绍多元写作评价模式在写作评价中的应用。

由于本研究在开始前将八年级下册的各单元写作按照主题、所属话题、单元写作体裁、写作要求、学生分析等进行了单元写作话题分析的整合（见表1）。根据本单元写作话题分析，我们可以看到 Unit 6 的单元话题是人与自然，学生能够根据关键词提示，就"哪种动物最适合作为宠物饲养？"为话题写一篇简短的议论文，阐明自己的观点。学生通过本单元话题写作的学习后，能够区分事实和观点，能主动复习并整理和归纳已学的形容词比较级和最高级的知识。同时，能将此知识灵活运用到副词比较级和最高级中，并运用在写作中。

表1　牛津深圳版八年级下册教材 Unit 6 单元写作话题分析

主题	所属话题	单元	单元写作话题分析（体裁、写作要求）	学生分析
Pets	人与自然	Unit 6	学生能就"哪种动物最适合作为宠物饲养？"为话题写一篇议论文，阐明自己的观点。	1. 学生能区分事实和观点； 2. 学生能主动复习并整理和归纳已学的形容词比较级和最高级的知识。同时，能将此知识灵活运用到副词比较级和最高级中，并运用在写作中。

四、教学过程

首先，在写作前教师结合本单元主篇阅读，帮助学生回顾议论文的结构和写作方法，为写作板块等学习做准备。学生回忆主阅读篇章的主要结构，然后归纳 Emma 和 Matt 的两篇短文，并完成下表（见表2、3）。

表2　学生议论文写作学案部分节选1

Emma		
Opinions	Reasons	Supporting details
Keeping pet dogs is a good idea.	Dogs are really cute.	● It's nice to hold them in your arms. ● It's wonderful to see them grow up.
	We can learn responsibility from keeping dogs.	● We have to feed, train and play with dogs. ● Young people can learn how to care for others.
	A dog will love you faithfully and bring you lots of happiness for many years.	

表3　学生议论文写作学案部分节选2

Matt		
Opinions	Reasons	Supporting details
	Pet dogs are dirty.	● It's nice to hold them in your arms. ● It's wonderful to see them grow up.

续表

Matt		
Opinions	Reasons	Supporting details
It's not a good idea to keep a pet.	Dogs are noisy.	● We have to feed, train and play with dogs. ● Young people can learn how to care for others.
	Dogs need fresh air and large open spaces to run free.But many people live in flats so their dogs are kept in small spaces.	

其次，为了帮助学生更好地掌握和巩固议论文的写作要点和结构，教师要求学生阅读教材第 92 页的范文，依次将该文的观点、论据和支持性细节填入下表，目的在于帮助学生区分观点和事实内容，以及明确议论文的基本结构，即：提出观点、论证观点、总结观点。并让学生在小组内讨论，头脑风暴想出自己的观点，并提供论据（见表 4），为他们接下来的写作储备观点、进行铺垫。

表 4 学生议论文写作学案部分节选 3

Dogs make the best pets		
Opinions	Reasons	Supporting details
I think that dogs make the best pets.	Dogs are lovely.	● enjoy playing with them. ● pleasant to hold them in our arms.
	Dogs are faithful.	A story about a faithful dog in Japan.
	Walking dogs can help the owner stay healthy.	
	Your reason...	

最后，为了更好地帮学生提炼观点，要求学生根据范文来总结议论文的结构和表达并完成表格，并根据表格内容列出自己认为最适合作为宠物养的动物，同时想出三个原因和相应的事例、事实、解释等支持性细节（见表 5）。然后，让学生以 "What animal makes the best pet?" 为题写一篇议论文，阐述个人观点和理由。

表 5 学生议论文写作学案部分节选 4

Introduction	Opinion	
Body	Reasons	Supporting details
	◆	◇
	◆	◇
	◆	◇
Conclusion		

在进行写作评价前，教师首先将本单元写作自评量表和互评量表（见表6）发给学生并进行评价前的使用讲解，目的是让学生明白如何用量表进行自我评价和同伴互评。量表包含四个维度：Structure and Content，Language，Creativity，Handwriting；每一维度下又有几个子维度，学生根据子维度的评价标准先对自己的写作进行自评，评价标准分为两个维度：Yes 和 Not Yet，学生根据自己对比写作评价维度的标准勾选出；并且加上了 "My favorite part" 和 "Suggestions for myself" 部分；旨在让学生对自己的写作进行自我反思和修正，对照量表找出写作的优缺点和待改进之处。在学生进行自我评价之后，教师会把学生分成4—5人一小组（组内成员的英语水平不同质），进行组内成员互评，每个小组成员按照同伴互评量表里的维度和评价细则对其他组员进行评价并打分，给出自己评价的总分，并给予同伴作文自己的意见和建议。最后，学生根据自评和同伴互评的反馈意见进行二次写作，然后教师根据评价量表给予最终的评价和反馈意见，并对学生互评中出现的错误评价或遗漏进行补充，对于现有的评价给予肯定。

表6　Peer-checking list for "What animal makes the best pet?" (8B Unit 6)

Dimensions	Detailed Items	Scores	Your comments (Your … is great/ There are some mistakes in your writing, such as…)
Structure and Content	【Paragraph and Content】 ① Para 1: state your opinion (I think that....) (2') ② Para 2:give facts or examples that support your opinion (2') ③ Para 3: state your opinion again(for these reasons, I believe...) (2')		
	【Linking Words】 Linking words like firstly, secondly,what's more,finally… (1')		
Language	① Correct capitalization, word spelling and punctuation (1') ② Tense: the simple present tense(1') ③ Complete and correct sentence with S + V(主谓结构) (1')		
Creativity	【Language】 ① Personal comments on the opinion of keeping pet to make the writing more coherent (1') ② Different word choices and sentence patterns (1')		

续表

Dimensions	Detailed Items	Scores	Your comments (Your … is great/ There are some mistakes in your writing, such as…)
Handwriting	① Excellent handwriting (2') ② Good handwriting (1') ③ Just so-so handwriting (0')		

五、研究结果及发现

笔者在研究中发现，学生在同伴互评过程中能够客观公正地进行写作评价，并能够根据量表的指引找出同伴写作中的一些错误，对于同伴指出的错误，被评价学生基本都在二稿中进行了相应的修正，仅有少部分同学未修正。且英语水平较高的学生通常能够发现同伴的错误并给予修改或评价意见，而一些英语水平较薄弱的学生则较少能够指出同伴写作中的错误；因此，同伴互评对于英语语言水平较低的学生来说帮助更大。以下列举学生在互评过程中指出同伴写作中的一些常见错误（见图1）：

S1：每段应有一个原因，以及至少两个依据；太多涂改；

S2：有些单词连在一起；字太丑；

S3：like+v-ing，减少涂改；

S4：第 4 行 keeping 改为 keep；

S5：cute 和 lovely 重复了，can 后加动词原形；有涂改；

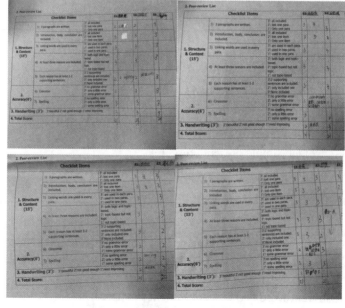

图1 学生写作互评量表节选

经笔者对比学生写作的一稿和二稿，大部分同学的经过自评和互评环节后再进行写作的二稿，都要比初稿的质量高、内容充足、字迹工整。例如，Y 同学的初稿自评分为 19 分，三位同伴互评都为 21 分，师评为 20 分；其中一位同伴给予的修改意见即上文中 S5 同学给予的意见：cute 和 lovely 重复了，can 后加动词原形；有涂改。在 Y 同学随后修改的二稿中，笔者注意到该位同学将初稿里的 "Firstly, dogs are cute and lovely." 改为了 "Firstly, dogs are lovely." 以及初稿里的 "They can learnt many things." 改为了 "They can learn many things."，且该学生的二稿书写要比初稿工整美观，涂改明显减少（见图 2）。由此可见，对于同伴互评，学生的确能够认真对待且互相指出写作中的错误之处，而被评价者也能根据同伴的反馈进行及时的修正，进而发展被评价者的语用水平和写作能力。

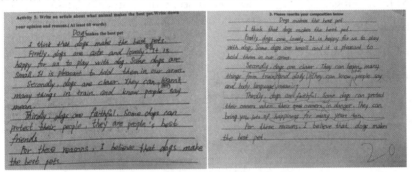

图 2　Y 同学初稿和二稿写作对比

笔者在研究中还发现，在学生对自己的初稿进行自我评价时，很少能够指出自己的错误之处，而在互评过程中却能够相互指出对方写作中的错误或不足的地方；这也进一步证明"同伴支架"能够有效促进学生进行写作评价和反思，进而提升被评价者和评价者的语用水平和写作能力。

六、反思建议

在写作评价过程中，还有部分不完善的地方，也是今后笔者需努力修正的方向：

首先，有个别学生的评价量表并不完整，缺少同伴互评，且由于教师的分组是随机的，存在一些同学的作文同时被三位英语水平较薄弱的同学批改，或者同时被三位英语水平较高的同学批改，互评具有一定的随机性；今后可以在学生分组中再进行调整，比如每组成员分为 4 人，由 A、B、C 层同学组成，这样每位同学都有机会被不同层次的学生评价，能够最大程度地提高互评的效果，学生也能在不同层次的互评中最大限度地提高自己的写作水平和发展语用能力。

其次，由于每位同学的评价方式不统一，因此对于同伴的一些常见错误，不同的学生有不同的评价表述或评价符号；在今后的写作评价教学中，对于常见的一些错误，如：拼写错误、内容不足、重复、遗漏、涂改太多，可以开发一套统一的评价符号来进行评价，然后让学生在二次写作中进行自行修正；

最后，在写作学案和写作评价量表的版面设计上还可以更加优化，目前的学案是竖项设计，而评价量表是横向设计，如果能将两者的版面设计在相同的方向上会更利于学生进行初稿、互评和二稿的写作，也能更便于教师进行评价和修改。

【参考文献】

[1]VYGOTSKY, L S. Mind and Society: The Development of Higher Mental Processes[M]. Cambridge: Harvard University Press, 1978.

[2]DONATOR R, ADAIR-HAUCK B. Discourse perspectives on formal instruction[J]. Language Awareness,1992(2):73-89.

[3]ROEHLER L, CANTLON D. Scaffolding: A powerful tool in social constructivist classroom[A].In K. Hogan & M.Pressley.(eds.).Scaffolding Student Learning [C].Cambridge, Brookline Books, 1997.

[4] HUONG L.The more knowledgeable peer, target language use, and group participation [J].Canadian Modern Language Review, 2007(2):333-354.

[5]WOOD D, BRUNER J, ROSS G. The role of tutoring in problem solving[J]. Journal of Child Psychology and Psychiatry,1976(2):89-100.

[6] 徐锦芬，李鹏飞 . 社会文化视角下的外语课堂研究 [J]. 现代外语 ,2018, 41(04):563-573.

项目化学习与初中英语教学的融合运用

——以 7B U5 Water Reading1 为例

深圳市坪山实验学校　黄美雅

一、Research Background

Our school locates in the Pingshan District, Shenzhen and most of the students in our school have lived in Pingshan more than 12 years. They know much about Pingshan and they have been experiencing the development of Pingshan. At the same time, they can realize the change of the quality and quantity of water in the Pingshan River. In this unit, students are going to learn about water and they will get the chance to go to the Pingshan River and do some researches and experiments there, so that they can get a better understanding about water and the Pingshan River and try their best to protect water and the river in their daily lives.

二、Learning Objectives

After the class, students will be able to:

1. Discuss and talk about the basic information of water and where to find water;

2. Discuss and talk about the uses of water;

3. Learn about the water cycle and describe it;

4. Discuss and talk about the problems that water resource is facing;

5. Prepare the research of Pingshan River to know more about water on the coming Sunday.

三、Teaching Procedure

Step 1: Warming-up

1. How much do you know about water?

A. Play a guessing Game

B. Finish a quiz about water

Step 2: Learn about the basic information of water

1. Discuss and talk about: Where can we find water?

  For example, water comes from lakes, rives, wells...

2. Discuss and talk about: How do we use water in our daily lives?

  For example, we can use water to do some washing, water crops, put out fires...

Step 3: Learn about the water cycle/ the journey of water

1. Watch a video about the water cycle.

2. Look at the picture of water cycle and put the sentences into correct order, then talk about the journey of water:

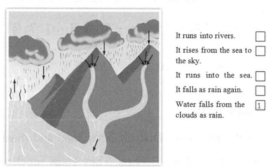

3. Complete the flow chart to learn more about this process.

Water in the sea.

      The sun   the water.

Water becomes vapour[ˈveɪpə(r)].

    More   in the air.

Vapour [ˈveɪpə(r)] forms clouds.

    Vapour   and   drops of water.

Rain

4. Retell the water cycle—the journey of rain/water:

Describe the water cycle with necessary transition words:

● First, ...

● Second, ...

● Then, ...

● After that, ...

● Finally, ...

Step 4: Learn about the situation/problems of water resource

1. Look at the pictures and know about the situation/problems of water resource: less water & water pollution.

Reasons:

● People waste a lot of water every day.

● People put waste into rivers and seas.

● People throw a lot of rubbish into water.

...

Step 5: Learn about the ways to save water—How can we save water?

Task：Discussion what can we do to save water? Discuss within group and think of as many ways as possible.

First, turn off the tap when you're not using it.
Second, we can take a shower instead of having a bath.
Third, we can take shorter showers.
Fourth, we can reuse water at home.
Finally, don't throw rubbish into rivers and the sea.

What we can do in society?

We can do volunteer work to make water clean.
We can make laws to protect water.
We can call on others to save and protect water together.

四、Preparation for the research of Pingshan River to know more about water on the coming Sunday

1. Summary of the lesson

Students have learned about the basic information of water, where water is from, how to use water, and how to describe the water cycle. Besides, students know about the situation of water and can talk about how to save water in their daily lives and in society.

2. Research plan

This Sunday, students of Class 1 and Class 2, Grade 7 in Pingshan Experimental School are going to do a research along the Pingshan River to learn more about water with the help of volunteers and teachers.

The questions they are going to study about:

● The basic information of the Pingshan River, such as the location, water system distribution, tributaries...

● Where is the river water from and flow to?—water cycle

● What do people use water for?— the uses of water

● Some experiments about water quality of the Pingshan River

● What is/was the problem of the Pingshan River?—water problem

● How to save water and protect the Pingshan River?—ways to protect the river

3. Things to prepare

Marker pens, colorful pens, poster paper, pens and notebooks, drinking water, hats and so on.

4. Time

Meet at the Pingshan Park at 2:00 p.m. this Sunday, end at about 6:00 p.m.

五、Research Report of the Pingshan River

1. The basic information of the Pingshan River

The Pingshan River, one of the main streams in Shenzhen, located in the Pingshan area in the northeast of Shenzhen, originates from Sanzhoutian, Maluan Mountain. It flows through Pingshan District and joins Danshui River in Huizhou. The Pingshan River is a water source of Dongjiang River, so it can influence the water quality of Dongjiang River. The Pingshan River has 11 tributaries in Shenzhen. Besides, the Pingshan River is 33.61 kilometers long.

2. Where is the river water from and flow to?—water cycle

First, water drops from clouds as rain and meets to form the small streams.

Second, water in the small streams meets at the river and it flows from the Maluan Mountain, that is the Pingshan River.

Then, people and factories along the river use water for different uses and put used water into the river again, maybe waster water or maybe purified water.

After that, water flows to the Danshui River in Huizhou. As time passes by, river water may runs into seas.

During river water's trip, the Sun heats the water and it becomes vapour in the sky. More and more vapour forms clouds, so sometimes it rains again.

In short, this is a water cycle of the Pingshan River.

3. What do people use water for? —the uses of water

Without water, without lives. People use water for different purposes in our daily lives and industries can't work without water.

For example, in our daily lives, people use water to take a shower, wash fruit and vegetables, cook dishes, sweep the floor and so on. For firemen, they use water to put out fires, cool objects and clean tools. For farmers, they use water to water crops and vegetables. For factories, they can use water to make delicious food and drinks, clean tools, produce paper and so on.

In a word, water plays an important role for human beings.

4. Some experiments about water quality of the Pingshan River

In order to know more about the water quality of the Pingshan River, students of Class 1 and Class 2, Grade 7 in Pingshan Experimental School did some experiments. They used PH test paper and other tools to examine the river water. At last, they got the results:

PH: 7   COD: 13 mg/L   TP: 0.05mg/L

Colour: no colour, clear enough to see the bottom of the river

Smell: no smell

Creatures: different plants along the river and fishes in the river

The quality of the water in the Pingshan River is up to the third-class standard for the environmental quality of surface water. The water quality has been greatly improved since 2010 after a series of treatment projects.

5. What is/was the problem of the Pingshan River?—water problem

This is a picture from *Southern Metropolis Daily* in 2015 about a piece of news of the water pollution in Dunzi River in Pingshan. It's easy to find that there is a lot of domestic waste floating on the river.

Although the environment along the river and water quality has been improved these years, water pollution is still a serious problem for the Pingshan River. People along the river got used to throwing rubbish and sending waste water into the river, so there is much domestic waste in the river. Besides, industrial waste cannot be ignored as well. There are more than 400 companies and factories along the river and some of them send waste water into the river illegally. What's more, Pingshan is developing fast and there are a lot of building sites. So a large amount of construction waste is thrown into the river illegally. Because of domestic waste, construction waste, industrial waste and farming, the Pingshan River has been polluted.

These years, the government has made a lot of effort and a series of treatment projects have been carried out, water quality has been improved. However, some illegal behaviors still exist.

6. How to save water and protect the Pingshan River?—ways to protect the river

Things we can do in our daily lives:

● First of all, turn off the tap when you're not using it and take a shower instead of having a bath and we can take shorter showers.

● Secondly, we can reuse water at home so that we can save water in the Pingshan River and Songzikeng Reservoir. For example, after we wash vegetables, we can collect the water and use it to water flowers.

● What's more, we shouldn't throw rubbish and send waste water into the Pingshan River directly. We should do the waste-sorting and deal with waste water properly.

● Last but not least, it's a good way to be volunteers to help save water and protect the Pingshan River. We can tell more people and companies to take action together and do some voluntary work to keep water clean.

7. Things we can advise our government to do:

● Make complete laws to protect the Pingshan River. For example, illegal behavior of residents and companies should be fined and educated. This needs the support of our government.

在英语阅读教学中发展学生的分析性思维能力

深圳市坪山区同心外国语学校　贾东佳

【摘要】思维是学生掌握知识的中心环节，发展学生分析性思维能力对于提高学生整体思维品质有重要的作用。笔者结合一节初中英语校级评优阅读课的教学实践，通过分析和确立教学目标、设计教学活动环节、组织课堂活动、实施教学评价等步骤，发现英语阅读可以通过引导、探究、判断、评价四个环节，发展学生的分析性思维能力。

【关键词】阅读教学；分析性思维能力；思维品质

一、引言

《义务教育英语课程标准（2011 年版）》指出，英语课程应成为学生在教师的指导下构建知识、发展技能、拓展视野、活跃思维、展示个性的过程。思维是学生掌握知识的中心环节。根据斯滕伯格 (Sternberg) 的思维三元理论，思维可以划分为三个基本层面：分析性思维、创造性思维和实用性思维。分析性思维涉及分析、判断、评价、对比和检验等能力，创造性思维包含创造、发现、生成、想象和假设等能力，实用性思维涵盖实践、运用和实现等能力。可见，培养和提升学生的思维品质对于学生个体综合素质的发展至关重要。

但在实际英语教学中，特别是阅读教学课堂上，笔者发现大部分教师在教学任务的设计上缺乏对学生思维的训练，课堂的预设性太强，教师对阅读语篇文章结构的剖析和词汇的学习大过对学生思维的培养，学生缺少预测想象的空间。因此，学生推理、判断、批判和评价等方面的能力比较弱。由于教师自身对阅读文本解读的能力较强，教师不自觉地包办代替了学生的思维过程，给予学生的是思维结果，而忽略了对他们思维能力的训练和培养，也忽略了对学生思想的倾听。本文将结合笔者的试教实践，尝试在阅读教学中运用思维三元理论，探究如何在英语阅读教学中通过引导、探究、判断、评价四个环节发展学生的分析性思维能力。

二、教学设计

（一）教学内容分析

本次授课的教学内容为上海牛津版《英语》八年级下册 Unit 5 Save the endangered animals 的 Reading 部分 The Giant Panda。阅读篇章是一篇介绍大熊猫的说明文，对大熊猫的数量、分布、外形特征、习性、饮食习惯及面临的困境等诸方面的情况做了较为详细的介绍。这是一篇说明类文体的文章，因此在阅读教学中，要注重帮助学生把握说明的对象、理清说明的顺序、理解主要的说明方法及其作用。"拯救濒危动物"的话题在单元中贯穿始终，通过本节课的学习，教师引导学生了解濒危动物的种类，探究濒危动物的现状，学生讨论、判断和思考保护濒危动物的措施，最终，学生个体树立保护濒危动物、保护环境的意识。

本节课设计了包括低阶、中阶和高阶三个阶段的阅读过程。低阶目标着眼于记忆和理解文本，引导学生掌握文本的基本信息和主旨大意；通过设计由浅入深的分析性问题，帮助学生实现对文本深层次的理解探究，这是中阶目标；高阶目标着眼于评价和创造，学生在理解课文的基础上对自我行为认知和人类活动与自然环境对濒危动物造成的影响形成判断，并进行评价，通过给图片创设广告词，学生的创新思维也得到一定的锻炼。创新能力的体现以语言产出为载体，鼓励学生使用课本所输入的语言进行自由表达，以达到内化所学知识和综合运用语言的目的，为培养思辨能力和形成独立人格打基础。

（二）学生分析

授课对象为八年级实验班的学生，学生英语基础相对较好，有一定的信息提取能力、推断能力和概括能力，课堂参与意识较好。如何在一节四十分钟的课堂内，通过教师引导，学生进行思考、讨论、探究，实现具有个人价值判断的观点表达还是有一定的挑战性。

（三）教学目标

基于对文本和学生情况的分析，本节课的教学目标设置如下：

（1）能了解更多的濒危动物，并分析其中的原因；

（2）能通过独立阅读和小组讨论分析保护措施；

（3）能学会运用与该话题有关的词汇和表达；

（4）能培养学生的分析性思维能力，倡导人与自然和谐共处的理念，提升学生保护动物的公民意识。

（四）教学思路

根据斯滕伯格的思维三元理论，本节课设计了以下教学活动（见图1）：

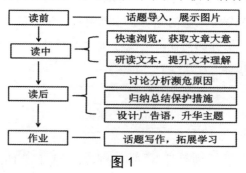

图1

本节课包括读前、读中、读后、作业四个环节。读前环节通过图片和问答激发学生兴趣，快速导入话题；读中环节包括两次阅读活动，阅读任务设计从记忆理解层面提升到运用分析层面；读后环节开展小组合作，分析濒危原因，探究保护措施，激发学生爱护动物的情感；作业环节以知识迁移和语言创新表达为目的，意在通过课后训练帮助学生内化、巩固所学知识。

三、教学过程

（一）主要的教学步骤

Step1：读前环节——话题导入

教师通过对图片背景的描述让学生猜测图片可能呈现的动物。当学生能够猜出所呈现的图片内容时，教师要求学生思考："Do you know these animals?" "Do you love them?" "Why do you love them?"。学生能够做出如下回答。

S1：I like dinosaur because I like watching Jurassic Park. I think they are very interesting.

S2：I like Tibetan antelopes because they are very beautiful.

S3：I like giant panda because it is very cute.

教师通过提问 "How much do you know about giant pandas? Let's try the short quiz." 引出本课话题。

[设计意图]

首先，通过图片猜测激发学生对本节阅读课的学习兴趣，消除话题的陌生感。其次，图片内容分别为恐龙、藏羚羊、大熊猫，图片内容的选择设计，为后续课堂环节做了有效的铺垫。

Step2：读中环节——快速浏览和研读文本

在引入话题之后，教师开始带领同学进行正式的阅读活动，这个环节的课堂活动设计为接下来学生能够进行更高层次的思辨活动做好准备。

1. 快速浏览，获取文章大意

本节课的阅读篇章是说明文体，说明的顺序是从整体到局部，即：先整体介绍大熊猫的基本情况，再从 Home，Food，Behaviour，Life 和 The future 这五个方面具体介绍。这五个方面由五个小标题分隔开来，同学们可以根据小标题迅速找到所需信息。（见图 2）

Panda facts

Adult weight: about$^{(1)}$ 100—150 kilograms

Life: Pandas live for aboute$^{(2)}$ 20 years in the wild but in zoos they can live for$^{(3)}$ up to 35 years.

Food: A panda eats about$^{(4)}$ 30 kilograms of bamboo aday.

Home: Pandas live high up in the mountains of$^{(5)}$ Central and Western China.

Population: There are about$^{(6)}$ 1,600 pandas in the wild.

Behaviour: Pandas spend more than$^{(7)}$ 12 hours a day eating.

图 2

[设计意图]

学生通过找文章结构，了解文章大意，这为后续的细节阅读理解做好准备。这个任务设计旨在培养学生的记忆和理解能力。

2. 研读文本，加强文本理解

教师引导学生进入第二轮阅读活动，根据文章的结构特点，针对每一个阅读段落设计不同的阅读任务。

Task 1	Read the introduction and match
Task 2 (Para.1)	Read the sub-heading and first paragraph and answer the question. ① Where do pandas live in the wild? ② Why do pandas live high up in the mountains of Central and Western China?
Task 3 (Para.2)	Read the second sub-heading and second paragraph, complete the facts. Pandas like to eat <u>bamboo</u>. Pandas in zoos eat <u>bamboo, apples and carrots</u>. A giant panda can eat as much as <u>30 kilograms</u> of bamboo a day.
Task 4 (Para.3)	Read the third paragraph and list the behaviors of pandas mentioned in the article. <u>Pandas like to live on their own.</u> They spend more than <u>12 hours a day eating.</u> They are good at <u>climbing trees.</u> They are strong enough to <u>protect themselves.</u>
Task 5 (Para.4)	Read the fourth sub-heading and fourth paragraph and judge the following sentences. ① Pandas live for about 30 years in the wild.(F) ② Pandas in zoos can live for up to 15 years.(F) ③ Panda in zoos can live longer than pandas in the wild.(T)
Task 6 (Para.5)	Read the fifth sub-heading and complete the notes below. You may also add some other facts. Why are giant pandas endangered?

[设计意图]

学生可以在课文中找到大部分的问题答案，因为这些表层理解的题目答案是很直观的，这些表层理解的问题设计为学生的语言输出做好后续语料准备。拉森－弗里曼（Larsen-Freeman）指出，合适的输出练习必须满足两个标准："输出活动必须是有意义的，能够吸引学习者的注意力；输出活动应关注学习难点，包括形式、意义和用法上的难点。"

其中，Task 4 要求学生能够进行归纳和总结，略有难度；Task 2 的第二个问题设计和 Task 6，学生无法从字面上直接找到信息，需要学生经过思考、讨论和推断，才能做出个性化的回答，而这个过程正是培养学生分析性思维能力的过程。

3. 文本复述，提升话题表达能力

教师以信息逐步递减的方式帮助学生复述文本内容。（见图3、图4）

Fill in the blanks and then tell about giant pandas to your classmates.

A giant panda is a kind of bear. They live <u>high up in the mountains</u> of Central and Western China. They like to eat <u>bamboo</u> and to live <u>on their own</u>. Pandas need to eat a lot to <u>stay healthy</u> and they are strong <u>enough</u> to protect themselves. They can live for <u>20</u> to <u>35</u> years. They are losing their homes because people are <u>cutting down</u> forests. People also kill them for their <u>fur</u>. So it is important for us to protect them.

图3   图4

［设计意图］

本环节旨在训练学生内化课文信息和熟练话题表达。信息递减的方式有助于激活学生的思维，为接下来的语言输出做好信息储备和语言铺垫。

Step3：读后环节——讨论分析濒危原因，归纳总结保护措施

在这个读后环节，教师首先引导学生思考动物濒危的原因。

T：Giant pandas are endangered because of people's killing. In fact, some animals are in danger, some animals have disappeared. What endangered animals do you know about? Let's list more animals.

S1：Tibetan antelopes, south China tigers, and sharks,...

S2：Dinosaurs, they have disappeared from the earth.

教师将学生说出的动物名称呈现于白板上。

［设计意图］

此环节旨在通过头脑风暴调动同学们的积极性，让全班学生的思维都活跃起来，学生的参与度高。

T：So many animals are in danger, and some animals have disappeared from the earth. Have you thought about why they are endangered? Let's look at the pictures and discuss with your partners. （见图5）Try to use the sentence patterns when giving reasons.

图5

Sentence pattern:

① The reason why ... have become endangered is that...

② ... be likely to result in animals becoming endangered.

学生通过小组合作,尝试使用教师提供的句型回答。教师将学生的答案呈现于白板上。第一小组的学生分享的答案如下:

S1: The reason why tibetan antelopes have become endangered is that people killed them for fur.

T: Are the hunter rich or poor?

S2: They are poor.

T: Why do the poor hunt tibetan antelopes illegally?

S3: They want to get more money.

T: How do we help tibetan antelopes?

S4: Maybe we can refuse to buy these products which are made of tibetan antelopes' furs.

T: What should we do about illegal hunting?

S5: We should make more effective laws.

在教师的追问下,学生的思维能力逐步提升。之后,师生之间又谈论了恐龙的灭绝和北极熊数量减少的问题,站在两个不同的角度来分析造成物种灭绝和动物濒危的原因。当教师问 "Are people the only killers who endanger some animals?" 时激发了学生的探究兴趣,随后经过小组的讨论,学生得出以下结论:(见图 6)

1. illegal hunting and killing
2. natural disasters, fire, drought, flood, volcano
3. the destroyed living environment
4. human destruction of the habitat
5. over exploration of resources
6. shortage of food
7. ......

图 6

[设计意图]

这个环节的设计实际是帮助学生拓展思维广度和深度的过程。在分析动物濒危的原因中,人类本身的不当行为应该受到指责,但事实上,自然灾害和大自然的丛林法则也应该是考虑的因素。借助图片作为载体,学生在教师的引导下话题语言源源不断地输出。学生通过课堂获取的信息与自己已有的经验进行判断分析,更懂得人与自然的平衡关系。这为接下来"采取怎样的保护措施"做好铺垫。

T: We have known what made animals in danger. Do you want to help them?

Ss: Yes.

T: How do we help them? Let's discuss with your group members and find out the measures that can be taken to protect endangered animals. The following patterns can be referred to.

Sentence pattern:

① First, we should ...

② Second, we ought to keep in mind that ...

③ In addition, it is important for us to ...

学生经过小组讨论,选派一名同学阐述他们的措施。以下为选取第二小组阐述的观点。

G2：First, we should make more effective laws to punish illegal hunters. Second, we ought to keep in mind that don't destroy animals' living environment. In addition, it is our duty to refuse the products made from endangered animals' furs and teeth.

［设计意图］

动物保护的措施是多样的，且无标准答案。在教学的过程中，教师更应注重对学生思维的训练，通过分析问题，加强学生对事物的理解。教师应启发、诱导、点化学生在反复接触和应用语言的过程中，内化语言知识，逐步体会和感知语言的规律性，培养学生探索、思考、创新的能力。

Step4：设计广告语，延展话题，升华主题

教师要求学生完成一幅图片的广告语设计，这个环节再次点燃学生话题学习的热情。教师首先给予示范。（见图7）

图 7

教师鼓励学生先进行独立思考，再分组讨论，为图片配上合适的广告语。

［设计意图］

用一幅静态的图片激发学生的想象力，此环节旨在培养学生的动物保护意识和创新思维能力。

T：Should human being kill animals for selfish desire?

Ss：No.

T：Should human being get on well with animals?

Ss：Yes.

T：Let's enjoy a story about a boy and marmots. Matteo was a 4-year-old boy. One day, he travelled in the Austrian Alps with his mother, he met a clan of marmots. Four marmots jumped on top of him and he was falling down, smiling and laughing. Then they began an amazing and pleasant friendship.

［设计意图］

此环节旨在以情动人。让人类与动物和谐共处的温情在课堂的最后得以升华和延续。

Step5：作业布置，回顾与巩固

用本节课所学的表达，写一篇关于濒危动物的作文，内容要说明现状、分析原因、提出保护措施并发出倡议。

四、结语

本节课基本实现了预设的教学目标，完成了教学任务。在初中阶段的英语阅读教学中发展学生的分析性思维能力应注重以下几点：

1. 阅读选材要合适。并非所有的英语阅读材料都适合用来训练学生的分析性思维能力。初中阶段英语阅读材料的选择应遵循：情节完整、难度不大、话题熟悉、线索性强。要在深度理解和解读的基础上创造性地使用教材。

2. 教学设计要合理。任何一节课堂教学都是基于教师本身对于文本解读的设计，所以教师对文本的理解会直接影响学生的阅读体验。训练学生分析性思维的阅读文本设计，既要考虑事件与人物、事件彼此之间、事件与整个故事的关系，又要在合适的时机，针对特定对象提出恰当的问题，引导学生思索、探究、引用证据、做出判断并评价他人观点。

3. 学生思考要充分。教师应在教学中重点关注学生的阅读策略和阅读能力的培养以及阅读思维的训练和提升，而对于学生在阅读过程中遇到的语言障碍，可使用图片、提问等方式做简单解释，不能过于注重词汇和语法，避免一味强调由词及句再到篇章的解码式英语阅读教学。在明确教学目标的前提下，教师要在课堂上给予学生充足的时间进行阅读和思考，学生在交流和体验的过程中，产生和创造出有意义的个人价值判断。

【参考文献】

[1] 中华人民共和国教育部 . 义务教育英语课程标准 (2011 年版)[S]. 北京：北京师范大学出版社 ,2012.

[2]STERNBERG R J, SPEAR-SWERLING L. 思维教学：培养聪明的学习者 [M]. 赵海燕 , 译 . 北京：中国轻工业出版社 ,2008.

[3] 李军华 . 高中英语阅读课中培养学生思辨能力的课例研究 [J]. 中小学外语教学 (中学篇),2017(3):25-30.

[4] 汤燕霞 . 在英语语法教学中发展学生的思维能力 [J]. 中小学外语教学 (中学篇), 2016(8):24-29.

[5]LARSEN-FREEMAN D. 语言教学：从语法到语法技能 [M]. 董奇 , 译 . 北京：北京师范大学出版社 ,2007.

[6] 刘晓天 . 初中生英语阅读现状与英语阅读态度研究 [J]. 课程·教材·教法 ,2012(4): 81-85.

大单元整体教学设计案例

——沪教牛津版八年级下册 Unit 3 Traditional skills 单元作业设计

深圳市坪山区新合实验学校　李林燃

一、单元分析

（一）教材分析

根据《义务教育英语课程标准（2022 年版）》划分的三大主题范畴：人与自然、人与社会、人与自我，以及单元相关内容，本单元以"传统技艺"为话题，以各种中国传统技艺的历史和特点为主线，属于"人与社会"中的文化范畴。

学生在阅读（Reading）板块阅读一篇描写中国古老技艺——鸬鹚捕鱼的短文，了解这项传承千年的古老技艺的现状与未来；在听力（Listening）板块听一段图片描述，然后圈出图片中的错误之处并根据听到的内容回答问题，巩固根据所听内容记录关键信息的听力技能；在语法（Grammar）板块学习动词一般现在时、一般过去时和一般将来时的被动语态；在口语（Speaking）板块的功能意念（Talk time）部分学习描述人物外貌的一般方法，然后在会话（Speak up）部分讨论剪纸这项传统技艺；在写作（Writing）板块先阅读一篇描述捏面人及其手艺的范文，然后参照范文和写作提纲，介绍自己熟悉的一位传统手工艺者及其手艺；在补充阅读（More practice）板块阅读一篇有关皮影戏的短文，并回答相关问题，然后根据篇章内容讨论皮影戏艺人如何表演皮影戏；在学习技能（Study skills）板块了解海报、通告等宣传性应用文的基本特点并尝试撰写一份海报；在文化角（Culture corner）板块了解中国结的相关知识。

基于单元主题引领的解读脉络，单元教材语篇分析如下：

语篇	语篇类型	语篇内容	语篇主题
Reading	说明文	介绍鸬鹚捕鱼	Fishing with birds
Listening	图片描述	描述剪纸	Paper cutting
Writing	记叙文	介绍手艺人	A person with traditional skill
More practice	记叙文	介绍皮影戏	Shadow puppet play
Culture corner	说明文	介绍中国结	Chinese knots

（二）学情分析

学生在七年级很少接触到关于中国传统技艺的介绍，且如今青少年对很多传统文化和传统技艺不感兴趣，导致很多传统技艺面临失传的困境。因此本单元需要通过大量视频给学生足够的感知，让学生了解鸬鹚捕鱼真实会发生在哪里。随着国家越来越注重对传统文化的德育，许多学校开展了剪纸、皮影戏等社团，本单元也应充分利用这些校本资源，让学生了解传统技艺的现状，并学会如何去弘扬传统文化。对于新奇的传统技艺，学生是非常感兴趣的，且非常愿意亲自动手去尝试。因此本单元的教学要抓住这一点，让学生在做中学。

（三）主题分析

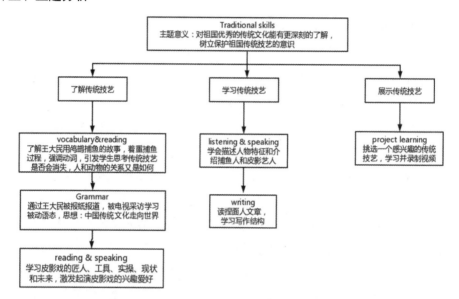

本单元的教学是围绕各种中国传统技艺开展的，因此大单元主题意义设置为对祖国优秀的传统文化有更深的理解，树立保护祖国传统技艺的意识。依据单元主题，教师将主题大观念进一步划分为三个小观念：一是了解传统技艺；二是投身到学习传统技艺中；三是通过视频等方式展示并弘扬传统技艺。学生将经历由事实性输入到思维理解，最后发展成为语言输出、问题解决再到情感升华的深层次学习过程。

二、单元学习目标

（一）单元学习目标的制定要遵循两个路径

一条是自上而下继续分解年级目标，另一条是自下而上分析、梳理、整合和提炼教材内容，依据学科核心素养进行梳理。

（二）单元学习目标要有系统性

单元学习目标是学科总的育人目标中的一部分，与其他单元的学习目标相互关联、相互支撑。从上往下看，单元学习目标在课程目标、年级目标、单元目标、课时目标、活动目标当中起着承上启下的作用。而在这里应该注意的是，单元目标是学生从单元特定的主题中学到的东西，而课时目标与课时的评价相呼应，要明确每节课学生通过活动而理解的学习内容。所以在教学实践中，不能将学段终极目标当作年级的目标或课时目标，从下往上看，它统领着课时的目标和每个活动的目标，统领着教学设计建议、学生活动设计、作业分析、评价和课程资源。

（三）单元学习目标要基于学情

单元目标明确后，如何达成单元目标必须要考虑到学生的实际情况，不同学校甚至不同班级的学生要达成一个相同或相近似的单元目标，所花费的时间和精力必然是不同的，这一点我们教师应该有所体会，而且在制定课时目标和课时安排之前，要进行学情分析，如：分析学生的学习基础、在学习中存在的障碍、学习特点、以及生活经验等，在学情分析的基础上，再制定课时目标和课时安排，开展学生活动设计、编制作业和进行评价。

（四）单元目标、教学、评价要有一致性

单元学习目标应与课程标准中学业质量要求——即学生在完成本单元的学习任务之后能做什么的表述，也就是学科核心素养（某领域）应达到的水平相一致。在单元教学设计中，目标统领着整个教学设计和学生活动。包括评价都是在总体目标指导下完成的。三者保持一致性，才能确保单元教学的有效进行。

（五）单元目标、活动、资源要有关联性

在单元整体教学中，师生开发和利用的教学活动以及各种所需资源的配置和使用都是在目标的指导下进行的，是为达成目标服务的，它特别注重目标、活动和资源的关联性。

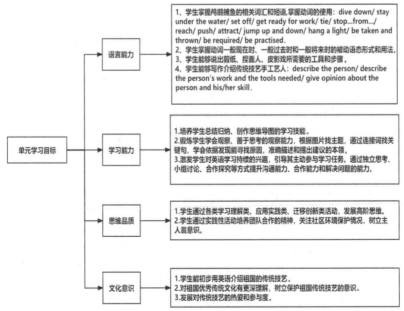

以上是根据新课标中核心素养的对应要求进行设计的大单元目标。

三、单元主题项目式学习

（一）尊重英语教材知识体系的逻辑性

英语项目式学习虽注重学生学习方式的变革，但仍需以教材作为英语课程内容的重要载体。英语教材作为英语课程的物化形态，以表层语言符号的方式呈现英语课程内容，但其背后内隐着横纵贯通的语言知识体系，同时，英语教材也蕴含着英语学科的学习思想与方法、语言知识的结构与联系、功能与价值等深层次内容。因此，英语项目式学习应注重把握教材知识体系的逻辑性，探究语言知识的结构与联系，关注语言知识的功能与价值，发挥学科知识促进学生核心素养发展的价值和作用。

（二）遵循英语学科学用合一的实践性

中学英语项目式学习以学科知识为载体，通过问题解决这一路径，将学与用结合起来，实现英语学科知识的学用合一。学用合一是体现英语学科本质的内在要求，英语学习与运用并没有清晰的界限，语言学习与语言运用应同步进行。项目式学习即语言学习与语言运用相结合的过程，不仅帮助学生掌握语言知识，而且体会语言背后所承载的文化内涵，学生能够在对中西方文化进行比较的过程中提升自身的思维品质，形成一定的跨文化意识与沟通能力。

（三）促进学生核心素养发展的整体性

英语学科核心素养指向人的发展，注重培养学生终身发展所需的必备品格、关键能力与价值观。从构成要素来看，素养具有内外统一的特点，既注重学生内在品格、价值观的养成与塑造，又关注外在能力的培养。从形成机制来看，素养的形成既不能仅靠外在知识的累积，也不能完全依赖学生对知识的内在顿悟，而应将对知识的内化与外化作用相互统一，共同促进学生核心素养的养成。英语项目式学习以语言知识为载体，超越对语言知识的浅层记忆，进而走向语言知识体系的深层建构与运用。

基于以上三点和对本单元弘扬传统文化的理解，因此设计了学习一项传统技艺并录视频展示的小组学习活动。学生们分组分别进行关于捏面人、剪纸、皮影戏、中国结、糖人等活动，并记录过程。其中，还要鼓励学生进行创新，将传统技艺与现代技术和故事进行结合，发扬新时代青年对传统技艺的独到理解。

四、总结

（一）整合单元内容，内在逻辑链条要在单元教学前进行设计，确定优先级

大单元整体设计中的单元目标和任务不仅是课时目标和任务的拼接，内部还要有逻辑链条。只有在单元教学前进行大单元整体设计，才能产生指向大概念的大单元目标、基本问题和任务，这样的单元教学会更具有整体性、结构性，从而有效地指引整个单元的方向。否则每节课之间的关系比较浅显或者没有关联，就无法持续连贯地走向通往大概念的深度学习之路。

（二）模块教学要层层铺垫，不急于一时拔高

目标和任务的实现要有整体性的视角，不必急于一时硬性拔高。以前的课程设计都期待学生在一节课结束时有升华性的产出，相比之下，大单元的教学和学习不必在一节课内急于求成，而是需要有设计的、有铺垫的整体考虑。与其让学生看一篇或者少量文章之后硬性顺着教师的想法拔高或者输出，不如在单元课程中让学生阅读充分的材料，形成自己的想法。学生在参与整体的单元活动时，成体系的输入大幅增加，思考的深度也有所增加，输出和内化就成了自然而然的事。

（三）听说读写与学生活动自然结合，将知识与单元内涵渗入学生心中

大单元教学下的课时设计都在指向单元目标和任务，同时每节课的知识和信息的获取、落实也自然地发生，并没有被忽略。在参与课堂活动、回答课上问题和完成课下作业的过程中，学生需要充分获取信息，并将知识、信息在自己的头脑中组织起来，服务于下一步的活动和更深入的思考。这样就不同于以往的简单的、碎片化的问答，在整个过程中学生会潜移默化地体会到单元内涵。

与此同时，大单元教学不等于对知识的偏废。在大单元课时教学中，若遇到重要的语言点、文章知识和相关语法，教师依然可以进行讲解。词汇等基础知识的巩固练习既可以通过课堂小测的形式进行，也可以通过最终的单元作文任务验收。

思维导图在小学英语单元整体教学中的应用探究

深圳市坪山区新合实验学校　李林燃　彭晓茹

在教学中运用思维导图，可以很好地帮助学生学习、思考和解决问题，教师也可以更好地引导学生对关键点的理解和记忆，并且形成系统的知识框架，更有利于学生掌握知识运用的能力。

一、相关概念

（一）思维导图概念

思维导图是由英国心理学家东尼·博赞于 20 世纪 70 年代发明创造的，它以"反射性思考"为基础，是简单且高效的思维工具；它以图解的形式和网状的结构，用于储存、组织、优化和输出信息；它被誉为"21 世纪革命性的思维工具"，也广泛被应用于课堂上。

（二）单元整体教学概念

单元整体教学目前在我国有很多种方式，比如项目式学习、整体学习等。单元整体教学成为发展学生核心素养的有效学习方式。单元整体教学是系统设计的教与学的互动过程，一般以单元为教学单位，以整体学习情境和整体学习任务为显性形式，把教科书学习、整本书教学和学科实践活动整合为一体，在完成具体学习任务的过程中，实现学生个性化学习。

二、基于思维导图模式的小学英语单元教学开展策略

通过思维导图和单元整体教学的结合，教师可以充分运用自己的教学经验，为学生创建更多的学习策略，以促进学生的学习和发展。就基于思维导图模式的小学英语单元教学的开展策略，本文将从思维导图模式的意义、课程前期准备、应用思维导图模式和思维导图实践四个方面进行概述。

（一）思维导图在小学英语教学中的意义

思维导图的核心亮点：

(1) 吸引眼球，令人心动 (Attractive)。

(2) 精确传达，信息明了 (Clear)。

(3) 去芜存菁，简单易懂 (Simple)。

(4) 视线流动，构建时空 (Flow)。

(5) 全貌概括，以图释义（Image）。

综上所述，这就是 one page control，一页掌控能力。思维导图能够帮助学生在学习英语的过程中建立系统完整的知识体系，提高学习效率，加强师生间的交流互动，甚至对建立学习型班级起到了至关重要的作用。例如英语阅读学习，学生面临着篇幅多、信息量大等困难，如果仅仅是通过机械式的死记硬背，学生的吸收率可想而知。因此可以用思维导图的思维方式，提取核心词，找到关键信息，即绘制中心主题（中心图）；归纳大纲主干，并添加其相应内容分支，同时写关键词。关键词以 one word per line 为原则，一个线条只写一个关键词，但在小学教学中，教师也可以根据课堂实际需求和学生年龄特征做一些调整。关键词就好比手的关节，使学生的想法更加自由，让学习内容更具有自由度。

（二）思维导图模式课程前期准备

1. 设定教学目标

教师自身要对英语教学有一个全新的认识，从而能准确设置当堂目标。传统的英语教学，大多是单纯的模仿和机械式重复，或脱离上下文的"孤军奋战"，教师注重语言知识的学习，常常是根据课本知识讲述定义，学生在课堂上做笔记、理解、记忆，课后做大量的练习题，然后在考试中检验学习效果，然而这种模式并不符合语言学习的全过程。教师在语言实践中应当主动转变角色，因此笔者将思维导图融入小学英语课堂单元整体设计中，利用思维导图激活学生的已有知识，帮助学生建构知识网络，并且使学生尽最大可能发挥主观能动性，培养其探究思考的能力。为了能够让思维导图真正服务于小学英语单元教学，笔者在备课的时候认真做到备教材从大单元出发，理清整个单元的语言知识、文化知识、语言技能、主题、语篇和学习策略六要素。

以下以沪教牛津英语（深圳版）二年级下册 2B 的第二模块（大单元）Module 2 My favorite things 这一单元主题为例进行思维导图单元整体教学：

单元目标设置：

(1) 主题：My favorite things（things I like doing,food I like,animals I like）

(2) 语篇：Do you like (doing)...? Yes./No.I like (doing)... Would you like some...? Sure./No,thanks. What are they?They are...

(3) 语言知识：skate,hop,salad,fish,chicken,giraffe,zebra,elephant,snake

(4) 语言技能：能够表达自己喜欢做的事情，喜欢的食物；能够对身边的食物保持好奇和询问；能够使用简单的点餐用语

(5) 文化知识：中西方饮食文化差别。之前学过西餐的食物：hamburger，现在学中餐：rice，soup

(6) 学习策略：通过听录音模仿对话，再到与同桌进行角色扮演对话，最后到根据自身实际情况去编对话，层层递进到完全掌握。

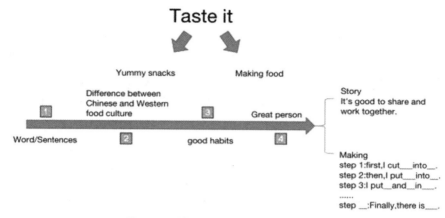

图 1 思维导图——单元教学目标

2. 科学调整单元的顺序和内容整合

教师要多学习，努力提升自己的教学水平，吃透教材，清楚地了解课与课之间、单元与单元之间的联系，以及每个单元的主题和目标。教师根据学生的实际情况，对单元内容进行梳理。调整的目的在于激发学生更多的求知欲，使知识更具有连贯性和完整性，使其更符合学生的认知特点、兴趣、能力需求，以及更加贴近学生的实际生活。

（1）单元与单元之间的思维导图：单元之间有联系的话题，教师在备课时可以精心设计，有序地、有条理地将单元课程进行二次调整。比如沪教牛津英语（深圳版）二年级下册第六单元，关于动物的，可以和一年级下册第二单元结合起来，通过旧知引入新知。让思维简图来帮忙，使其可视化。（图2）

图 2 思维导图——animals

由图 2 可见，以单元主题 at the zoo 为出发点作为花蕊，然后依次展开（花瓣）。每一个花瓣上的动物都是我们需要去掌握的词汇，从而使单词之间不再毫无联系。这样一来，思维导图帮助教师和学生快速厘清单元之间的联系，帮助学生建立比较完整的知识体系，合理利用思维导图让学生找到学习逻辑，重新激活了学生认知的兴奋点、新知的探索欲，让英语学习真正从语言知识学习转换为学科素养的提升。

（2）课与课之间的思维导图：教师在备课之前一定是备教材，了解每个单元的主题是什么，从而进行单元整合，明确需要学生达到的目标，再逆向设计教学活动，那么就可以通过思维导图将其内容进行总结和整合。（图3）

思维导图让教学目标更具有目的性和针对性，让学生对于单元整体目标更"有迹可

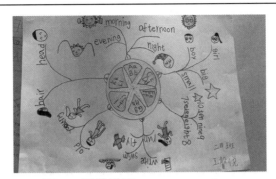

图 3　思维导图——Days and me

循"，思维导图让课程单元无论是单元外（单元对单元）还是单元内（课对课之间）都可以按照学生的思维逻辑整理出最适合他们的思维导图，进一步帮助学生把同样的教材学出不一样的精彩。

（三）应用思维导图模式

基于思维导图的核心定义和本质，其非常符合大脑思维特点，可以为小学生的英语学习提供很大的帮助。对于与关键词有联系的所有词汇，学生的记忆效果很好。通过思维导图，教师可以帮助学生更好地进行知识总结，形成层次化知识网络，当需要提取某一知识点时，学生会立刻回忆它所在的知识网络，进而提取其相关联的知识。

从学生学习一年级下册开始，笔者尝试用思维导图帮助其进行整体联想记忆，比如给出单词 pen，有的学生会联想到 school things，从而发散出学具单词 pencil/eraser/ruler 等；有的学生会联想到"I have a pen."，课堂就开始了问答环节，"Do you have a pen?" "Yes,I do." "Do you like your pen? Why?" "Because it is beautiful./Because it is a birthday present from my mom. /…"；也有学生直接展开"说故事"，继而还有"故事续说"。利用思维导图展开的课堂活动，帮助学生在课堂上聚焦"听、说、记、练"，并内化所学知识，让每个学生都能创造出自己的一套联想记忆体系，也是学生今后"大胆说"和"能够写"的试金石。

（四）思维导图在小学英语教学中的实践

1. 新授课思维导图模式做法

一堂课好不好，学生的输出最能证实。在讲到颜色和水果这一课的时候，就可以把两者结合起来。学生要掌握询问颜色的句子"What colour is it?"，要能够正确回答对应水果的颜色"It's …"，能够说出这是什么水果，如 apple、pear、orange、grapes，并且要会表达喜欢"I like..."。

对于二年级学生来说，光是词汇和句型就是如此之大的信息量，如果教师不能够较好地帮助学生清楚地梳理出重难点，那么学生会非常苦恼，特别是英语学习不敏感的学生群体，懵懵懂懂一个单元就学完了。因此笔者依靠思维导图的方法，将本课的重难点进行了梳理。（图 4）

图 4　思维导图——水果与颜色

思维导图做法如下：

第一步：浏览文章，明确该文章体裁（fiction/non-fiction），划分框架结构；（fiction，故事分为两个章节）

第二步：提取核心关键词，将核心关键词之间的关系梳理清楚，搞清楚它们是总分、并列、递进、因果关系中的哪一种；

（1）"What's for dinner？"有鸡肉吗？有面包吗？都没有！只有一个鸡蛋、两个洋葱、三个胡萝卜。

（2）小女孩想到了好办法，那就是 share。在图中可以看到所有的信息都能找到对应的图片，两个西红柿、一些蘑菇、一些洋葱、三个胡萝卜以及一个鸡蛋。

第三步：在重点、抽象、易忘、难理解的地方匹配相应图像，从而形成图文并茂的笔记形式。（Too sweet? Too salty?—No!—just perfect!—It's good to share and work together.）

2. 复习阶段思维导图模式做法

学习的最高境界是 study less，learn more，即学得少，会得多。相信这是每个学者的终极梦想。平时课堂上的知识点要求掌握，临近考试学生则需要把这些已掌握的知识点串联起来，形成一个闭环性的知识结构。而知识结构就好比一张城市地图，把碎片化的知识点拼成一个完整的思维导图，运用思维导图可以高效地把分散的知识点连成线，结成网，使知识能够有机地融合在一起，更加系统化、规律化、整合化，在大脑中形成一张知识的导航图。运用思维导图绘制考试复习大纲，最关键的一点就是能够创造性地解决问题。首先，通读复习清单的内容，运用整体性思维，将大纲中给出的信息进行归类整合，在脑中呈现整体框架。其次，逐一提炼每个部分的关键词，添加每个部分的细节内容，用线条把关键词之间的逻辑关系梳理清楚并展现出来。最后，为思维导图上色，在上色的过程中，学生可以对考点进行重温，加深印象，在回忆不起来的和常考的重点信息旁运用图像语言，例如插图、代码、符号等进行相应的标注，突出重点，便于理解记忆。当然这个过程对小学生来说前期是非常困难的，教师需要自身学习，从而指导学生如何运用思维导图。（图 5）

3. 家校共育阶段思维导图模式做法

学生的学习始终需要家庭的配合，家校共育才有可能达到理想的教学高度，所以笔

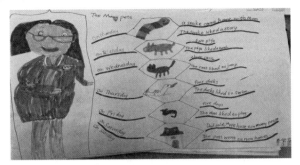

图5　思维导图——二年级下册单元复习

者建议家长也要与时俱进，努力提升自己的学习能力和重视思维导图的运用。其中错题分析于学生而言非常重要，而思维导图则可以教家长帮助学生"善分析"。把错误汇总，找到其中的规律，"错题分析"能够改变学生对错误的态度，而对待错题的态度就是减少错题的关键。一个错误就是一个学习的盲点，因此对待错误一定要积极认真，否则它依然会反复发生。那么如何有效利用思维导图整理错题呢？

（1）找出错题，对错题进行归类，找到错题的类型（记错，是提高学生总结归纳能力的过程。这个环节的难点在于持之以恒地抄题）。

（2）分析错题原因，见微知类、举一反三（概念不清、不会查找题目关键词、注意力不集中、不会使用结构搭配、无解题思路等。错题之所以错，必然对应着自身某一项知识、能力或者情绪的缺失）。

（3）反思总结解决方法（解决"会"的问题、见到会做的题目不出错、见到做过的题型不出错）。

（4）实际操作，落到实处（知识性、审题、方法、心理、综合）。

三、结语

本文主要阐释在小学英语学习过程中，应用思维导图模式在课堂前期、课堂教学过程中和课后复习中，既符合学生个体化的思维逻辑，又可以帮助其记忆和理解英语课堂的学习内容。课堂前期，教师的思维导图是教师备课的一把利剑，帮助教师有序开展教育活动，拓展教育思维边际。课堂教学中，思维简图帮助学生将单元与单元之间有效关联，课与课之间建立纽带，真正达到以点带面的学习效果。课后复习中，思维导图更是降低了学生复习整理难度，框架性的思维结构让复习更具有条理性和逻辑性，同时也让无从下手的家长找到了自己的"用武之地"，体会到"搭把手"的家校共育。

总而言之，思维导图作为英语单元学习的有力抓手，作为教师指导教学的好帮手，作为学生英语学习的小导师，作为家校共育的好媒介都是功不可没的。学习英语的道路其实并不容易，而学好英语的道路更是充满荆棘，作为教师需要挖掘更多的"武器"，帮助学生扫清障碍，快乐高效地学习。

指向深度学习的小学中低年段同伴互助式
英语阅读课教学目标与达成研究

深圳市坪山实验学校　　林芯羽

【摘要】本文结合实例探讨教师应如何在小学中低年段的英语阅读课上制定目标，和通过怎样的步骤，帮助学生培养同伴互助学习能力，实现深度学习。教师需要根据学生的年龄阶段总体特点、自己班级学生的特点和教材的阅读语篇特点制定学年或学期的大目标，然后再制定单元和分课时的目标，课堂教学步骤需紧紧围绕教学目标来开展。

【关键词】小学英语阅读；同伴互助；深度学习

一、研究背景

深度学习是我国全面深化课程改革、落实核心素养的重要路径，是信息时代教学变革的产物。深度学习强调学生要在教师的主导下主动参与、积极建构，发展核心素养，实现全面发展。同伴互助式学习是实现深度学习的重要策略之一，它能够最大限度地调动学生学习的参与度，也能照顾不同学生学习特点的差异性。同伴也意味着同学之间要形成良好的关系，互助更加强调每个同学需要发挥自身所长去帮助其他同学学习，即便是提供了错误的经验和意见，也是一个学习的过程。许多英语教师能意识到同伴互助学习的重要性，也知道基本的组织方式，如同桌互助、小组互助等，但有时仅仅将此流于形式，或实施效果不尽如人意，最终只能让学生在吵闹中度过一堂课的个别环节，直到小学毕业，学生都只能通过同伴互助掌握浅层次的学习内容，或者尚不懂得合作互助的策略。导致这些现象的一大原因是教师对采用同伴互助学习的目的和方法不清晰。教学目标是教学活动的出发点和归宿，《义务教育英语课程标准（2022年版）》明确提到小学阶段要达成的同伴互助学习目标有两个：学习策略目标的一级情感管理策略提出学生要有与同伴合作学习的愿望，乐于与他人共同完成学习任务；学习策略目标的二级情感管理策略提出学生要主动与同学开展合作学习，乐于与他人分享学习资源和策略方法。要让学生通过同伴互助式学习达成深度学习，教师首先需要根据学生的发展特点，制定可持续和可操作的同伴互助式英语教学的教学目标，同伴互助强调的是互助，即要在目标中指出学生在英语课堂应当在同伴互助中达成哪些学习目标。在深度学习中，教学目标要将教学内容、学生的发展以及教师的活动有机统一。笔者将在下面的内容中回顾和梳理在一至三年级英语阅读课上制定的同伴互助学习目标和达成的效果。

二、目标制定与达成

（一）学年学期目标制定与达成

教师通过制定一学年或一学期的同伴互助英语学习目标，有利于把握学生学习发展的大方向。教师在制定学年学期目标时，需要首先明确该年龄段学生的身心发展特点，再结合这学期的学科学习要求。实施目标的同时也需要根据班级学生的特点进行适当的调整。

低中年段的学生正处于童年中期（6—10岁），这时的儿童能从与同伴相处的过程中获益，他们能学会社会交往和建立友谊所需的技巧，增进彼此间的关系，并获得归属感。儿童会受到认同感的驱使，并最终获得认同感。他们学会了领导和沟通技巧，学会了合作，知道自己的角色和游戏规则。随着儿童开始摆脱父母的影响，同伴团体为他们打开了新的视角，他们可以自由独立地进行判断。通过把以前接受的价值观和同伴的价值观进行比较，有助于儿童决定哪些应该保留，哪些应该放弃。通过与同伴进行比较，儿童能更现实地衡量自己的能力，获得更清晰的自我效能感。同伴帮助儿童学习如何在社会中与人相处——如何调整自己的需要和愿望，什么时候应该妥协，什么时候该坚持立场等。一至三年级牛津版《英语》承载阅读教学功能的核心板块是 Let's act 和 Say and act，辅助板块是 Enjoy a story，以及每一年级下册的 Unit 12。其中的语篇以对话为主，对话人数从最开始的两人逐渐增加到多人。这些板块要求学生能够在图片的帮助下读懂这些简单的小故事，以及能做简单的角色表演，这些都需要学生与同伴进行合作学习。

笔者结合上述该年龄段儿童的综合特点和所教学生的具体特点，确定了如下的学年学期同伴互助阅读教学目标及达成途径：

1. 一年级上学期，学生刚刚步入小学校门，需要时间熟悉新的校园生活、新的教师和同学，他们尚没有同伴互助学习的概念。因此在英语课上，教师可结合课本中介绍自己、家人和朋友的主题单元先开展两人合作的对话活动，让学生能够先熟悉身边的同学，在两人对话中学会协商扮演的角色、进行平等的对话轮转、互相解决不同的问题和把握练习时间。

2. 一年级下学期，学生有了初步的同伴互助学习的概念，课本上 Let's act 的对话人数由两人增至三到四人。而且 Unit 12 A boy and a wolf 这个单元是一个有五个角色的对话剧本，即学生需要在学期末完成多人合作表演。因此教师可以遵循"组间同质，组内异质"的原则，开始编排四人小组，选取学习能力和自律性较好的、助人为乐的同学当小组长。一年级的小组长管理能力有限，因此在这学期，教师主要帮助他们在小组合作中分阶段培养管理能力：管好自己，树立榜样；管理同学，严中有爱；讲究方法，巧妙管理；机会平等，共同进步。

3. 到了二年级，四人小组合作型的同伴阅读教学模式初具雏形。但组长的能力还不稳定，其他组员的成长也有变化，因此教师需要继续在同伴互助学习中观察，对小组进行适当的调整。教师除了继续培养组长的管理能力以外，还需要让学生开展更具挑战性的同伴阅读学习，可以让学生开始合作学习阅读中的生词，主要通过自行预习，然后小组交流来学习。

4. 三年级课本的阅读语篇变长，生词变多，在课堂上教师还增加了课外绘本阅读，词汇是学生需要克服的一个难题。此时，他们学习了自然拼读的单辅音字母和单元音字母的读法，还有部分常见字母组合的发音，也初步有了音节的概念，因此可以让学生在同伴互助下运用拼读规则读出生词，学习生词的音和形。对于生词义，学生可通过合作看图和联系上下文的方式进行猜测，锻炼阅读技能。为了发展学生的思维品质，学生还需要在同伴交流讨论中深挖文本内涵，然后在同伴认同的作用下潜移默化地形成正向价值观。

（二）单元与课时目标制定与达成

以牛津版《英语》三年级下册 Unit 12 Three little pigs 为例，这个单元是一个对话式故事，本单元同伴互助阅读目标制定遵循学生的学习认知规律，由浅入深，从感知、理解到掌握故事。如下：

1. 合作学习故事中的生词和朗读故事。

2. 在教师的引导下，小组讨论出故事给人的启发。

3. 通过认真看动画、图片和研读句子，小组深入讨论角色设定。

4. 小组表演故事。

这个单元的授课课时是两课时，学生需要在第一课时达成前两个目标，在第二课时达成后两个目标。在第一课时中，笔者已让学生在课前预习听读过课文，在课上他们在组长的组织下，轮流说出自己学习到的生词的音形义，这样可以给每个同学发言的机会，避免有的同学只依赖学习好的同学告诉他们答案。经过小组交流后，他们已掌握了 70%—80% 的生词。此时，教师只需要通过一定的检查，发现多数同学会在音形义中出错的单词，再加以指导即可。学习完生词后，学生就可以进行合作朗读了，这是为了后面的表演做准备。学生经过三年的合作朗读训练，都能够模仿课本或者创造性地用合适的语气读出故事。到了理解故事部分，虽然大部分学生都读过这个故事的中文版，但他们不一定悟出了故事要传达的道理。因此教师在学生精读课文前，提出了四个问题：How are Tom, Tim and Jim? Whose house is the strongest? Why? What does Jim do to make this strong house? 学生读完课文后，在小组内轮流说出自己对这四个问题的见解，由指定的一位发言人汇总小组答案，每次小组交流的发言人都是不一样的。有的小组说："Tom and Tim are fat. Jim is thin. Because Jim works hard." 有的小组说："Jim's house is the strongest. The big bad wolf can't come in. Jim works hard and slow. He doesn't go to fish." 在每个小组的发言当中，同学们都能吸纳到其他小组讨论的精华，故事的寓意渐渐浮出水面。这时教师追问："What can you learn from the story?" 有学生说："我们做事要认真，不应该偷懒。"有学生说："我们做事要有远见，先苦后甜。"还有学生说："我们平时就要多动脑，遇到危险时要冷静，就会更快地想出好办法。"这时，即使有的同学没能发言，他们也能从同伴的发言中得到启发。在第二课时，笔者第一次执教时，直接让学生进行排练表演，他们排练的过程非常热闹，但他们最后上台表演的效果却不佳，最大问题是动作和表情比较单一，不够生动。笔者教后反思，是因为学生还没有完全地恢复学习状态，表演前的铺垫不足，所以他们不能深入理解角色，不能感同身受。因此笔者调整了第二课时的目标，先让学生在小组内分好角色，认真观察动画、图片，走进每个场景中角色的内心，讨论他们此时的心理和肢体动作。教师在学生讨论和排练的过程中需要留心观察，及时表扬讨论深入、理解到位的小组，给他们以激励，同时也给其他小组树立学习榜样。经过这样的同伴互助学习，学生第二次表演的效果明显提升，大部分同学都能把自己角色的动作、神情、语气表演到位了。学生从生词学习到研究角色的过程中，始终是学习的主体，教师在其中起到的作用是引导和点拨。

三、小结

要在英语阅读课上让同伴互助学习帮助学生达到深度学习的效果，教师首先要根据该年段学生的身心特点、班级学生的特点和课本阅读语篇的特点来制定教学目标。教师制定相应的学年或学期目标可以把握学生发展同伴互助学习能力的大方向；制定单元和课时目标时除了参考学年学期目标，还要在日常教学中根据学情进行调整与深化。教师只有将培养学生同伴互助学习能力的目标有计划地纳入教学目标中并坚持实施，才能够持续深入地培养他们这方面的能力，才有助于学生英语阅读课堂上的深度学习。

【参考文献】

[1] 刘月霞, 郭华. 深度学习：走向核心素养 [M]. 北京：教育科学出版社,2018.

[2] 中华人民共和国教育部. 义务教育英语课程标准 (2022 年版)[S]. 北京：北京师范大学出版社,2022.

[3] 黛安娜·帕帕拉, 萨莉·奥尔兹, 露丝·费尔德曼. 发展心理学 (第 10 版)[M]. 李西营等, 译. 北京：人民邮电出版社,2013.

议孩子英语课上"我的课堂我做主"社团纳新活动

深圳市坪山区外国语文源学校　张　雨

一、案例背景

七年级上学期期末平时教学常规课课程进行到 Unit 7 School Club 这一单元，阅读课时课结束后我将所带的"潜能"班的 40 个孩子分成了八组。此班孩子整体英语基础属于中等偏上水平，在平时活动中我也会让他们分组完成任务，因而具有一定的英语活动设计能力和小组合作能力，但是平时课堂给他们自主展示的机会很少，孩子们在课堂上处于被动与"被参与"，课堂效果也并没有多么显著。那么如果把课堂交给孩子们，是否会形成真正高效率而且能让孩子们参与感十足的课堂呢？因此借此社团主题课我便让每个小组合作完成自己小组想成立的社团海报宣传。社团范围和类型我未给具体限制，各小组可以头脑风暴，以调动孩子的课堂参与积极性。各小组成员必须积极参与才能在"社团纳新"中吸引同学参加自己的社团，给孩子们创设"我的课堂我做主"的机会。

二、案例描述

布置完任务的课间，各个小组的组长和组员很积极地向我询问这次活动的要求细节，是否可以以各种形式展现，不局限于口头或者书面，我便一一解答：形式不限，内容积极健康向上，形式吸引人，以英语形式展现即可。在跟孩子们一问一答过程中，我能看出来孩子们对他们即将要主导的课堂充满了期待，且带有很强的小组荣誉感，本堂课的目的和效果一定会出人意料。

第二天课堂上，孩子们都很兴奋也很期待他们的"社团"能崭露头角，赢得同学青睐。

课前：

学生甲：老师你可能想象不到我们小组是什么社团，我们小组这次肯定会让大家感到惊讶。

我：哇，看来你们小组胸有成竹嘛。你们课上展示时一定要把你们的优点展示给大家……（未完，已有其他学生迫不及待要与我交流）

学生乙（很开心）：老师老师，我觉得我们小组的社团也会很厉害，一定会让大家有意想不到的惊喜。

我：哦？那你们跟前面这个组可以争夺最具魅力社团是不是？

（在热闹的交流中上课铃响了……）

课中（各小组和老师皆以英语表达）：

我：想必同学们非常期待这节"社团纳新"展示……

学生（连连点头）：嗯嗯嗯，老师我们都准备得可充分了，什么时候开始呢？

我：不要着急，我们"纳新"是不是要有规矩才能顺利开展呢？

学生：是。

我：好，老师先给你们讲下规则，社团纳新宣传不按小组顺序来，按大家愿意的顺序来，每当上去一个社团进行纳新宣传时，其他同学都是想要参加社团的积极分子，当这个社团宣传完时，你们要根据他们社团的特点来决定是否要参加这个社团，而且要尊重台上的同学，不能打扰他们，大家清楚了吗？

学生：清楚了，老师可以找人来当计分员，在黑板上写下我们每个小组纳到的新成员数，人数最高的那个组老师可以奖励下哦。

我：同学们的建议很不错，我找两位同学当计分员，纳新人数最多的小组将得到奖励。现在开始吧。

（接下来是学生的展示环节，每个小组都很积极地参与到其中，课堂氛围非常好，每组都非常有特色，我选几个典型的例子进行描述）

1. Food Club（食物社团）：大家好，我们是 Food Club。现在世界还有很多贫困人口，他们还在为解决温饱问题哀愁，所以我们社团的主要功能是募捐容易保存的食物给需要食物的人，社团成员也会定期开展社团自制食物义卖活动，将义卖收入的钱捐给我们国家贫困人民或者非洲人民。不需要特别的才能，只要你有一颗爱心，想和我们一起帮助别人，那就加入到我们社团吧！

（在 Food Club 纳新宣传过程中，细心的"观众"发现，该小组将 PPT 上的 Food 误写成了 Foot，因此同学们戏称此社团为"脚团"）

我：Food Club 真的是非常有爱心的一个社团，虽然我们国家的发展已今非昔比，但是仍然有些家庭由于各种原因处于贫困之中，世界上也有很多有温饱问题的人，这个社团可谓一个真正能看到问题的公益社团，相信同学们已经被他们的爱心征服了，有多少同学想要加入到这个社团呢？

学生（争先举手）：我们非常愿意加入到"脚团"给处于贫困生活的人民捐助食物。

从 Food Club 的纳新成果来看，学生们富有爱心与善心，语言是工具，英语教育要利用好这个工具去引导学生形成正确的世界观与价值观，体验语言背景下的人文情怀。

2. Leap Frog Club（跳山羊社团）：各位同学大家好，我们是 Leap Frog Club。我们这个社团相比于其他社团而言很特别，特别在什么地方呢？（小组成员转身询问我）老师，我们可以通过动作展示来拉票吗？因为我们社团一定要通过实际行动让大家看到我们的特别之处，相信我们的绝技一定可以吸引很多人。

我：要在保证安全的前提下才可以展示，你们的动作安全吗？

Leap Frog Club 社长：很安全，我们从小都玩，我们小组成员也演练很多遍了。

小组成员在征得我的同意后开始向同学们展示他们的"绝技"——跳山羊，因为这是第一个以实际行动来拉票的社团，所以获得同学们的阵阵掌声，同学们都很欣赏这个社团，也佩服他们的勇气。

因为此社团获得的加入票数较其他社团多，所以我特意问了下原因，是什么地方吸引了他们。

意愿加入"跳山羊"社团的同学：这个社团虽然不像其他小组一样有很丰富的语言，但是他们有自己的实际行动，让我们感觉到这个社团真的很特别，趣味性很强，也能强身健体。

我：同学们能够被这个社团的实际行动打动，说明行动要比语言更有说服力，所以希望同学们在学习的过程中也能行动胜于语言，脚踏实地。

Actions speak louder than words（行动胜于语言），Leap Frog Club 很好地诠释了这个道理，也为大家展示了不一样的社团精神内涵。所以在以后的教学中，口头表达与课堂中的行动要结合起来，不能把英语课单纯地变成一节狭义上的语言课，要带着学生们边做边学。

3. Landlady Club（包租婆社团，此社团成员皆为女生，卷发棒等设备很齐全）：大家好，我们是包租婆社团，加入到我们社团你们会变成靓丽、帅气的小姐姐、小哥哥，我们不仅可以帮助大家实现经济富裕，也会帮助大家学习进步等，加入我们社团"包"你幸福！

听众：你们叫包租婆社团是因为加入的成员的所有幸福问题你们都会"包"吗？

Landlady Club 成员：是的，我们专包各种人生疑难问题，加入到我们社团，你们会幸福感爆棚，同学们还在犹豫什么，包租婆社团等你来。

（学生听众掌声雷动）

我（学生还意犹未尽）：这节课是你们的主场，老师只是一个活动的引导者，你们这学期第一次体验这种自己做主的课堂，老师本来很担心课堂会很乱，效果不会很好，但是同学们的表现让老师很是欣慰，老师相信以后这种活动你们会掌控得越来越好。

课后：

学生丙：老师，我们觉得这种活动非常好，能够让我们在小组合作完成作业的过程中建立友情，也能让我们在课堂上愿意参与，不像以前有时候会觉得无聊，注意力不集中。

学生丁：是的老师，以后可以多举办一些这样的活动吗？最好每一单元来一次，这样很有意义，我们也会很开心。

我：今天这次"社团纳新"活动非常成功，我以后会给大家设计更多类似的活动，让你们体验课堂主导者的乐趣。

三、案例评析

这堂课让学生意犹未尽，学生课前脑洞大开，为了让自己的社团能脱颖而出，查找了大量词汇，并且分工合作，共同完成海报、PPT 和展示；课堂上"我的课堂我做主"，"社长"流利的英语演讲，组员的默契配合，学生计分员，听众的投票参与和对各社团的评价，这两个时间段的充分准备与展示是这堂课成功的关键。

本堂课学生的参与度、活跃度较高，预习与展示效果、言语反馈较好，学生喜欢这种能够让他们有很强参与感的课堂，这能让他们觉得自己的课堂自己做主，成就感很足。教师应该以学生为主体，不能形成"一言堂"的局面，只有教师在讲，而留给学生很少的思考和参与时间，就会让学生无聊和枯燥。同时教师要做好课堂引导者的角色，要给学生明确的课堂任务和分工，对学生活动展示进行总结，这样一堂课才是有效的。所以学生主体和教师引导者两者应密切配合，教师要转变观念，慢慢地让学生去更多地参与到每节课中，正如这堂课，对学生来说就是"我的课堂我做主"，对教师来说是"你的课堂我引导"。以后如何能够让每一堂课都成为"学生做主"的课堂？这是一个仍值得我去思考并且不断去探索的问题。

趣味教学法为语法课堂增趣提效

—— "形容词的比较级和最高级"语法课教学案例与反思

深圳市坪山区坪山中学 蔡云芳

一、课例名片

教材：Oxford English 8A

执教者：蔡云芳

教学内容：Unit 3&4 The comparative and superlative of adjectives 期末语法复习

二、学情分析

本课的授课对象为初二学生。本阶段的学生具备了一定的英语知识和英语学习能力。他们也已经学习了一定的语法知识，但不多，且容易混淆。

8A Unit 3 和 Unit 4 两个单元的语法都是关于形容词的比较级和最高级。Unit 3 的内容是形容词的比较级和最高级的规则变化，Unit 4 则是它们的不规则变化。笔者决定在期末复习课上，把这两个内容放在一节课里复习完。

鉴于学生已经在新授课里系统地学习了形容词的比较级和最高级的用法，只是由于时间关系出现遗忘现象。因此在期末语法复习课上，学生需要重新回忆这些语法规则，并争取通过强化训练，达到熟练运用的效果。

三、课例背景

本次课例是笔者在 8A 期末考试前，开展的一节区级的期末复习展示课，以供全区初中英语教师共同探讨，希望探索出适合本区学情的、有效的期末复习法。

英语语法是英语语言的规则，是英语学习的主要内容之一。要想学好英语，语法是一座绕不开的大山。然而，语法知识枯燥乏味。如果语法教学仍走应试教育的老路，侧重于记语法规则和做题，那么语法课堂将会更加枯燥乏味，学生的学习效果也更差。作为一名一线英语教师，笔者始终致力于打造有趣的英语课堂，希望通过运用趣味教学法，为课堂增趣提效。学生学得开心，教师也教得开心。

本节语法课，笔者在语法教学中运用了英语歌曲、精美图片、难度挑战游戏、猜人游戏等趣味教学法，大大地提高了语法课堂的趣味性。学生积极参与课堂，学习效果也不错。以下是这节课的教学具体开展情况及我的课后反思。

四、教学目标

By the end of the lesson, students will be able to:

1. further understand when and how to use the comparative and superlative of adjectives.

2. compare people or things by using the comparative and superlative of adjectives.

3. use the key sentence patterns:

(1) ...than...;

(2) ...the... of all；

(3) ...one of...;

(4) comparative adjectives.+ and +comparative adjectives;

(5) The +comparative adjectives., the + comparative adjectives.

五、教学重难点

1. understand when and how to use the comparative and superlative of adjectives.

2. the sentence patterns: The +comparative adjectives., the + comparative adjectives.

六、教学策略和教学理念

本节课采取任务型教学模式与互动式教学模式相结合的方式来组织教学。本节课秉持着"兴趣就是最好的老师"的教学理念，运用趣味教学法，设置了一系列课堂活动，争取最大程度地践行《义务教育英语课程标准（2022年版）》中的"让学生在体验中学习，在实践中运用，在迁移中创新"的学习理念。

七、教学过程

Teaching Procedure 教学过程

Step 环节	Teaching/ Learning activity 教学活动	Purpose 设计意图
Step 1 Warming-up	**Enjoy an English song:** *It Gets Better, The More We Get Together* **Brainstorming:** Students look at the pictures and make sentences to compare different aspects of people or things.	1.To create an interesting and relaxing English learning atmosphere. 2.To lead in the topic. 3.To prepare for the revision.
课件呈现方式		

续表

Step 环节	Teaching/ Learning activity 教学活动	Purpose 设计意图
课堂观察及反思	由于是区级展示区，听课教师多达上百位，学生们都很紧张。他们都安安静静地坐在自己的位置上，不敢说话。候课期间，我播放了两首英文歌曲 It Gets Better 和 The More We Get Together。 当同学们突然听到一个天真可爱的声音唱着 The more we get together, the happier we'll be 时，都扑哧一声笑了，紧张的气氛瞬间得到缓和。另外，这两首英文歌的歌词里包含了大量的比较级，譬如：Grass gets greener. Days gets warmer. Sun gets brighter. Brighter and brighter. 同学在听歌的过程中，就已经开始被动地接受形容词的比较级和最高级的输入。 　　课堂上，我采用了图片导入法。利用学生熟悉的明星入手，引导学生就明星的各个方面进行对比。一方面是要求学生归纳总结出什么时候用比较级和最高级，另一方面其实已经在引导学生怎么对比不同的人和物了，即：我们既可以进行横向比较,也可以进行纵向比较。为后面的输出环节开拓了思维。 　　第三张课件中，我同时展示三个女明星的照片:赵丽颖、吴谨言和贾玲，旨在引出形容词的比较级和最高级的不规则变化。我问："Which one do you like best？"。 一个男同学弱弱地说："Jia Ling."。同学们哄堂大笑。我追问："Why?"。答："Because Jia Ling is the most humorous among them." 我回复:"I like Jia Ling too. She is so humorous, so cute."。同学们听后纷纷点头，表示认可。我觉得这个小小的片段在这节课中的影响很大。它既渗透了德育:不要以貌取人，每个人都有闪光点，同时，它又叩开了同学们心扉:不用惧怕同学们的笑声，大方地表达自己的观点。	
Step 2 Reviewing	**Task1. Sorting out the rules:** Students go over and read the sentences they made in step 1 and try to work out the rules on when and how to use the comparative and superlative of adjectives. **Task 2. Transformation of adjectives:** Students complete a form to review the comparative and superlative of some adjectives. **Task 3. Sentence patterns:** Ss make sentences with the help of the teacher to review the key sentence patterns.	1. To lead students to think and review the rules of the comparative and superlative of adjectives. 2. To check whether students have remembered the comparative and superlative of some adjectives. 3. To review the key sentence patterns.
课件呈现方式		

续表

Step 环节	Teaching/ Learning activity 教学活动	Purpose 设计意图
课堂观察及反思	在 Task 1 中，学生通过诵读和观察他们在图片导入环节中所造的句子，能很快地归纳总结出形容词的比较级和最高级的使用规则。 　　Task 2 环节既是对不同类型的形容词的比较级和最高级的构成的复习和加强，同时也是在为后面的综合输出环节提供比较全的各个方面所需要用到的形容词的复习和归纳。如比较身高、体重、性格、学习等方面都有哪些形容词可以用。 　　在 Task 3 中，教师向同学们展示了该班一个女同学的照片和信息，并就照片的内容进行提问，巧妙地引导学生使用教学目标中所罗列的比较级和最高级的 5 个基本句型来回答问题。至此，完成了本节课的目标语法知识的全部复习，为后面的目标知识的输出应用环节准备了丰富的词汇和句型。	
Step 3 Practising	Task 1. A challenging game: Students look at the pictures and try to make sentences with the given sentence patterns. Task 2. A guessing game: Discuss and describe one of your classmates by using the comparative and superlative sentence patterns. Make others guess who he/ she is. Task 3. A quiz: Complete a passage with the right form of the given adjectives.	1. To practice the key sentence patterns one by one. 2. To use all the key sentence patterns of comparative and superlative of adjectives in a short passage. 3. To check whether the Students have achieved the learning objectives.
课件呈现方式		

续表

Step 环节	Teaching/ Learning activity 教学活动	Purpose 设计意图
课堂观察及反思	Practising 环节是通过设置三个任务去驱动学生使用目标语法和词汇进行语言输出。三个任务，从简单地使用单个目标句型来造句过渡到使用五个目标句型来写短文。难度层层递进，又紧密相扣，每一个任务都在为下一个任务做准备。 Task 2. A guessing game 环节，每个小组选择一个同学，争取尽可能多地用上目标句型来描述，让其他同学猜猜他／她是谁。虽然任务难度不小，我甚至听到两个教师在讨论："感觉这个环节有点难，估计学生说不出来。"但是经过四人小组合作，学生表达出来的句子出乎意料地好。句子风趣幽默，且挑逗气氛很浓。课堂气氛达到了最高潮。最终由于时间关系，只邀请了四组同学展示，每个成员轮流说一至两句话。同学们表现踊跃，没有被邀请到的小组颇感遗憾。 Task 3. A quiz. 本节课的最后一个任务，终于将语法知识的运用回归到学业检测的书面形式。但是就算看似枯燥的语法练习里，里面也藏着彩蛋。这篇语法短文填空是笔者通过了解班级同学的情况后，对其中一位颇具个人特色的同学进行的描述。学生只有完成了填空后，才能继续 Task 2 的猜人游戏。同学们都想最早猜出这个"幸运儿"，练习做得可起劲呢！Task 2 环节的意犹未尽在这里得到了满足。 笔者认为整个 Step 3 在这节课中能够大放异彩，除了前面各个环节的层层铺垫，主要还是得益于趣味教学法的运用。教师通过展示记录了同学们日常学习生活的照片，设置了难度挑战游戏、猜人游戏等教学任务，成功地吸引了同学们的注意力，激发了同学们来挑战任务的兴趣，大大地提高了语法课堂的趣味性和学习效果。	
Step 4 Summary	Students make a summary of this lesson by answering the teacher's question.	To review what they have learnt in this lesson.
课堂观察及反思	通过一节课的学习、巩固，学生轻松地完成了课堂总结。虽然没有让学生在课堂上背诵过形容词的比较级和最高级的使用规则和常用句型，但是他们基本上都能总结出来。这恰恰印证了"兴趣就是最好的老师"的教学理念，践行了《义务教育英语课程标准（2022 年版）》中的"让学生在体验中学习，在实践中运用，在迁移中创新"的学习理念。	
Step 4 & Step 5 课件呈现方式		

续表

Step 环节	Teaching/ Learning activity 教学活动	Purpose 设计意图
Step 5 Homework	1. Complete the sentences with the right forms of the given adjectives. 2. Write a passage to describe one of your classmates with the comparative and superlative of adjectives.	To consolidate the comparative and superlative of adjectives.
课堂观察及反思	作业 1 是对课堂所学语法规则的巩固,作业 2 是对课堂内容的延伸。同学们在课堂上学习了如何使用形容词及其句型来描述各种人和事。在课后,当他们通过学习,模仿 A guessing game 和 A quiz 中的两篇小短文,最终写出一篇自己的小短文的时候,他们就学会了在迁移中创新。	
Blackboard Design	The comparative and superlative of adjectives 	Adj.	Comparative	Superlative	 	When to use	two	more than two	 	Forms	Comparative	Superlative	 	Short adj.	adj.+er	the + adj. +-est	 	Irregular adj.	more + adj.	the most + adj.	 	Long adj.	adj.+er	the + adj. +-est	 Sentence patterns 1. ... than ... 2. ... the ... of all 3. ...one of ... 4. 比+ and+比 5. The +比, the +比	
课堂观察及反思	在复习环节中,教师就把同学们归纳出来的形容词的比较级和最高级的使用规则和常用句型分别呈现在左右两侧的黑板上。这样的板书设计,既能帮助同学们梳理清楚本节课的知识重点,又能为后面的语法知识应用环节提供支架,给完成任务遇到困难的同学提供帮助。	

八、启示与建议

核心素养下教学倡导"让课堂充满生命活力,让学生成为学习主人"的理念。如何才能让课堂充满生命活力,让学生成为学习主人?笔者坚信"兴趣是最好的老师",学生只有对所学的知识感兴趣,才能有无穷的动力,才能充分调动他们的主动性和积极性,才能使他们真正成为学习的主人,使课堂充满创新的活力。

那么怎样才能激发学生的学习兴趣呢?教学有法,教无定法,贵在得法。笔者认为没有最好的教学法,只有最合适的教学法。恰当的教学方法必将激发学生学习的积极性,收到较好的教学效果。教师在教学中,只要是学生感兴趣的,价值观正确的教学形式或教学活动,都可以尝试使用,因为只有实践才能出真知。

笔者在自身的教学实践中发现:趣味教学法能很好地激发学生的兴趣。譬如在本教学案例中,笔者就在语法教学中运用了英语歌曲、精美图片、难度挑战游戏、猜人游戏等趣味教学法,为语法课堂增趣提效。将语法知识的学习与"玩"有机结合起来,最大程度地践行了《义务教育英语课程标准(2022 年版)》中的"让学生在体验中学习,在实践中运用,在迁移中创新"的学习理念。

拓展课在初中英语写作中的作用

——以 7B Unit 5 Water 为例

深圳市坪山实验学校　张婷婷

一、 案例背景

中学生尤其是低年级的初一阶段学生,因为语言基础较为薄弱,又刚刚接触话题写作,所以写作课往往是英语教学中的一个难题。虽然阅读课能给学生一些语言结构上的铺垫,但受限于教材以及课文内容,还是不利于学生积累写作素材以及打开写作思路。因此,在每一单元的阅读课前加上一节拓展课既能为学生提供一些写作时可以用得上的单词、句型,同时也可以让学生打开思路,知道写什么,而且一节精彩的拓展课还能引起学生学习本单元的兴趣。

二、案例主题

本单元的话题是学生们每天都要接触的水。水在我们的日常生活中扮演重要角色,与我们的生活息息相关。所以对于话题学生们比较熟悉。本单元的英语教学也都围绕水展开,读前部分给学生们介绍了一些关于水的小常识,还有图片辅助解释水在自然界的循环。对于这些,有些学生只知道一点,有的学生完全不知道。阅读部分是一滴水与一个女孩的对话,目的在于告诉大家水是如何到达千家万户的,同时提醒大家节约用水。

三、案例描述

1. 联系实际,精彩导入

作为每个单元的第一场开锣大戏,拓展课一定要吸引学生的眼球,他们感兴趣才会跟着教师的思路走下去。否则,这节课就会容易被学生当成一节"没用的课"。因为对于很多学生来说,与教材无关的课可听可不听。因此,要在导入这节课时花费一些心思。水作为我们生活中常见的元素有着不同的形态,这点可以作为引起学生注意、引发学生思考的一个契机,所以我们可以从实际出发来导入。

2. 规划思路,张弛有度

设计好导入后,就要在重点知识点的呈现上设计好思路。这一部分切忌杂乱无章。因为杂乱无章的呈现会让学生觉得无从抓起,最好为他们设计好一个方便联想记忆、想起一点就会产生连锁反应的思维路径,这里可以借助思维导图的形象化特征。比如关于水可以按照水从哪里来,到哪里去,中间经过怎么样的过程这样一条路线去讨论。

3. 思路明确，重点突出

围绕一个话题的拓展容易出现的失误就是容易拓展的面太宽，让学生觉得无从下手。所以，拓展要掌握好度。既不能不深入，也不能太深入，还不能偏离主题太远。在水这一单元，我们可以围绕教材读前、读中、读后的一些点进行拓展，这样让学生重视与教材相关的内容也会让他们所学的知识有复现的机会。

四、关于拓展课的几点说明

作为每个单元第一个课时的拓展课与写作课在时间上有一定差距，所以拓展课的作用需要到单元末写作课时才会发挥到最大。另外，一节好的拓展课要求教师对整个单元的知识有整体的把握，做到拓展适当，不能一条线讲到底，也不能太多条线同时展开，让学生抓不到重点。因此，教师在上课前要深入研究教材，了解每一部分的重点和目标，然后整合成一个恰当的、适用于写作的思路。这就要求教师要对教材的重点把握准确，并且有较强的信息整合与再现能力。

7B Unit 5 Water Extension Class

深圳市坪山实验学校　　张婷婷

一、教学目标

1. 知识目标：了解关于水的循环、水的用途以及水污染相关的词汇和常用句型。

2. 能力目标：能够用英语谈论与水相关的话题、清晰地表达自己的观点，能够列举至少两条保护水资源和节约用水的措施。

3. 情感态度目标：通过了解水循环、水的用途、水的污染等相关知识，认识水的宝贵与来之不易，增强节约用水的意识。

二、重点及难点

1. 重点：vocabulary on water pollution and water cycle;

We use water to.../ water can be used to.../we should (not) do...

2. 难点：think of ways to protect and save water.

突破：students work in groups to think of ways to protect and save water.

三、教学过程

Step 1. Lead in

A guessing game: the teacher gives the following clues one by one and students guess what the teacher is describing till they get the topic word. The teacher can prepare more than one riddle to increase the difficulty to get the right answer.

It has no colour or smell.

It has no taste or shape.

It is a kind of liquid.

It can be in different forms.

Step 2. Brainstorming (pair work)

What can we do with water?

Students work in pairs to draw a mind map to summarize the uses of water. Then ask students to report with the example sentence pattern: we use water to...

Step 3. How does water cycle itself in the natural world?

Students look at the following picture of water cycle and mark the places and verbs on the map.

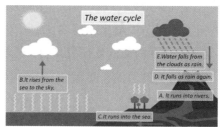

Step 4. Facts about water. Do you know ...?

You can live without water for only a few days.

When we exercise we need more water.

Water covers about two thirds of the Earth. But ocean water is not drinkable.

Only about 3 percent of the water on Earth is "fresh" or without salt.

Conclusion: water is important and valuable.

Step 5. Discussion (group work) How can we protect and save water?

T: Most water on Earth is not drinkable. And water is polluted in the water cycle process. There is much water pollution around us.

Students work in groups of four and discuss the ways to protect and save water then cooperate to draw a mind map to show the ways to protect and save water. After discussion ask one student in each group to report in front of the class.

Other students can give them stickers to vote for the best group.

Teacher summarize: ... Remember these when you talk or write about water.

七年级上册第三单元语法课名词单复数与 *there be* 句型

深圳市坪山实验学校　韩琼丽

Teaching contents	Grammar in Unit 3: A Countable and uncountable nouns B Using there is/are
Time	40 min
Teacher	Han Qiongli from Pingshan Experimental School
Students	Grade 7

Analysis of the teaching content

The grammar in Unit 3 is composed of two parts: countable and uncountable nouns and there be sentence. Students have just graduated from primary school. They have learnt that there are two kinds of nouns. They also know that countable nouns have singular form and plural form. But some of them are not sure about the rules on how to change singular form to plural form. They don't know how to describe the amount of uncountable nouns. They've also learnt there be sentence, but they may get puzzled about using is or are when the nouns followed are both singular form and plural form.

Analysis of the students

As students have encountered the grammar before, they have a basic but not comprehensive understanding. Therefore, in order to give them the whole picture, a student-oriented method should be adopted. Accordingly, contexts are provided for them to find out the rules themselves, and they are given chances to think, talk and summarize. By doing this, they will develop great interest in exploring this topic and have a better memory of the rules and sentence patterns.

Teaching Objectives

By the end of the class, students will be able to achieve the following goals:

Knowledge-based objectives:

1. Remember the rules to change singular form into plural form and know the expressions to describe the amount of uncountable nouns.

2. Remember the structure and usage of *there be*.

续表

Teaching Objectives

Ability-based objectives:

1.Be able to clarify countable nouns and uncountable nouns.

2.Be able to describe nouns in the right form in our daily life.

3.Be able to use there be sentence to tell differences and introduce houses.

Affective objective:

Be motivated to think on their own and explore grammatical rules through their own observation.

Teaching key points and difficult points

Key points:

1.The differences between countable nouns and uncountable nouns.

2.The differences of there is and there are.

Difficult points:

1.The expressions to describe the amount of uncountable nouns.

2.The rules to change countable nouns into uncountable nouns.

3.The usage of there is and there are when closely followed by either plural form or singular form.

Teaching methods & Teaching aids

Teaching methods:

Elicitation, task-based teaching, cooperative learning, multi-class interaction

Teaching aids:

PPT, Video, handout, boarding, multimedia equipment such as projectors and screens

Teaching procedures				
Teaching steps	Teacher's activities	Students' activities	Aims	Interaction
Step 1 Warming-up & Leading-in (5 min)	1.Tell students to recall what they've learnt from reading class.	1.Read or retell the article *Protecting The Earth* by themselves.	To review the text.	老师提醒学生或朗读、或复述第31页课文。
	2. Ask students to think and tell: What things are there on the Earth?	2.Think the question and list the things on the Earth.	To know that nouns can be divided into the countable and uncountable.	老师引导学生回顾思考文中提到了地球上有哪些物体。
	3. Ask students to clarify these things into countable and un-countable nouns.	3. Write down the countable and uncountable nouns in worksheet.		

续表

Teaching procedures				
Teaching steps	Teacher's activities	Students' activities	Aims	Interaction
Step 2 While-learning (30 min)	1.Show students a picture and ask them to think: What's in the delivery box?	1.Think about the question based on their daily life.	To arouse students' interest and activate students' background information.	老师提醒学生根据生活经验思考外卖箱里可能有什么，并引导学生用正确的英语表达出来，老师适时纠错。
	2.Lead students to describe the pictures.	2.students speak out these things with the teacher's help.	To help students learn these expressions and get ready for the next step.	
	3. Let students do pair work based on one of the four aspects.	3. students do pair work to guess the things inside the box.	To encourage students to think, talk, communicate and consolidate.	老师鼓励本班学生进行配对练习，就外卖箱里的东西进行问答，并于口头交流结束后在学案上填空，完善对不同数量物品的表达。
	4. Tell students to fill in the blanks in worksheet.	4. students get a deeper impression about the expressions of nouns in different quantities and amounts.		
	5.Help students summarize some changing rules from singular form to plural form, and get familiar with the expressions to describe the amount of uncountable nouns.	5.Think, summarize and memorize these rules.	To grasp these important rules.	老师提醒学生及时在学案上填写答案。
	6.Show students two pictures and ask them to find the differences.	6.students observe the pictures and try to find the differences as many as they can.	To arouse students' interest and lead in the second grammar.	老师让本班学生观察两幅图，找出不同之处，并用 there be 句型进行介绍。

231

续表

		Teaching procedures		
Teaching steps	Teacher's activities	Students' activities	Aims	Interaction
	7.Tell students to summarize the usages of *there is/are*.	7.Students think and summarize the usages of *there be* according to these sentences they just make when telling the differences.	To encourage Ss to think and summarize by themselves and motivate students' learning desire.	老师提醒学生及时在学案上填写答案。
Step 3 Practice (5 min)	Ask students to finish the exercises on their textbooks from Page 35 to Page 37.	Finish the exercises quickly and carefully.	To make full use of our textbook and consolidate what they've learnt in this class.	老师提醒学生回归课本，完成课本上的配套练习。
		Homework		

【必做】

1. Exercises on Page 36、37.

2.《知能・基础版》Page 22 I、II、III，Page 24 IV。

【选做】

Make a poster.

Take a photo of your bedroom and stick it.

Use there be sentence to describe your bedroom.

Look! This is my bedroom.

There is a bed in my room.

There are some books on the desk.

8B Unit 6 Pets Lesson1

——阅读语篇研读及教学设计"Head to Head"（2 课时）

深圳市罗湖外语初中学校　贾灵灵

本课主题属于"人与自然"范畴，涉及"与自然和谐共生"。

一、语篇研读

What：本单元以"宠物"为话题，以饲养宠物为主线。本课语篇由两篇议论文组成，两个少年 Emma 和 Matt 围绕话题"养宠物狗是个好主意吗？"分别展开论述，并列出论据印证论点。在观点的阐述中，Emma 主要谈论了养狗的好处，如宠物狗的可爱，人们可以通过养狗培养责任感以及宠物狗对人的忠诚和给人带来的愉悦。而 Matt 则提出了养狗存在的问题，如卫生问题、噪音问题、安全问题、空间问题以及费用问题。

How：本课的语篇内容是 Emma 和 Matt 两个少年关于话题"养宠物狗是个好主意吗？"的观点论述，体裁为议论文。作者通过两幅狗的插图、标题及左右两栏排版，巧妙暗示了关于养宠物狗正反两方观点的碰撞，点明文章主题。两篇文章就"Is it a good idea to keep pet dogs?"这一话题分别按照"引论、本论、结论"的结构，遵循 OREO Rule "陈述个人观点、列举原因、举例论证、重申观点"，论点明确、论据充分、论证有力，属于典型的议论文范例。从时态上看，两篇小短文均采用一般现在时。从语言来看，文中多次使用情态动词 can、need 阐述个人观点。此外，文章通过 first、second、according to、what's more、finally、so 等过渡性连接词的使用，使正反两方观点的逻辑性更强，表述层次清晰，脉络分明，易于学生理解文本内容。

Why：本阅读篇章由两篇议论短文组成，围绕"Is it a good idea to keep pet dogs?"分别展开论述，并列举论据印证论点，旨在让学生了解议论文的一般结构和写作方法。同时，通过学习 Emma、Matt 两个少年对饲养宠物狗所持的不同观点，培养学生思辨地看待事物的能力，正确看待饲养宠物的现象，同时学会尊重人与人之间的喜好和观点差异。

二、教学目标

通过本课的学习，学生能够：

1. 梳理养狗的优缺点，借助可视化图形"OREO"议论表格呈现议论文的一般结构和写作方法。（学习理解）

2. 通过朗读与对比分析，判断观点与事实的区别，运用事实论证观点。（应用实践）

3. 通过小组合作，运用所建构的知识，就饲养宠物发表自己的观点，反驳他人的观点。（迁移创新）

4. 学会尊重人与人之间的喜好和观点差异。

三、教学过程

课时目标	活动内容 （步骤及问题链）	活动目的 （设计意图）	活动层次	学习效果评价
1. 梳理养狗的优缺点，借助可视化图形"OREO"议论表格呈现议论文的一般结构和写作方法。	Activity 1 Activate: Brainstorm 1. 学生观看三部动物电影的海报，谈论动物和宠物的区别。 2. 通过头脑风暴活动，描述在卡通电影《爱宠大机密》中的宠物狗的特点以及自身对于养狗的看法。 Questions: ① What do you think about the dogs in the cartoon PETS? ② What about keeping pet dogs in life?	激活旧知，提升学生对于话题的兴趣，同时引出生词，厘清学生阅读文本的阅读障碍。	感知与注意	观察学生回答问题的表现，根据说出的具体单词，了解其关于描述饲养宠物的优劣势以及表达观点的词汇储备。
	Activity 2 Acquire: Predict and extract main idea 学生通过根据所给文章的大标题、图片、引言以及两个不同观点的小标题预测和提炼文章的主要内容，观点的所持方以及文章的体裁。	获取文章大意，明确篇章文体，培养预测能力，为阅读做准备。	获取与梳理	根据学生猜测的文章大意的合理程度，评价其利用图片及标题线索推断文章内容的能力。

续表

课时目标	活动内容 （步骤及问题链）	活动目的 （设计意图）	活动层次	学习效果评价
	Activity 3 Analyse: Read to learn 1. 学生通过略读根据设置的三个引导性问题以及连接词"First, Second, So"，获取并梳理 Emma 的观点、论据和结论。 Questions: ① What's Emma's opinion? ② How many reasons are there? ③ What's the conc-lusion?	帮助学生把握语篇的意义主线，有逻辑地梳理 Emma 和 Matt 的论点和论据，借助可视化图形，呈现结构化知识，体会思维与语言的关联。	概括与整合	从学生完成思维导图的情况（是否正确地找出观点、论据、原因和例子以及结论），评价其形成的关于"养宠物狗是个好主意吗？"的结构化知识。
	2. 学生获取、梳理、概括、整合议论表格梳理议论文的一般结构和写作方法，并且通过借助可视化图形"OREO"表格呈现。 Strategy 1: Use OREO structure to state opinion. 3. 学生借助"OREO"表格，通过扫读梳理 Matt 对于养狗的观点。			

续表

课时目标	活动内容 （步骤及问题链）	活动目的 （设计意图）	活动层次	学习效果评价
2. 通过朗读与对比分析，判断观点与事实的区别，运用事实论证观点。学会尊重人与人之间的喜好和观点差异。	Activity 4 Apply: Read to think 1. 学生朗读阅读文本，通过比对分析，判断议论文文本中事实与观点的区别。 Strategy 2: Use facts to support opinions. 2. 学生阅读更多关于养宠物狗的好处和坏处的观点，同桌两人讨论能用来论证这些观点的事实论据，在班级内分享。 3. 学生通过倾听他人及分享自己对于养宠物狗的态度，学会尊重人与人之间的喜好和观点差异。	学生通过跟读文本，进一步理解文本内容，内化语言为语言输出奠定基础。通过判断议论文文本中事实和观点的区别，学习如何让自己的论点更有说服力。	分析与判断；内化与运用	观察学生在判断事实和观点时分析是否准确，同桌之间交流的情况，根据学生在班级分享时对论据的表述，把握学生对重点语言技能的把握情况。
3. 通过小组合作，运用所建构的知识，就饲养宠物发表自己的观点，反驳他人的观点。	Activity 5 Apply: Read to de-bate 学生基于情境，小组分工合作以妈妈或以孩子的立场，通过辩论表达对养宠物的看法，并给出自己的评价。 	引导学生基于已有的知识结构，通过自主、合作、探究的学习方式，以辩论的形式，大胆发表自己对饲养宠物的看法，并反驳他人观点。在语境中，综合运用语言技能，实现迁移创新，进行多元思维，提高自身的思辨能力，加深对主题意义的理解。	想象与创造	观察小组讨论和小组展示中学生能否准确地使用议论的结构和表达方式，用事实论证，增强自己的说服力，语言表达是否存在语法错误，声音是否清晰洪亮。

续表

课时目标	活动内容 （步骤及问题链）	活动目的 （设计意图）	活动层次	学习效果评价
课后自评 表格：				
课后作业：	作业示例			

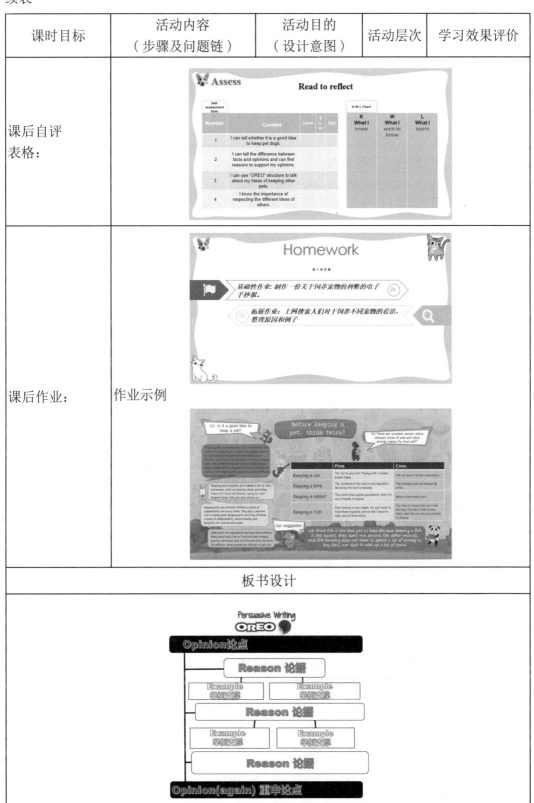

板书设计

Ancient stories 教学设计

深圳市坪山实验学校　赵佳伟

Lesson Type	Reading & Speaking
Text title	8A U6 English *B Jingwei fills up the sea*
The Analysis of Teaching Material	The material is about a Chinese myth of the bird Jingwei. It introduces the story of Jingwei and gives possible reasons why Jingwei fills up the sea. The passage is developed in time order. It aims to let students learn the spirits of Jingwei and feel the charm of Chinese traditional culture.
The Analysis of Students	Students in Grade 8 have learned about some ancient stories. They have already known how to retell a story. However, passages in English B may be a little difficult for them because of their limited vocabulary.
Teaching Objcctives	By the end of the lesson, students will be able to: 1. understand the details about the myth *Jingwei fills up the sea*; 2. retell the myth *Jingwei fills up the sea* according to the pictures and key words; 3. infer the spirits of Jingwei and deepen the understanding of Chinese traditional culture.
Important & Difficult points	1. Understand the myth Jingwei fills up the sea and retell it. 2. Infer the spirits of Jingwei and think about the realistic significance of the myth.
Language points	1. Words: fantastic, violent, drown, regularly, praise, will, unchangeable 2. Phrase: keep sb. from doing sth.
Teaching Aids	1. CAI 2. a picture book
Teaching Procedure	

Step	Teaching/ Learning activity	Purpose
Step 1 Pre-reading	1. Leading in: Students watch a short video about The Classic of Mountains and Seas. 2. Guessing game: Students name Chinese classic myths according to the pictures. 3. Free talk: Students choose one of their favourite myth and tell the reasons.	1. To arouse students' interest. 2. To help students have a basic understanding of the background knowledge of *Jingwei fills up the sea*.

续表

Step	Teaching/ Learning activity	Purpose
Step 2 While-reading	1. Put in order: Students work in pairs and put the pages in order. 2. Guess the words: Students guess the meaning of some key words. 1) fantastic: A. extremely good B. unreal and imaginary 2) violent: A. very strong and fast 　B. likely to hurt or kill sb. 3) drown: A. die in water because you cannot breathe air 　B. make sth. very wet 4) will: A. be going to 　B. a strong wish to do sth. 3. Fill in the chart: Students read Pages 2-6 carefully and fill in the chart. **Who** / **When** / **What happened** — Nüwa goes to _____ to _____. When she goes further away from the shore, the water becomes _____. Nüwa asks for help, but nobody is there to _____. At last, she _____. 4. Answer questions: Students read Pages 7-10 carefully and answer the following questions: Q1: What does Jingwei look like? Q2: How does Jingwei get its name? Q3: What is Jingwei's strange habit? Q4: Why does Jingwei try to fill up the sea?	1. To let students have a basic understanding of the plots by themselves. 2. To help students learn the meaning of the new words in the context and have a better understanding of the myth. 3. To lead students to extract the basic information of the myth. 4. To lead students to understand the basic information of the myth further.
Step 3 Post-reading	1. Ask and answer: Students work in pairs. One asks wh-questions according to the picture book and the other answers without the book. 2. Retell: Students retell the myth according to the pictures and key words and then share it with their classmates. 3. Discussion: Students work in groups and choose one of the following questions to discuss.	1. To consolidate the details of the myth and make preparations for next part. 2. To lead students to consolidate and integrate what they have learned in this class and practise the skill of retelling.

239

续表

Step	Teaching/ Learning activity	Purpose
Step 3 Post-reading	Q1: What do you think of Jingwei? And why? (3 points) Q2: If you have a chance to talk to Jingwei, what will you say?(4 points) Q3: Why do we learn *Jingwei fills up the sea* nowadays?(5 points)	3. 1) To help students understand Jingwei's spirits and the realistic significance of *Jingwei fills up the sea* more deeply; 2) To provide chances for students at different levels of proficiency to share their ideas.
Step 4 Home-work	1. Write down the main plot of *Jingwei fills up the sea* within 100 words. 2. (Optional:10 points) Write down one more Chinese myth that you are the most interested in within 100 words.	1. To consolidate what students have learned today further. 2. To broaden the content of the topic of myth.
Black-board Design	Unit 6 Ancient stories the Yan Emperor Nüwa one day Who When Jingwei fills up the sea What happened Why go to… go further… become… drown… look like… get its name… carry… fill up… keep…from… punish	

"以读促写"教学模式下的英语阅读课例研究

——以《英语》深圳牛津版七年级下册 Unit 2 Reading 板块为例

深圳市坪山区新合实验学校　黄嘉莹

【摘要】"以读促写"是语言学习中输入任务阅读与输出任务写作的结合，在初中英语教学实践中，课型不再是单一的听说读写，而是相互结合。在教学过程中，我们都不应该轻视阅读与写作之间的关系。面对学生阅读能力较强、写作能力较弱的现状，教师应当借助阅读提高学生的写作能力，消除其畏难情绪，从而促进英语学科核心素养的提高。本文以《英语》(深圳牛津版)七年级下册 Unit 2 Travel around the World 当中的主阅读文章 "France is calling" 为例，通过教学实例来分析"以读促写"在初中英语阅读写作课堂当中的实践。

【关键词】课例研究；英语阅读；以读促写

随着《义务教育英语课程标准(2022年版)》的颁布和我国义务教育阶段英语教学改革的推进，英语教学理念在原有的基础上进行了改进和创新，更为强调英语作为一门语言所具备的工具性和人文性。作为一门基础学科，新课标更注重学生学习英语的体验、实践、迁移、创新，倡导单元学习的主题性，引导学生学思结合。在英语能力的四个环节——听、说、读、写中，阅读和写作是重要的两项内容。阅读培养学生的文化意识，锻炼学生的思维品质和学习能力，写作既需要学生的语言输出能力，又能锻炼学生表达思维的能力。以读促写，利用阅读带动写作，两大技能相辅相成，互相促进，能够优化课堂教学，提高英语教学效率。

一、教学设计

1. 教学内容设计

教学内容选定为《英语》(深圳牛津版)七年级下册 Unit 2 Reading 板块的课文"France is calling"，是因为考虑到单元主题为 "Travelling around the world(走遍世界)"，以国家、城市及景点介绍为主线，是学生比较感兴趣的问题。英语阅读语篇中本就包含了大量的文化信息，涵盖古今中外多样内容。本单元阅读是一篇介绍法国旅游资源的杂志文章，以法国为主题，重点介绍法国的地理位置、首都城市、酿酒业和旅游业的概况，能够极大拓宽学生眼界，提高学生的世界文化意识，激发学生了解世界各国的旅游信息，培养对异国文化的兴趣，培养学生的全球视野。

本课文章主要简要介绍了法国首都巴黎的埃菲尔铁塔、香榭丽舍大街、卢浮宫；法国中部的葡萄园及红酒，和法国南部的夏季海洋及冬季雪山。以本篇文章为框架基础，模仿原文的写作模式，从而实现以读促写，鼓励学生拓展阅读，在阅读时学习写作。

本堂课的内容初步设计为任务型阅读及写作模式，即给出学生任务（写一份深圳的旅游指南），围绕任务完成阅读，模仿文本结构和语言表达，最后实现学生写作输出。

2. 教学目标设定

本节课的教学目标设定如下：

(1) 知识目标：通过阅读"France is calling"，学生能够认读和理解文章出现的单词、词组，认识法国地名，如 the Eiffel Tower、the Champs-Elysees、the Louvre Museum 等。

(2) 能力目标：通过阅读"France is calling"，学生能够知道如何介绍国家特色，内容需介绍法国的地理位置、首都城市、中部特色产业、南部特色产业；文章结构为：总—分—总，并根据地区不同进行主体部分分段。

(3) 情感态度：通过阅读"France is calling"，学生能够熟悉法国地理位置、首都城市、酿酒业和旅游业的概况，对法国的风土人情有基本了解，有一定的全球视野。

本节课是该单元阅读课的第一课时，学生在进行文化知识铺垫后，逐步了解文章内容及框架结构，通过选取适当的原文词汇、短语、句型，模仿文章介绍国家的框架，结合拓展材料中语法填空中的其他词汇、短语拓展，为学生后续的输出做足准备。

3. 教学思路设计

笔者首先以班级学生录制的法国文化介绍视频为导入，将本节课话题与学生已知内容进行关联。通过观看视频，学生对预设的简单问题进行回答，如"Do you know some places of interest in France?"。

由于本篇文章分段明确，每段所描述的法国部分各不相同。主体部分第一段落为法国首都巴黎的简要介绍，第二段落为法国中部的特色产业——葡萄酒，第三段落为法国南部的特色产业——旅游业。本课将分部分进行讲解介绍，在阅读完主体第一段落课文后，学生完成表格，完成段落整体信息的梳理。完成主体第二段落阅读后，学生与同桌之间进行合作，并以小组为单位，进行小组竞赛，以确认学生是否捕捉到段落中的单词、词组信息，以训练学生对于阅读文章细节信息的捕捉能力。完成主体第三段落阅读后，第二次进行小组记忆，进行小组竞赛，以确认学生是否能够用句子复述文章信息。

读后任务设定为完成一篇课文总结的语法填空，并根据此篇课文总结完成思维导图；借助创作的思维导图，及课文讲解时出现过的 ppt 图片，对课文进行分段落复述，通过活动"Imagine you were the travel guide, how will you introduce France to your group？"鼓励学生将输入的文化信息进行输出。

课堂最后升华主题，引出"The World is a book. Those who don't travel, read only one page of it."。希望学生在本课之后，不仅知道读万卷书的重要性，还能明白行万里路的重要性。

二、教学过程

1. 导入话题，关联已知

让学生通过班级同学的展示，了解法国的基本信息，为后续的阅读学习做准备。同时，班级同学的展示，能使学生降低对于英语学习的恐惧，逐渐适应将英语日常化。然后抛出问题 "Do you know the name of the capital of France?" 将课堂当中即将要接触到的法国文化与学生基础知识相结合，吸引学生紧跟教师讲授步伐，准备进行阅读任务。

在课堂当中，这段视频起了很好的导入作用，同时激发了学生对于法国文化的兴趣，又为后面的阅读、写作任务预设了地理位置背景。这一部分也成功为学生铺垫好写作任务将会用到的方位词汇，如 north、south、west、east、northern、southern、western、eastern。

2. 详解语篇，从语言到框架

这个环节是介绍语篇内容。课中，笔者给学生详解课文每部分的语言内容和语言要点，最后通过一篇语法填空总结检测学生对于本篇文章的语言要点掌握情况。并且，笔者在课堂中通过归纳总结，引导学生形成文章框架意识，并能借助框架和图片提示对全文进行复述。

3. 回顾文本，模仿语篇

这一环节基于上一部分完成新授课。首先通过文章概述进行语法填空，其次通过思维导图帮助学生进一步熟悉语篇结构，然后通过类比迁移，帮助学生构建介绍深圳的基本结构。

这一环节主要是帮助学生掌握文章的主要结构和大意。通过文章语言和框架的讲解，学生掌握了文本中的语篇要素和基本结构，利于为最后的语言输出和写作输出搭建基本框架。利用语法填空，能提醒学生在写作过程中需要注意的语法要点、词语搭配、时态人称等。利用思维导图，能使学生对文章有进一步的理解，有助于学生理清语篇结构和文章脉络，构建自己的写作体系。

4. 口语输出到书面输出

在分部分复述后，笔者给学生们布置了口语任务，通过例句展示和思维导图，引导学生回答 where to go, what to do there, when to go, how to go 等问题，与现实旅游相联系，提及出发时间、出行方式和旅游能做的事情，输出同一话题下的其他内容。

书面输出时，笔者先组织小组活动，通过 "France is calling" 引申构成 "Welcome to Shenzhen" 的文章结构。

5. 细读课文，模仿语段

以课文主体部分为例，课文中有很好的范句能够利用学习，如：This is the place to go if you want to visit some shops and department stores.

然后，让学生根据这个句子的结构，This is the place to go if _____，构建在深圳游览胜地能做的事情，其中有一位学生写出了以下的句子：

This is the place to go if you want to enjoy the sunshine and fresh seafood.

然后以此为例，让学生记录收集一些能够用在这篇文章当中的句子，总体来看，学生们收集了以下句子：

1) This is the place to go if you want to visit some shops and department stores.

2) The south of France lies on the coast, and it is famous for its wonderful beaches.

3) A French town by the sea is the perfect place for a summer holiday, but if you prefer to visit France in winter, you can try skiing on the mountains in the French Alps.

接下来，恰当地设计填空任务，帮助学生构建描述城市旅行胜地的表达：

1) This is the place to go if_____.

2) _____ lies on the coast, and it is famous for_____.

3) _____ is the perfect place for _____(some time), but if you prefer to _____, you can_____.

6. 写作输出，佳作展示

学生用约10分钟时间在作文纸上誊写文章的主体内容，完成两个景点描述，每个景点两个句子，一个句子介绍方位，一个句子介绍活动内容，并当堂进行展示。在此之前，笔者在导学案上及课间展示评判优秀写作的基本标准，让学生在写作过程当中注意，在学生写作期间，教师巡视课堂，关注学生的写作情况，同时做出必要提醒或鼓励示意，帮助学生有信心地完成写作任务。

此后，学生作品进行公开展示和互动点评，通过优秀写作的基本标准评判，学生能够对他人的写作进行点评打分，能更熟悉写作评分标准。

三、教学反思

1. 立足教材

教师在教学设计上应该立足教材文本，又不仅仅局限于教材本身。关于旅游话题，我们应当适当拓展思路，给学生提供一定的语言句子结构，让学生在写作过程当中能够进行选择。此外，我们给学生的选择也不宜过多，一个景点两句话就已足够，限定选择有助于学生梳理、记忆，不予以学生眼花缭乱的语言范例，能够让学生扎实学好语言输出辅助框架。

本堂课立足教材，深度研读教材，但缺乏了拓展部分，我们可以合理优化教学过程，融入更多新元素到课堂当中，课堂活动应当更为精简。

2. 以生为本

在这堂课的好句收集整理环节中，笔者首先以课文当中的一句话为例，再让学生进行收集，并进行模仿造句。在这一部分中，学生造句多样化，体现了自己的特色所在。小组活动中，学生发言踊跃，乐于参与深圳景点的推荐，这也得益于深圳地铁十六号线的开通，学生对于深圳其他地区有了更多的认识。

3. 环环相扣

从阅读到复述、口语输出、思维导图、写作，课堂活动环环相扣，从课文框架到任务框架，从模仿到应用，每个环节都在为下一活动的顺利展开做准备，学生也由浅入深，积极主动完成阅读任务，探索文章框架，积极思考，实现语言输入和知识迁移及语言输出，最终完成写作任务。

四、结语

写作能力与阅读能力不一定同步提高，阅读理解能力强，写作能力不一定强，但写作能力强，阅读理解大概率问题不大。我国学生通常阅读能力突出，然而写作能力捉襟见肘。"以读促写"能够帮助学生将阅读与写作相结合，引导学生将阅读能力的训练与提高迁移到写作能力上，对学生写作能力的提高有很大的促进作用。同时，"以读促写"过程中，学生有了已有知识的铺垫和阅读理解能力带来的信心，更愿意参与到课堂当中，师生互动更加频繁，同时也增进了师生之间的感情。

附：教学设计

Teaching design: Reading (period 1)

Objectives	After this lesson, students are expected to: 1. Learn new words and expressions 2. Analyze the structure of the article "France is calling" 3. Retell the article 4. Introduce France to others as tour guides 5. Know more about the places of interest in France and gain interest to explore the world.
Key points	1. Analyze the structure 2. Retell the article 3. Introduce France as tour guides
Difficult points	Retell the article Introduce France as tour guide
Teaching method	Individual learning, pair sharing, group work, seewo games
Teaching materials	The Powerpoint, a video, Seewo games, a task sheet

Teaching procedures			
Time	Teacher's activity	Students' activity	Learning Purpose
Step1:1 minutes Warming-up: greeting + brain-storming	Say hello Ask students: Do you know where is France Ask students: Do you know the name of the capital of France	Greeting Think about the questions	The beginning of the class

续表

Teaching procedures			
Time	Teacher's activity	Students' activity	Learning Purpose
Step2:4 minutes Pre-reading	1. Play the video 2. Ask students "Where is France" 3. Introduce France on the map of Europe	1. Watch the video 2. Answer the questions: (1) After watching the video, what do you know about France? 	1. Have some basic information on places of interest in Paris with a video made by their classmates 2. Connect the lesson with students' prior knowledge about the France
Step3:15 minutes While-reading	1. Ask students where France is, and introduce the four directions 2. Lead students to read paragraph 1 together and introduce it as the introduction of the article 3. Lead students to guess the answer of the table 4. Lead students to read paragraph 2 individually and discuss with their desk mates 5. Ask students to complete the table, and compare it with their former guessing 6. Help students understand the paragraph 3 with pictures 7. Play the seewo game 1 8. Help students to understand the paragraph 4 with pictures 9. Play the seewo game 2 10. Ask students what they will say to invite others to France 11. Lead students to read aloud paragraph 6 12. Count the time for each step	1. Make two sentences about the two directions 2. Read paragraph 1 3. Guess the answer of the table 4. Read paragraph 2 individually and complete the table, discuss with desk mates 5. Read paragraph 3 6. Play the seewo game 1 7. Read paragraph 4 and play seewo game 2 8. Discuss: what they will say to invite others to France 9. Read aloud paragraph 5 	1. Students understand the new words and expressions in this article 1. Ss know some places of interest in France 2. Students cut the article into three parts 3. Students learn to study English individually, in pairs and in groups 4. Contest will arouse students' interest in learning English

续表

Teaching procedures			
Time	Teacher's activity	Students' activity	Learning Purpose
Step4:5 minutes post-reading: activity 1: structure analyzing	1. Count the time 2. Help students finish the summary of the article 3. Lead students to understand the structure of the article	1. Complete the task: fill in the blank and complete the summary 2. Finish the mind-map of the article in group 	1. With the hints, students are able to understand the structure of the article(short introduction-the capital-the centre-the south-invitation) 2. Cultivate students' ability to cooperate with others
Step5:2 minutes Post-reading activity 2: Retell	1. Ask students which part of France is their favorite one and give reasons 2. Let students retell the three parts of France part by part 3. Let students work in groups and have a roleplay	1. Answer the question: Which part of France do you like best? Why? 2. Retelling: Retell the body part of the article 	1. Practise students' oral English 2. Check students' understanding of the article 3. Create the situation that students have chance to apply what they learn in this class 4. Cultivate students' ability to cooperate with others

续表

Teaching procedures			
Time	Teacher's activity	Students' activity	Learning Purpose
Step5:2 minutes Post-reading activity 2: Retell		3. Speak-up: Imagine if you were the travel guide, you are going to introduce France to your group, please have a role play in groups	
Step6:1 minutes Inspiration	Show some pictures and tell students "The World is a book. Those who don't travel, read only one page of it"	1. Review the photos we have seen in this class 2. Read it aloud	1. Have a quick revision 2. Give students inspiration to explore the world
Step7:1 minutes Homework Design	Try to introduce Shenzhen to a foreigner	Help:	Consolidate what they've learned in the class

续表

Teaching procedures			
Time	Teacher's activity	Students' activity	Learning Purpose
Step8:2 minutes Assessment	Guide students to assess themselves whether they've achieved the learning objectives which we set at the very beginning of the class	Self-assess themselves about the learning objectives set before. 	Students can judge themselves by following the objectives that were set at the very beginning of the class

项目化学习设计理念指导下的初中英语语法情境教学
——以 8B U8 Grammar: The Past Continuous Tense 为例

深圳市坪山实验学校　黄美雅

【摘要】现今全球化趋势日益加强，科技变化日新月异，21世纪教育的重点，应当是培养学生立足于世界所需要的深入学习的素养和能力，即在核心的学术内容之上，帮助学生建立批判性思维的能力、合作沟通的能力、分析及创造性地解决问题的能力，而项目化学习则是一种能够有效地培养这些学习素养和能力的教学策略。在以往的英语语法学习中，常规的学习模式往往是教师为主导陈述、分析语法规则，学生死记硬背语法规则、机械操练，学生缺乏学习兴趣和热情，对于语法规律和运用一知半解，而项目化学习能够激发学生的学习兴趣和动力，给学生设立大的教学情境，激发学生的"代入感"，引导学生在具体真实的语用环境中去思考、在沟通中准确表达自己的观点、促进问题的解决，同时在用中学，熟练掌握语法知识。
【关键词】项目化学习设计理念；初中英语语法；情境教学

英语语法可谓是英语这门语言的主心骨，是支架，因此语法教学对于学生学习英语的重要作用不言而喻。在传统的英语语法课堂中，教师充当着"独角兽"的角色，教师一言堂陈述、分析语法规则，学生则忙于记笔记，以记忆数学公式的方式来记忆语法规则并套用，缺乏具体的使用语境，学习效果自然是不够理想的。笔者将以项目化学习设计理念为指导，结合沪教牛津英语 8B U8 Grammar: The Past Continuous Tense 的教学设计，阐述初中英语语法情境教学的运用及有效性。

I. Learning Objectives

1. Learn about the past continuous tense.

2. Learn how to use the past continuous tense through a detective game.

3. Learn how to use "while" to talk about two continuing actions in the past through a detective game.

II. Teaching Procedure

Step 1. Warming-up

1. How do you feel today?

2. What were you doing at 7/9:20/10:30 last night?

What was Mia doing last night? [at 6:30 pm./7:30 pm./9:30pm./11:00 pm.]

—>Before Mia went to bed, Mia was reading her favorite book about Sherlock. Sherlock is a famous detective and one of his friends was asking him for help.

导入环节，笔者意图在于带领学生在微语境中初步感知过去进行时的用法，即表示在过去的某一时刻正在进行的动作，并由学生前一晚上的活动迁移到笔者昨晚的活动——看书，由此引入本节课的语境背景，即侦探夏洛克帮助他的富翁朋友破案的全过程，从微语境过渡到过去进行时用法的全面语境。

Step 2: Presentation—a Detective Game

1. Background of the story:

At 9 o'clock this morning, Sherlock was chatting with his friend, Bill, a rich man. Bill was asking Sherlock for help! Bill said, "My diamond ring was stolen last night. I hope you can help me find out the thief."

2. Here are the dialogues between Sherlock and Bill:

S: When was your last time to see your ring?

B: At about 8 o'clock. It was missed between 8 and 9 o'clock.

S: What were you doing at 8?

B : I was listening to soft music in my room. I am pretty sure that the ring was on my desk then.

S: Can you give me more detailed information?

B : Yes. At about 8:20, I was taking a bath in my bathroom.

S: How about later?

B : Emmm, I picked up a phone from my old friend Jack. I was chatting with him between 8:30 and 8:40 in my garden.

S: So...what were you doing at 9?

B : I went back to my room at 8:50. At 9 o'clock, I was listening to my guard's daily report.

S: Who were also in the house?

B: My housekeeper and my guard. They were working during that period.

从对话中，学生能够有角色的代入感，从而激发学生学习过去进行时的兴趣。Who stole the diamond ring? The housekeeper or the guard? 这是一个开放性的问题，极大地激发了学生学习过去进行时这一语态的兴趣，并自然而然地代入 Sherlock 这一大侦探的角色，在"破案"过程中需要找到信息、提出观点、分析推理、给出证据，在情境中学会解决问题，这是项目化学习设计的六个维度中核心知识和驱动性问题的充分体现。

What was Bill doing at 8:00/ 8:20/8:30/9:00 ?

针对两人的对话，引导学生口头表述 Bill 在不同时间节点的行为动作，加强对过去进行时的运用。

3. Sherlock was talking to the guard:

What were you doing at 8:00/ 8:20/8:30/9:00 ?

Students play the role of Guard and answer the questions with the past continuous tense.

此环节笔者意图在于引导学生在语境中巩固过去进行时的用法，作为侦探，也进一步推动案情发展，向嫌疑人 Guard 了解更多细节：

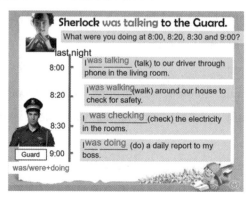

4. Sherlock was talking to the housekeeper:

What were you doing at 8:00/ 8:20/8:30/9:00 ?

Students play the role of Housekeeper and answer the questions with the past continuous tense.

此环节笔者意图在于引导学生在语境中采用两人组对话的形式，巩固过去进行时的用法，看图用过去进行时造句，作为侦探，也进一步推动案情发展，向嫌疑人 Housekeeper 了解更多细节：

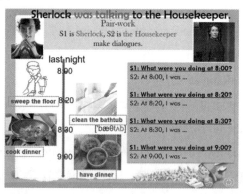

5. Use "while" to connect two sentence happening at the same time:

What were the Guard and Housekeeper doing at 8:00/ 8:20/8:30/9:00 ?

Eg. At 8:00, the Guard was talking to a driver. At the same time, the Housekeeper was sweeping the floor.

—> At 8:00, while the Guard was talking to a driver, the Housekeeper was sweeping the floor.

此环节意图为引导学生用 while 去描述过去进行时态中同时发生的两个动作，加强口头操练。

6. Recall and compare what Bill, Guard and Housekeeper were doing at different time points.

Try to use "while" to connect Bill and the Guard.

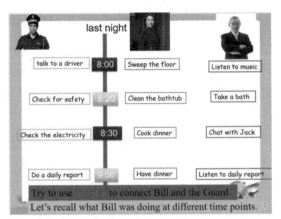

7. Group-work: work in groups, discuss who was the thief and tell the reasons.

In our opinions, …was the thief, because…

Step 3: Make a report: who was the thief and why?

Suppose you were Sherlock, work in groups and finish the detective story together. Then share it together.

```
Hello, everyone, I'm Sherlock.
This morning, My friend Bill called me, and he asked me for help
because_____from 8:00 to 9:00 last night.
_____ were working during that period. After I
asked all of them, I found the facts:
 At 8:00, while the Guard was_____, the Housekeeper
was_____and Bill was_____
 At 8:20, while_____

At 8:30, while_____

At 9:00, while_____

However, I think_____was telling a lie because

so I think_____was the thief!
```

课堂最后，学生以小组为单位完成侦探 Sherlock 的调查报告，过程中学生回顾"案情"细节，对比、分析不同时间节点 Bill 和两个嫌疑人的活动，从而思考、判断小偷是谁，既完成了破案任务，又于无形中学会了思考、分析问题、得出结论，同时熟练掌握了过去进行时的概念、用法及用 while 引导过去进行时的句子来比较同一时间的不同动作行为。

Step 4: Homework

Finish your time line of last Sunday, compare it with your partner, then write a report about the comparison about what you two were doing at different time points.

案例总结：

传统课堂中教授学生过去进行时的常规流程是，教授过去进行时的用法，结构是"was/were + doing"，再辅以大量的中译英练习、选择题或根据所给词填空练习等，从而让学生掌握过去进行时这一重要时态。得益于项目化学习设计理念的指导，本节语法课大胆创新，借助于 Sherlock 这一名侦探的名气，创设故事情境，学生代入"侦探"身份，在"破案"的过程中，不断巩固、深化过去进行时的基本用法及 while 的使用，尽管课堂的内容容量较小，但极大地激发了学生的学习兴趣，学生热衷于破案，在这个过程中会主动思考、分析、合作沟通以判断谁是小偷，同时破案过程中不断引导学生用过去进行时进行口头输出及表达，提升了学生的口头表达能力及自信心。项目化学习实现了从学习者的角度去分析和研究教学，用融会贯通的方式去整合学习资源，学生在真实的问题解决中学会使用知识和创造。同时，项目化学习倡导由问题驱动，用高阶学习带动低阶学习，引导学生合作解决大问题：实验、设计、行动。让学生在富有挑战性的情境中，不断洞察，有创造力地思考，增强学生的协作能力，从而增强社会性。国内外更多的实验和研究表明，项目化学习设计理念对于英语教学有着非常有益的促进作用，尤其是英语词汇和语法，本节语法课只是一次新的尝试，实操效果可观，在日后的教育教学中，希望项目化学习设计理念能够带给英语教学更多的裨益和帮助。

沪教版牛津英语教材七年级下册 Module 1

Unit 2 France is calling

——教学课例设计

深圳市坪山区第二外国语学校　朱思婕

单元主题：Travelling around the world

该主题属于"人与社会"和"人与自然"范畴,中心话题是环球旅行,着重介绍法国之旅,内容涉及历史、社会与文化主题群中的文化习俗与文化景观，也谈及自然生态主题群中的地理位置和自然景观。

一、单元内容分析

该单元的主要内容包括两篇说明文体裁的旅游指南语篇、听力板块、语法板块、语音与会话板块、写作板块、文化角板块和课题项目板块。

该单元的主阅读篇章为旅游杂志上的一篇配图说明文，题材为法国旅游指南，主要介绍了法国的地理位置、首都、文化景观、特产、旅游活动、自然景观等。补充阅读篇章为一篇说明文，简要介绍意大利著名景点比萨斜塔的地理位置、特点、建造过程、倾斜情况、维护翻修的努力和其未来展望。听力板块以埃菲尔铁塔的一则广播介绍为材料，主要包括埃菲尔铁塔的一些事实信息和趣闻轶事。语法板块主要聚焦于专有名词和 and、but、so 三个连词两大部分的语法知识。语音与会话板块主要关注三组音标的发音和拼读规则，会话部分则以假期旅行计划为话题。写作板块要求学生了解、掌握并练习明信片的结构、书写格式和主要内容，并完成一张给朋友的明信片，介绍自己的度假情况。文化角板块是一篇配图说明小短文，介绍了一种流行的旅游方式——背包旅游。课题项目板块要求学生以小组合作的形式选择一座世界知名城市，并搜集其基本信息和旅游资源，以课堂展示的形式对这座城市进行口头介绍，综合运用本单元所学习的语言知识和文化知识完成汇报（见图1）。

本单元的核心语言主要围绕世界旅游资源展开，以国家、城市及景点介绍为主线，涉及对地理位置、国家首都、名胜古迹、旅游活动、地方特产及自然风光等方面的描述。体现单元核心素养综合表现的重点语言表达如下（含已学和新学语言）：

【法国旅游景点及特色】

France; French; the Champs-Elysees; the Louvre Museum; the Eiffel Tower; department store; vineyard; excellent French wine; the south of France; wonderful beach; on the coast; by

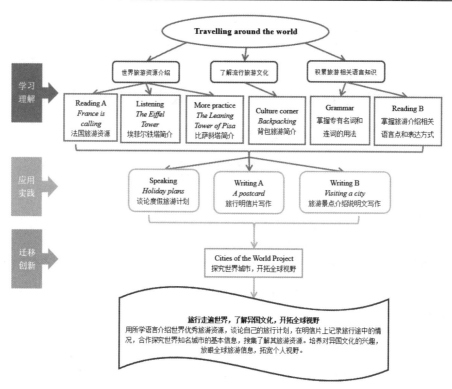

图1 **Travelling around the world** 单元主题内容框架图

the sea; ski; the French Alps; the tallest tower in Paris; take the lift;

France is in Western Europe; The south of France lies on the coast.

【介绍旅游胜地】

beautiful place; capital; place of interest; delicious food; go shopping; go sightseeing; Fifth Avenue; Downing Street; the White House; Big Ben; the Palace Museum; the Great Wall; the Summer Palace; Wangfujing street; Thailand; The Leaning Tower of Pisa; bell tower;

...plan to visit...; ...hope to visit...

...is/lies in/on...

Here you will find...; There are...; ... is very famous for ...

You can visit/see/eat/buy... if you ...; if you prefer to ..., you can ...; The most famous...in...is...; ...is one of the most... ...in...; ... is the perfect place for...

...is not only beautiful, but also strange...; ...has something for everyone, so why not...?

【描述城市基本信息】

...is in the ... of...

... covers an area of...

Its population reaches...

二、学情分析

七年级的学生对于旅游话题比较熟悉也比较感兴趣，日常生活中很可能有过旅游的经历，并且在七年级上册的教材中已经学过 Travelling around Asia 的单元知识，对旅游指南以及上海、香港等城市有了一定了解，对于景点特色和活动介绍的语言表达也有一定的积累。基于此，本单元的教学设计包含了很多口头表达和书面输出的内容，这对学生来说是能够达成的目标。

但是，由于全球疫情和部分家庭情况的限制，极大多数学生是没有出过国甚至没有出过境的，所以他们对于外国文化景观和旅游景点了解甚少，在文化知识以及语言内容积累上存在不足。因此，本单元的主题意义的重点就是让学生通过课堂学习以及自己的合作探究去了解世界旅游文化，打开全球视野。

三、单元课时分配及课时教学目标

课时内容	课时分配	单元课时教学目标 本单元学习后，学生能够——
Reading A	1	1. 口头介绍法国的基本信息、自然风光、旅游景点、特产、当地热门的旅游活动等。 2. 在思维导图的帮助下掌握制订旅游计划的结构和关键点，并用相关表达介绍自己的旅游计划。 3. 对旅游以及外国文化产生兴趣。
Reading B	1	掌握介绍旅游胜地的词汇及句型，包括一些专有名词，并在日常生活中运用这些表达谈论或介绍常见的旅游胜地。
Listening & Speaking	1	1. 在听材料前阅读笔记内容，对要填写的信息进行预测，听的过程中重点关注。 2. 了解埃菲尔铁塔的基本信息和趣闻轶事并以简单的表达向身边的人介绍埃菲尔铁塔。 3. 结合并运用前置课时学习的表达，谈论自己的假期计划，在口头表达的过程中有意识地注意音标的准确发音。
Grammar A&B	1	1. 识别并掌握日常生活中常见的专有名词的书写规则，比如人名、地名（包括常见的旅游景点）、组织、星期、月份、节日等的英文名称。 2. 在日常谈论或书写自己的经历或计划时合理运用 and、but 和 so 这三种连词。
More Practice& Culture corner	1	1. 口头介绍比萨斜塔的基本信息、建造过程、维修情况等。 2. 谈论自己最喜欢的名胜古迹，包括其地理位置、闻名之处和喜爱的原因。 3. 了解背包旅游的特点。谈论对背包旅游的看法并讨论自己如果进行背包旅游会往背包里放入什么行李。

续表

课时内容	课时分配	单元课时教学目标 本单元学习后，学生能够——
Writing A&B	2	1. 掌握明信片的写作格式和基本内容，巩固英文地址的书写格式，并能在日常旅行时给朋友或家人写寄明信片介绍自己的度假情况。 2. 通过写作介绍旅游胜地，合理运用所学的语言表达和篇章结构。
Project Design	1	进行小组合作，查阅资料，搜集并了解世界知名城市的基本信息，并以课堂展示的形式辅以幻灯片等工具向老师同学们进行成果汇报和介绍。

7BU2　Travelling around the world

Teaching Plan

Lesson Type	Reading A
Text title	*France is calling*
Period	1
Teaching Objectives	After this period, students will be able to… 1. get some basic information about France, such as its flag, location, capital, attractions, specialties, travel activities, etc. 2. grasp the structure of a travel plan with the help of a mind map. 3. master some useful expressions and sentence patterns about travelling and put them into practice when talking about a travel plan. 4. raise their interest in travel and foreign culture.
Important & Difficult points	In this period, students can 1. build the structure of a travel plan in their mind with the help of a mind map and then create their own plan according to it. 2. use the important language points they learned to talk about their travel plan in front of the whole class.
Language points	*…is the place to go if…; department store; (be) famous for; prefer to; try doing; why not do sth.*
Teaching methods	Communicative Teaching Method；Task-based Language Teaching Method
Teaching aids	Multi-media, mind maps, cards

续表

Teaching Procedure		
Step	Teaching/ Learning activity	Purpose
Step 1 Pre-reading	1. **Lead-in: Can you help Fiona?:** Teacher introduces one of her friends named Fiona by a video, and invites students to read an article and help Fiona make a travel vlog. 2. **Speak out the answer:** Teacher presents a flash video quiz including some questions about France. Students are supposed to speak out each answer within 3 seconds loudly together.	1. Arouse students' interest in the topic by creating a real situation of helping Fiona make a travel vlog. 2. Activate what students already know and warm up students to inspire them to speak loudly in class. In addition, show students some basic information and knowledge about France to pave the way for the reading.
Step 2 While-reading	1. **Predicting:** Students look at the photos and the title of the article on page 17, and then answer two questions of exercise B on page 16 about the article. 2. **Skimming and matching:** Students read the article quickly and match the paragraphs with the main ideas. 3. **Careful Reading:** **Part1: Silent Reading** Students spend 5 minutes reading the whole passage independently, and complete the 5 information cards below by themselves. **Part2: Group discussion** Students work in 8 groups of 5 or 6 members to discuss and check their answers in 2 minutes.	1. Check whether students can recognize the type of the article and predict the contents. 2. Check whether students can get the main idea of each paragraph by skimming. 3. Check whether students can get detailed information about the article by silent reading independently. Besides, let students work in groups to exchange their ideas and to identify correct answers. And then use a mind map to help students build a clear structure of the article in their mind in order to pave the way for the discussion about their own travel plan. 4. Echo the vlog making situation and show the coherence of the lesson, and meanwhile make students more familiar with the contents and structure of the article.

续表

Teaching Procedure		
Step	Teaching/ Learning activity	Purpose
Step 2 While-reading	**Part3: Check the answers** Students volunteer to share their answers with the whole class, and check whether their answers are right. **Part4: Summary by a mind map** Students follow the mind map of the article presented by the teacher on the screen to get the structure of the article, and then they read the sentences together. **4. Editing the vlog:** Students watch several video clips shot by Fiona and match them with the paragraphs to help Fiona complete her vlog. video clip 1 ___paragraph 2___ video clip 2 ___paragraph 4___ video clip 3 ___paragraph 3___ video clip 4 ___paragraph 4___ **5. Watching the vlog:** Students watch the complete vlog.	5. Let students review the whole passage again and get a sense of achievement since they have made efforts to complete the vlog. Moreover, consolidate the expressions and structure students learned in this lesson in order to lay the foundation for the vlog making in the post-reading activity.
Step 3 Post-reading	1. Make your own vlog: Students work in 8 groups of 5 or 6 members. Suppose each group will take a trip together, and they also want to make a vlog. Teacher presents a mind-map with some sentence patterns as well as some cards of different Chinese cities with pictures and basic information. Students are supposed to choose one of them as their group's travel destination and use the information given by the teacher to talk about their travel plan and then prepare for a script for their own vlog. This part will last for 8 minutes.	1. Let students put the expressions and sentence patterns they learned into practice. 2. Let students practice their oral English and cultivate their ability of public speech. 3. To echo the topic of this unit—travelling around the world, and raise their interest in travel and foreign culture.

续表

<table>
<tr><td colspan="3" align="center">Teaching Procedure</td></tr>
<tr><td align="center">Step</td><td align="center">Teaching/ Learning activity</td><td align="center">Purpose</td></tr>
</table>

Step	Teaching/ Learning activity	Purpose
Step 3 Post-reading	 2. Show yourselves: Teacher invites two groups to come up to the stage and talk about their travel plan in turn. 3. Sing a song: Teacher sings a song about travel translated into English by herself to end the lesson.	
Step 4 Self-assessment	Students do a self-assessment in consistent with the learning objectives of this lesson by themselves. |	Learning objectives	Ratings | |---|---|---| | 1 | I can get some basic information about France, such as its flag, capital, etc. | ☆☆☆ | | 2 | I can grasp the structure of a travel plan with the help of a mind map. | ☆☆☆ | | 3 | I can master useful expressions and sentence patterns about travelling. | ☆☆☆ | | 4 | I can use the language points and a mind map to talk about my travel plan. | ☆☆☆ |	Help students evaluate their level of learning in a concrete way and decide their homework.
Step 5 Homework	According to the ratings in the self-assessment part, students will be assigned different homework. | 10–12 ★ s | 1. Introduce France to your friends. 2. Create your own travel vlog script and shoot a video to talk about it. | | 5–9 ★ s | Introduce France to your friends. | | 0–4 ★ s | Read the article loudly and fluently for 3 times a day. |	1. Consolidate what students learned in today's lesson. 2. Students can choose the homework consistent with their self-assessment.

续表

Teaching Procedure	
Blackboard Design	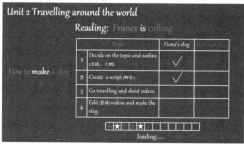 the blackboard on the left ▲ 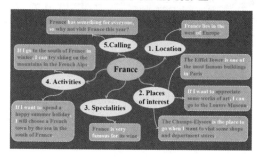 the blackboard on the right ▲
Teaching Reflection	Advantages: 1. The students were attracted a lot by the situation created by the teacher—*Can you help Fiona?* In addition, their passion was inspired quickly by the lead-in game—Speak out the answer!!! 2. The group discussion in the careful reading part helped students exchange their ideas and made them more confident when answering the questions in class. 3. The students were greatly interested in editing the vlog by matching video clips with paragraphs and watching the whole vlog. And this helped them get a whole picture of the article and be more familiar with the contents of the article. 4. During the post-reading part, the teacher made two slides with pictures and flash to explain the rule of the group work and presentation so clearly that the students got the points quickly and worked together quite smoothly. What's more, the teacher prepared enough information and materials such as the city cards and also joined in the discussion of each group to offer help when necessary. And the students' presentations were relatively complete and normative. 5. At the end of the class, the teacher rewrote a Chinese song into an English version and sang it for the students to lead in the closing words of the lesson, which let the students immersed in the atmosphere with the help of music.

续表

Teaching Procedure	
Teaching Reflection	6. The teacher connected the tasks of the reading lesson to the steps of making a vlog, and this improved the coherence of the lesson and more importantly, realized the logic and authenticity of the situation created. 7. The homework was designed into different levels which was based on the self-assessment of the students, this let all the students can do the homework consistent with their own ability. Moreover, the form was interesting and attractive for the students. Disadvantages: 1. The teacher's directives in class can be more brief and concise so that she can control the pace and atmosphere better. 2. The teacher should make the time limit visible in each part with the help of a timer or clock in the multi-media devices in order to let students pay attention to their pace when doing the tasks. 3. Most of the students were not active enough when the teacher asked them to share their opinions so that some of the parts lasted too long because of the waiting time. As a result, not all the groups got the chance to present their travel plan. 4. Some of the students still spoke too much Chinese during the group discussion and group work.

7BU2 Reading: France is calling

Learning sheet

Class:_____   Name:_____

【Lead-in】 Can you help Fiona?

【Pre-reading】

Task1: Speak out the answer!!!

【While-reading】

Task 2: Predicting 见课本 P16 B.

Task 3: Skimming and matching

Go through the article quickly and match the paragraphs with the main ideas.

Para.1   About French wine

Para.2   About France

Para.3   France is calling

Para.4   About the capital of France

Para.5   About the south of France

Task 4: Careful reading (group work)

Work in groups to read the article paragraph by paragraph and complete the information cards on **the next page** of this learning sheet.

Task 5: Editing the vlog

Watch the video clips shot by Fiona and match them with the paragraphs.

video clip 1 _____   video clip 2 _____

video clip 3 _____   video clip 4 _____

【Post- reading】

Task 6: Make your own vlog!(group work)

Decide where to go and talk about your travel plan to prepare for the script of your vlog.

Use the mind map and the city cards to complete the task.

Write your notes here:

_____

_____

_____

_____

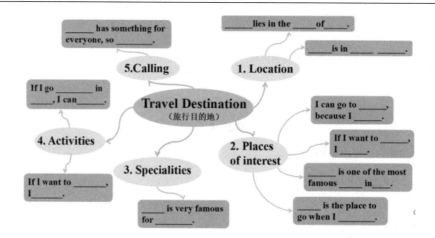

Task 7: Show yourselves!: Come up to the stage and talk about your travel plan

【Self-assessment】

	Learning objectives	Ratings
1	I can get some basic information about France, such as its flag, capital, etc.	☆☆☆
2	I can grasp the structure of a travel plan with the help of a mind map.	☆☆☆
3	I can master useful expressions and sentence patterns about travelling.	☆☆☆
4	I can use the language points and a mind map to talk about my travel plan.	☆☆☆

【Homework】

10–12 ★ s	1. Introduce France to your friends. 2. Create your own travel vlog script and shoot a video to talk about it.
5–9 ★ s	Introduce France to your friends.
0–4 ★ s	Read the article loudly and fluently for 3 times a day.

Travel Vlog Making—Information Cards

1. France, a country in _____ Europe, has many _____.

3. **About French wine**
Are there many vineyards in the north of France?
What do farmers grow to make excellent French wine?

5. **France is calling ~**
France has _____ for _____, so why not _____?

2. **About the capital of France**

City name	
Famous places of interest	*the Eiffel Tower*
	to see
Most famous street	to visit

France

4. **About the south of France**

The south of France lies _____.
It is famous for its _____.

for a _____ holiday   for a _____ holiday

try _____   stay at a _____

How to make a vlog
1. Decide on the topic and outline (思路，大纲).
2. Create a script (脚本).
3. Go travelling and shoot videos.
4. Edit (剪辑) videos and make the vlog.

Learning Sheet Design ▲

Unit 6 Ancient stories Teaching Plan

深圳市坪山实验学校　　张婷婷

Lesson Type	Reading
Text title	8A Unit 6 Ancient stories Jingwei fills up the sea
Teaching Objectives	After this period, students will be able to… 1. Know the meaning of *myth, spirit, beak, fantastic, violent, drown, punish, praise, fill up and deal with* according to the context. 2. Master the gist and know how to retell the story. 3. Advance Jingwei's strong determination, understand the story in a critical way, and arouse their eager to explore more Chinese ancient stories.
Important & Difficult points	1. Teach students to retell a story with the help of basic elements of a story. 2. Lead the students to analyze the story in a critical way and conclude the right way to do things successfully.
Language points	1. Nüwa does not know how to deal with it. 2. ...everyone praises Jingwei for its strong will ...
Teaching Aids	CAI

Teaching Procedure		
Step	Teaching/ Learning activity	Purpose
Step 1 Pre-reading (3 minutes)	1. Situation creating: Anna is from American, she wants to know some Chinese ancient stories so that she can tell them to her friends. Let's help her find some. 2. Lead in: Students watch a short video of Chinese ancient stories (including Jingwei's story) and match the names of the stories with the main characters they saw. 3. Predicting: Students look at the picture, title and the first sentence of each paragraph and answer the questions.	1. To create a real situation why students are going to read the story and arouse students' interest on the topic. 2. To activate what students already know. 3. To prepare for reading.

续表

Teaching Procedure		
Step	Teaching/ Learning activity	Purpose
Step 2 While-reading (20 minutes)	1. Skimming and scanning (5 minutes, individual work): Task 1 Students skim the text and find out the main idea of each part. Task 2 Students scan the text and match the sentences describing the story with the scenes. 2. Intensive reading (15 minutes, pair work): Task 3 Students read paragraph 2 and 3 respectively and fill in the blanks in the table. Task 4 Fill in the blanks with the right sentences. Task 5 Discussion: How is the information organized in the table? Is there other ways of organizing a story?	Task 1. To master the outline of the story. Task 2 To figure out the development of the story. Task 3 To master the basic elements of a story. Task 4 To practice the skills of logic reading. Task 5 To draw the students' attention to the basic elements of a story and lead them to think creatively.
Step 3 Post-reading (15 minutes)	Making connections (Group discussion) 1. Text to text Is there a similar myth story in China? (The story of Yu Gong is similar-hard work. But the result is different, why?) 2. Text to self If you were Jingwei, how will you fill up the sea? How can we do something difficult successfully ? (strong determination+scientific method+help from others=success) 3. Text to world Examples of doing something "impossible": the HK-ZH-M Bridge, the English Channel	1. To lead students to think about Yu Gong and how he succeeded. 2. To guide students to think about the meaning of the story from a different angle and emphasize the importance of method. 3.To provide students with actual examples and convince them.
Step 4 Homework (2 minutes)	Anna is attracted by Jingwei's story. She wants to know where she can read it. The Classic of Mountains and Seas Please work in groups to use the basic elements to tell a new Chinese ancient story in the next class. (1. table maker 2.information organizer 3. picture drawer 4. story teller.)	To arouse their eager to explore more Chinese ancient stories and enhance the skills of retelling a story after class.

Blackboard design.

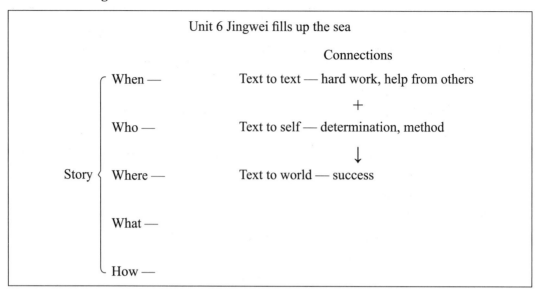

"丰富直观体验，提高英语素养"主题说课

——基于剑桥国际少儿英语 KB4 U8 Let's party! Period 1

深圳市盐田区外国语小学东和分校　韩旭东

各位老师，说到英语量词的使用大家会想到什么？是直接讲授 a bowl of 等量词的中文表达，或者是落脚在量词掌握，还是联想实际生活运用？

我将基于对本课的思考，进行题为"丰富直观体验，提高英语素养"的主题说课。

鉴于以上分析，我把本节课的学习目标定为：在情境中，学生能够识别和理解量词，掌握相关的食物词汇。学生能够在口语交流中运用所学知识，进行英语口语和交际能力的练习与提高。学生能够在游戏和讨论中表达自己的想法和意见，增强自信心和自我表达能力。学生能够在游戏和讨论中学会沟通和协作，培养团队合作精神和交际能力。

其中，学习重点是，学生能够理解和正确使用量词；学生能够掌握相关的食品词汇；学生能够在游戏化活动中应用所学知识。学习难点是，在活动中，学生需要能够快速思考和运用所学知识，并在口语中流利表达，同时需要在团队合作中积极参与和沟通，培养团队合作精神和交际能力。

为了达成本节课的教学目标，我设计了以下教学环节：

环节一：激发兴趣与关联生活。通过播放视频《KB4 U8-1》创设身临其境的真实感，再以欣赏歌曲、视频冲击听觉和视觉，让学生感知英文量词和食物搭配的表达方式。

环节二：掌握知识与词汇呈现。本环节以三种维度展开掌握知识与词汇的体验活动：维度一，看图说话，再现量词使用。维度二，寻宝游戏，巩固量词使用方式。维度三，听说与口语体验，掌握正确的量词与食物的搭配。通过不同维度的体验活动，更好地理解和掌握所学知识，提高他们的英语口语表达能力。

环节三：巩固知识与趣味互动。作为 Party Planner 提出食品和饮料项目的建议，规划最好的生日聚会。利用语言接力练习，在团队合作中积极参与和沟通，培养团队合作精神和交际能力。

环节四：小组讨论与总结拓展。本环节旨在引导学生们进行讨论，让他们分享彼此的游戏经历和感受。提高学生的英语口语交际能力，同时让学生们更好地理解和应用所学知识。

回顾整节课，围绕学生亲身体验，我设计了激发兴趣与关联生活、掌握知识与词汇呈现、巩固知识与趣味互动、小组讨论与总结拓展的体验活动。这样，整堂课通过游戏、直观知识讲授和播放视频与歌曲的活动形式，既能激发学生的学习兴趣，又能将知识融入到学生的学习与生活当中。

以上就是我关于 Let's party! Period 1 的主题说课，谢谢大家。

深圳市小学英语低段非书面作业的有效设计

深圳市坪山实验学校　　张　玲

【摘要】自"双减"政策出台以来，深圳市委市政府高度重视，深圳市教育局发文，明确规定小学一、二年级不布置家庭书面作业，可根据学生特点适当布置非书面作业。为落实小学英语低段非书面作业"控量提质"的教育目的，本文以学科核心素养与学生综合语用能力提升为导向，聚焦非书面作业研究，进一步挖掘学科育人价值，探索非书面作业实施路径，以期提升非书面作业质效，促进学生全人发展。本文立足于小学英语一线教师教学与教研经验，结合整体教育理论、结构主义教学理论和儿童中心论进行研究，梳理、提炼、探讨如何以现实问题为抓手开展基于调查实证的教育教学；如何以英语新课程标准为依据归纳非书面作业设计原则；如何使非书面作业成为有效的教学资源，从而形成全社会共育的英语学习文化。

【关键词】非书面作业设计；英语学科核心素养；"双减"

一、背景

"双减"明确提出要全面压减作业总量和时长，各地在推动作业优化设计方面形成了一些地方策略，开展了多方面的探索。上海市发布了《小学作业设计与实施指导手册》，对小学 8 个学科的典型作业设计案例进行了分析指导；重庆市发布《义务教育阶段语文等 12 个学科作业设计与实施指导意见》，罗列了学科作业设计与实施的原则、思路与方法；江西省利用信息化手段为"双减"技术赋能，推广"智慧作业"；深圳市发布《深圳市义务教育学科书面作业设计指引》，提供了中小学共 12 个学科的书面作业案例。近期，深圳市发布的《关于加强义务教育学校作业管理的通知》（以下简称《通知》）规定，小学一、二年级不布置家庭书面作业。此前，对于小学低段留不留书面家庭作业、留多少作业争议不休，部分人认为作业量过大会导致学生学业负担加重，丧失学习兴趣，占据户外锻炼与休息时间，不利于孩子身心发育；部分人认为作业能使学生取得好成绩，夯实知识基础，回到家有事可做，家长也可以了解孩子的学习进度，督促孩子养成良好的学习习惯。《通知》一出，非书面作业成为小学低段教与学的重要环节。新课标强调英语学科育人价值的核心思想是立德树人，英语学科历来重视语言知识技能的掌握与情感价值态度的引导，学生通过非书面作业操练巩固活用所学知识，教师通过非书面作业的反馈调整教学难度与进度，缺乏非书面作业的布置，英语知识难以有效巩固和迁移运用，发展英语学科核心素养也缺乏重要的引擎。在当前背景下，小学英语低段非书面作业的设计与实施成为一线教师新的挑战，这就要求教师转变传统书面作业设计思路，优化设计一、二年级非书面作业，落实作业"控量提质"的要求，有效推进英语学科育人目标实现。

二、当前非书面作业存在的问题与原因

（一）设计缺乏科学性

非书面作业是小学英语低段教学目标的重要载体，具有评价和改进教学的功能，如帮助学生巩固所学语言知识，发展听、说、读、看、演的技能，形成综合语言运用能力，发展学生思维品质，培养文化意识，提高学习能力等。当前不少教师在布置作业时仍旧秉持传统作业的设计思路，依据个人过往经验，没有考虑到低段学生认知特点，只要求学生课后读背唱教材内容，作业内容布置存在单一性、个人经验性、随意性、机械性、无趣性等问题。此外，非书面作业的评价标准也不够具体化。具体化的评价标准要体现行为主体（学生）、对象、行为动词、行为条件与表现程度几个基本要素。笔者通过对一些非书面作业文本的整理分析发现，大部分的设计文本只体现了行为动词和对象，例如"吟唱 chant；复习 Unit2"等，几乎没有文本对学生表现程度（正确、流利、熟练等）进行可观察的、可操作的、可检验的具化表述，这一要素的缺失影响了学生和家长对作业完成效果的判断。综上，当前非书面作业设计缺乏科学性导致学生难以被激发学习兴趣，学习动力不足，学习效果难以准确评价。

（二）设计缺乏单元整体性

非书面作业单元整体设计体现的不仅是教材内容呈现的"单元"，也是各课时围绕一个话题，以整体的认知结构连续构建系统的"单元"学习过程。一直以来，教师们较为重视英语知识和技能的训练巩固，而忽视了对学习策略、兴趣、价值观等非知识性教学目标的培养。有关学者的调查表明，大多数教师都是根据课时教学目标及当天的教学内容进行作业布置，几乎没有考虑过从学段和单元出发整体设计作业内容。

（三）设计缺乏分层性

非书面作业设计的分层性体现在内容设计既要具有基础性，使所有学生都能够达到英语新课标提出的基本要求；又要能够考虑到学生个体差异，使学有余力的学生满足发展需要，使学习吃力的学生能在原有的学习水平上得到提升。根据相关学生问卷调查反馈，84%的学生认为已有的非书面作业没有考虑到学生的学习水平差异；14%的学生认为已有的书面作业满足自身发展需要；92%学生认为自己没有选择性作业。

一线英语教师们反映，一方面，英语教师教学工作较重，负责的班级多，班级人数多，大多数英语教师还是班主任，很少有精力去精心设计非书面作业；另一方面，非书面作业一般指向实践探究类，耗时较长，对学生的语言综合运用能力要求较高，实施和评价均有一定难度，教师缺乏理论性系统性的指导，因而很少去进行非书面作业的有效设计。

三、小学英语低段非书面作业有效设计的原则

（一）基于教学依据

小学英语低段非书面作业设计的基本依据主要有《义务教育英语课程标准（2022年版）》《教学基本要求》和深圳牛津版英语教材。根据课标导向和要求，分析教材，分析学情，进而明确教学依据是非书面作业有效设计的起点。新课标提出的总体目标是培养学生初步的综合语言运用能力，并通过英语学习促进学生的心智发展，提高学生的综合人文素养。《教学基本要求》提炼课程目标的关键要素为语言能力、学习能力、思维品质和文化意识。《英语》（深圳牛津版）教材的编写以学生为中心，围绕话题组织学习内容，采用模块建筑式（Building blocks）螺旋上升、主题复现的编写体系，每个单元的结构大致相同，涵盖语音、词汇、句法、语篇等语言知识和视、听、说、读、玩、演的语言技能，同时融入文化意识、情感态度、学习策略等内容。解读现行课标，分析教材，把教学要求和具体教学内容联系起来，有助于教师确定非书面作业设计的重难点以及学习增长点。

（二）分析学情

教师是否了解学生学习基础，即学生的"新知""略知""熟知"，将直接影响到每个课时、每个单元以及整个小学阶段英语学习的效果。杜威的"儿童中心论"主张儿童是教育的出发点，教育要尊重儿童的天性，依照儿童的兴趣组织各种活动，促进儿童发展，强调教育要充分考虑儿童的特点，不能强迫儿童通过死记硬背来获取知识，应该通过激发儿童的学习需要和兴趣，调动学习自觉性和积极性。小学一、二年级是培养学生学习兴趣、学习习惯和学习能力的启蒙期，这个阶段的学生思维方式主要是具体形象的，学生的注意力保持时间为20分钟左右，学习目的性不强，喜爱群体活动，容易被非课堂因素影响，学生的言语发展由口头语言向书面语言过渡，因而适合简单基础的学习任务，外在激励是学生学习的重要动力。非书面作业的有效设计需要把握学生学习风格、语言能力、学习能力和相关主题的背景知识等多方面的内容，从而设计符合学生发展需要、联系现实生活，能提升语言综合运用能力的内容。

（三）把握单元整体性

"整体教育理论"来源于德国格式塔心理学。格式塔心理学者认为，从培养创造思维的立场出发，不仅学生应该将学习情境视为一个整体来感知，教师更应努力地将学习情境视为一个整体来呈现给学生。哲学家斯马茨（J.C. Smuys）的"整体论"认为，即使积累了某部分，也决不能达到整体，这是因为整体远比部分之和大。"结构主义"方法论创始人索绪尔（Ferdinand de Saussure）提出，不应该把语言分解成一个个元素语音、词汇、语法等等，孤立地对其研究。因此，非书面作业有效设计不会把一个单元的内容孤立地划分为词汇型作业、句型作业、阅读作业等，而是会找出各课时间的联系，合理设计，使之产生整体大于部分之和的效益。

四、小学英语低段非书面作业有效设计的路径

非书面作业是作业的一种类型，都是为了完成学习方面的既定任务而进行的活动，是具有明确指向性的系列化思维和实践活动。非书面作业有效设计应该以单元为基本单位，依据单元学习目标，合理规划每一课时，使每一课时非书面作业内容不仅具有整体性，还具有递进性，帮助学生巩固复习所学语言知识与技能，促进综合能力的发展。

（一）明确整体目标

非书面作业目标要符合课标，与教材目标相关联，要着眼于学生的终身发展，对学年、学期、单元、课时有整体思考，要涵盖语音、词汇、词法、句法、语篇五大语言知识内容，还要兼顾学习策略、学习能力、情感态度等目标，每一单元整体的非书面作业必须指向明确，重点清晰，数量合理，避免非书面作业目标过于宏大、琐碎，通过分配每一课时的非书面作业，帮助学生逐步达成单元整体目标。例如：在 2BM1U1 中，针对语音学习内容可设定单元目标为：学生能背记字母 Aa 和 Bb 在单词中的发音规则，并准确读出含有 Aa/Bb 的简单词汇。据此划分两个课时的语音非书面作业目标为：1. 能正确朗读字母 Aa/Bb，能通过听力分辨 Aa/Bb，初步感知 Aa/Bb 在单词中的发音规则；2. 能根据 Aa/Bb 的发音规则准确读出新语篇中的相关单词，并举一反三，复习包含 Aa/Bb 的已学单词。

（二）把握重难点

非书面作业的难度是影响学生完成非书面作业整体效果的重要因素。由于非书面作业目标也存在动态调控的过程，应根据学生的学习效果做相应的调整，如已能熟练运用的学习内容无须在非书面作业中强化巩固，相对薄弱的知识点应该在非书面作业中增加操练。教师应全面了解本班学情，合理控制非书面作业难度，过于简单，会让低段学生感到枯燥无味，缺乏挑战的兴趣，难度过大，则会让学生丧失学习信心，产生畏难情绪。例如，在小学低段的朗读类作业中，针对同一语篇，可以布置三个难度层次的选做任务，兼顾学生差异和主体性，让每个层次的学生都能得到发展：1. 学生在观看的过程中，能较为流利地跟读录音内容；2. 学生能在脱离文本的情况下，自信流畅地为人物配音；3. 学生能在现实类似的场景中，与小伙伴流利自然地完成情景对话。

（三）设计丰富的形式

丰富的非书面作业形式有利于学生提高作业完成质效。在依据课标及教材标准，统筹设定非书面作业目标和内容后，教师设计作业形式时需要发挥想象力和创造力，让呈现形式变得多样、生动、有趣。例如，教师可以改变以往传统的单词操练形式，采用看图猜单词、字谜猜词等不同形式的非书面作业。同时，教师还应考虑到非书面作业的可操作性，综合评估学生的能力水平和家庭社区情况，选择适当的完成形式。例如，在布置"回家后和父母一起完成……""和小伙伴一起表演……""调查社区……"此类合

作型作业时，要考虑到学生的父母和小伙伴是否有时间和能力协助完成，社区有否有场地等资源给予帮助。设计可操作的、可观察的、可评估的非书面作业是实现作业"控量提质"的重要条件。

（四）控制时长

非书面作业的完成时长与学生的学习能力和非书面作业本身的难易程度有很大关系。针对非书面作业重难点进行分层选做设计已经能较好地解决这一问题。值得注意的是，英语作为一门语言学科，具有循序渐进的特点，每天持续布置一定量的非书面作业，能帮助学生有效巩固所学，也能帮助学生养成每天坚持完成作业的学习习惯，一般来说，小学英语低段非书面作业时长控制在 5—10 分钟内。教师也可以设计时间跨度较大的长作业，例如 1BM2U4 Food and Drinks 中，可以设计一个一周三餐相册，请学生拍摄记录自己一周每天三餐摄入的食物，并结合本单元知识分析自己的饮食是否健康，应该如何改善，帮助学生通过记录生活、分析反思，养成良好的饮食习惯。

（五）非书面作业品质分析表

在设计完非书面作业的目标、内容、形式、时长、总量之后，可以利用"非书面作业品质分析表"来分析、调整、优化非书面作业设计。（以课时一为例）

项目		内容
单元教学内容		
单元教学目标		
单元非书面作业目标		
课时一非书面作业	目标	
	类型	朗读（　） 配音（　） 表演（　） 制作（　） 采访（　） 调查（　） 歌曲（　）……
	水平	知道（　） 理解（　） 应用（　）
	完成方式	听说类（　） 操作类（　） 综合实践类（　） 合作类（　） 跨学科运用类（　）……
	提交时间	当天（　）　　　　＿＿＿＿天后

五、结语

在一、二年级不留书面家庭作业的背景下，有效设计非书面作业的作用和价值得以凸显。小学英语学科非书面作业是课堂教学的延续，目的在于学生能够巩固所学知识，活用英语来解决现实生活中的真实问题，实现英语"工具性"与"人文性"的有机融合；教师也可以通过学生作业反馈情况了解学生的兴趣、态度、习惯和学习成果，反思改进教学。笔者在收集和梳理资料时发现，关于作业设计的文献不少，但是针对非书面作业的研究和设计很少，"双减"政策出台之后，在实际教学中教师对非书面作业的研究也是相对欠缺的，本文旨在帮助小学英语学科一线教师了解非书面作业的存在问题和原因，归纳非书面作业设计的原则，为有效设计小学英语低段非书面作业带来一些启示。

【参考文献】

[1] 方晓波 . "双减"政策背景下广州市优化作业设计基本思路与实施路径 [J]. 教育导刊 ,2022(01)：12-22.

[2] 李晗 . 小学英语作业的有效设计 [D]. 济南：山东师范大学 ,2018.

[3] 朱浦 . 单元单项要素的设计 [M]. 上海：上海教育出版社 ,2020.

[4] 王月芬 . 作业设计能力——未被重视的质量提升途径 [J]. 人民教育 ,2018(02)：58-62.

[5] 中华人民共和国教育部 . 教育部关于印发义务教育课程方案和课程标准 (2022 年版)[EB/OL].(2022-04-21)[2022-8-01].http://www.moe.gov.cn/srcsite/A26/s8001/202204/t20220420_619921.html.

[6] 中华人民共和国教育部 . 中共中央办公厅国务院办公厅印发《关于进一步减轻义务教育阶段学生作业负担和校外培训负担的意见》[EB/OL].(2021-07-24)[2022-08-01].http://www.moe.gov.cn/jyb_xwfb/gzdt_gzdt/s5987/202107/t20210724_546566.html.

[7] 深圳市教育局 . 深圳市教育局关于加强义务教育学校作业管理的通知 [EB/OL].(2021-09-01)[2022-08-01].http://szeb.sz.gov.cn/home/xxgk/flzy/wjtz/content/post_9098556.html.

"双减"背景下基于单元整体教学的初中英语作业设计

深圳市坪山区光祖中学　代　静

一、指导思想和理论依据

2021 年中共中央办公厅、国务院办公厅印发了《关于进一步减轻义务教育阶段学生作业负担和校外培训负担的意见》，要求系统设计符合学生年龄特点和学习规律、体现素质教育导向、全面育人的基础性作业，鼓励布置分层、弹性、个性化作业。通过优化课堂教学，提高学生核心素养，而初中学生英语核心素养发展前提在于高效的单元作业设计。

2022 年版义务教育英语课程标准提出要推动教－学－评一体化设计，设计并实施目标、活动、评价相统一的教学，教学目标是一切教学活动的出发点和最终归宿，因此单元作业设计应保持与单元教学目标的一致性；英语学习活动观的三类活动包括学习理解类活动、应用实践类活动和迁移创新类活动。基础类作业、拓展类作业和创新类作业三个层次作业和英语学习活动观的三类活动设计相对应；作业评价是教学过程的重要组成部分，教师应通过作业评价及时了解学生对所学知识的理解程度和语言能力发展水平，为教师检验教学效果、发现和诊断学生学习的问题、调整和改进教学提供依据。

二、学情分析

在单元整体教学和单元主题意义的指导下，从知识储备和生活经验两个方面进行学情分析。首先，学生在 7AUnit6 以及地理等其他学科课堂上学习过旅游话题相关的知识，绝大多数学生也都有旅行的体验或经历，本单元的主题和学生实际的生活体验关系紧密；其次，学生具备了基础的口语表达能力和一定的阅读策略，但对在语境中如何正确使用连接词以及什么是专有名词的认知存在困难。因此根据学生的知识储备和年龄特征创设情境，提供语言学习上的脚手架，通过完成相应的学习活动和任务，引导学生关注主题意义的探究，在课堂中落实学科核心素养。

三、单元主题（含子主题）解读

单元主题内容框架图和课时安排设计见图 1。

四、单元作业整体设计思路

本单元的话题为走遍世界，属于人与社会的范畴，主题为人与世界，主题意义是如何介绍旅游地和旅游景点、如何分享自己的旅行经历。首先，在单元整体教学下，作为

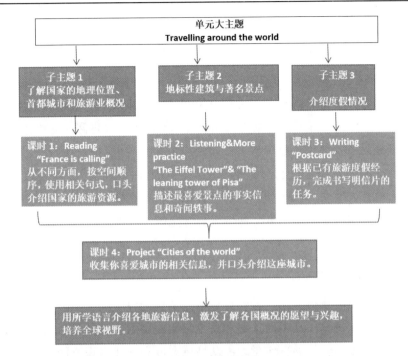

图1 单元主题内容框架图和课时安排设计

课堂教学的延展课后作业，也以主题意义为主线来设计。其次，作业设计基于各课时教学知识点的整合和内容的关联性，促使各课时的作业形成合力。最后，单元作业设计发挥承前启后的脚手架作用，注重学生能力培养的梯度性和层次性。

五、单元作业设计目标

单元作业设计应保持与单元教学目标的一致性，依据课标、学情和学习内容，单元主要目标设定为：

（一）语言能力目标

1. 读：通过阅读关于旅游的杂志文章，了解介绍旅游胜地的方法，在阅读中学习专有名词和并列连词这两种语法现象。

2. 听：通过听介绍埃菲尔铁塔的广播，学会利用缩写和符号来快速记录关键信息。

3. 说：通过了解世界各国的旅游信息，理解世界文化的多样性，用演讲稿的形式介绍一座城市的概况和旅游信息。

4. 写：应用本单元所学知识以及旅游指南的写作方法，为自己所在的城市制作一份旅游指南。

（二）学习能力目标

1. 通过自主阅读，分析文章的结构和主旨。

2. 通过合作探究，了解世界上其他的国家与城市。

3. 积累有关国家、国籍、首都、景点等的专有名词。

（三）文化意识目标

了解世界各地旅游信息，培养对异国文化的兴趣。

（四）思维品质目标

学生能够在学习文本的过程中，通过独立思考、自主发现、交流讨论、归纳总结，培养分析比较、迁移概括等逻辑思维能力和创造思维能力，促进深层思维的发展。

作业目标是为了实现单元目标服务的，所以应紧扣单元目标。因此，笔者将单元作业目标设定为：1. 学生通过作业，能使用表示景点的专有名词、主题词汇、并列连词等介绍旅游胜地和著名景点。2. 学生通过作业，掌握语篇主旨大意、结构特点。3. 学生通过作业，了解世界各地的旅游信息，理解世界文化的多样性。4. 学生通过作业，进一步了解所在城市的城市风貌。

六、单元作业评价方式

从语言知识和技能获得方面，教师可以通过情境创设中的学生回答了解与主题相关的语言知识点的掌握情况；从学习策略和思维品质方面看，教师可以通过学生呈现的城市旅游指南了解学生是否能够合作学习；从情感态度和文化意识方面来看，学生能否从主题语篇中感知分享、介绍旅游地信息和个人旅游经历。评价关注过程性和表现性，评价表的设计以量规为指导，以学生为主体，把课堂真正还给学生。

七、单元作业设计特色说明

（一）本作业设计基于英语课程标准，教材单元主题意义的探究和学情分析后的单元整体作业设计，引导学生在学习过程中逐步建构对单元主题的认知；通过旅游这一主题情境的聚焦，帮助拓宽学生的眼界，培养他们的国际视野和对本土文化的热爱。

（二）整合课时资源，使有效的课时资源产生几何增长的效益，提高教学效率，从而提高作业效率。

（三）作业设计类型包含基础性作业、拓展类作业和创新类作业，这三个层次的作业和英语学习活动观三类活动设计相对应；以学生英语水平规划分层作业，以星级标识作业难度，学生选择"自助餐式"单元作业。

（四）学生的作业以真实性、交际性贯穿始终，鼓励学生在真实的情境中理解他人，表达自我，展示文化；同时引导学生充分利用各学科的资源和知识解决问题，充分锻炼学生的综合运用能力以及英语核心素养。（如课时一基础性作业第三项）

八、单元课时作业设计

第一课时作业设计

一、设计依据

（一）教学目标

1. 通过阅读法国旅游资源的杂志文章，了解法国的概况。（学习理解）

2. 基于结构化知识，向同学们介绍"你眼中的法国"。（应用实践）

3. 完成一份法国旅游指南。（迁移创新）

（二）学生学情

学生在七年级上册第六单元写作板块学习过旅游指南模式；对旅游话题的相关词汇较为熟悉；能熟练掌握略读技能和理解细节信息。学生需要借助其他学科知识进行深度思考和完成学习任务。

二、预计完成时间

基础作业：10 分钟；拓展作业：10 分钟；创新作业：15 分钟

三、实施方式

A 层：创新作业   B 层：拓展作业 + 基础作业 3   C 层：基础作业 1,2

四、作业设计内容

第一课时	设计意图、指向、学习方式
☆ 1.Complete the notes below with the information from the article. France ● A country in _____ Europe. ● Capital:_____ ● Famous place of interest: _____ ● Famous museum: _____ ● Famous street: _____ ● Famous drink: _____ ● South of France: wonderful beaches and mountains	意图：全面梳理主阅读篇章内容；复习专有名词，让学生得到足够的输入；理清文章脉络，分析语篇结构。（感知与注意，获取与梳理）
☆☆ 2.Read the article and answer the questions,then give a subtitle for each paragraph. Para1: _____ ● Where is France? ● What is special about this country? Para2: _____ ● What is France? ● What can you see and do in Paris? Para3: _____ ● What are there in the center of France? ● What is the area famous for? Para4: _____ ● Where does this area lie? ● What is it famous for? ● Where can you go for a summer vocation or a winter vocation?	学科素养： ☑语言能力　☑学习能力 ☑思维品质　□文化意识 英语学习活动观能力维度： ☑学习理解 □应用实践 □迁移创新 学习方式：自主学习

续表

第一课时	设计意图、指向、学习方式
Para5: _____ ☆☆☆ 3.Further thinking. 1. 原文句子：It is a country with many beautiful places. **Further thinking:**Where other beautiful places do you know in addition to the places mentioned in the passage? 2. 原文句子：Here you will find many famous places of interest such as the Eiffel Tower...Louvre Museum... Champs-Elysees. **Further thinking:**Why are these places of interest famous ? 3. 原文句子：There are many vineyards in the center of France and farmers grow grapes to make excellent French wine. **Further thinking:**Why is it suitable to grow grapes in the middle of France?	
<div align="center">拓展作业</div>1.If you are a tour guide,...How to introduce France to your friend in China? ● Places of interest ● Capital city ● Custom and food culture ... France lies in...,and you can....France is famous for...Paris is the....Paris is in the....There are...,such as.... If you..., you will....	意图：学生通过结构图，梳理、学习、内化关键句型和重要语言点，在真实情境中进行应用。（描述与阐释，内化与应用） 学科素养： ☑语言能力　☑学习能力 ☑思维品质　☑文化意识 英语学习活动观能力维度： ☐学习理解 ☑应用实践 ☐迁移创新 学习方式：自主学习

续表

第一课时	设计意图、指向、学习方式
创新作业 1. 与同伴一起完成一份法国旅游指南，提交纸质或电子作业。	意图：引导学生进行超越语篇、联系实际生活的活动。（想象与创造） 学科素养： ☑语言能力　☑学习能力 ☑思维品质　☑文化意识 英语学习活动观能力维度： □学习理解 □应用实践 ☑迁移创新 学习方式：合作学习

五、作业评价方式

How well do you know this lesson	☺ ☺ ☹		
● I can understand the structure and detailed information of this passage.			
● I can introduce the country France to my classmates.			
● I can make a travel guide with my classmates.			

第二课时作业设计

一、设计依据

（一）教学目标

1. 根据信息卡信息，设计一段关于埃菲尔铁塔和比萨斜塔的对话。（学习理解）

2. 利用思维导图，描述埃菲尔铁塔和比萨斜塔。（应用实践）

3. 口头介绍你最喜欢的景点。（迁移创新）

（二）学生学情

学生学习过一般疑问句和特殊疑问句的提问方式；能够根据所给问题在文中寻找细节问题的答案；在阅读课熟悉了使用结构化知识，转述和介绍城市；学生需要融合个人生活经历结合所学知识进行实践创新。

二、预计完成时间

基础作业：10分钟；拓展作业：10分钟；创新作业：10分钟

三、实施方式

A层：创新作业　B层：拓展作业　C层：基础作业

四、作业设计内容

第二课时	设计意图、指向、学习方式
基础作业 ☆☆ 1. Make a dialogue according to the given information of the passage.(Choose one from the two options) ● Option1:Make a dialogue about The Eiffel Tower. ● Option2:Make a dialogue about The Leaning Tower of Pisa. ① —What is the tallest tower in Paris? 　—The Eiffel Tower. ... ② —What is The Tower of Pisa known as? 　—The Leaning Tower of Pisa. ...	意图：通过问答的形式，提升对语言的记忆、理解与应用；鼓励学生合作学习（感知与注意，获取与梳理） 学科素养： ☑语言能力　　☑学习能力 ☐思维品质　　☐文化意识 英语学习活动观能力维度： ☑学习理解 ☐应用实践 ☐迁移创新 学习方式：自主学习
拓展作业 ☆☆ Retell according to the mindmap. 	意图：学生通过结构图，内化语言知识，并进行个性化的介绍（描述与阐释，内化与应用） 学科素养： ☑语言能力　　☑学习能力 ☑思维品质　　☑文化意识 英语学习活动观能力维度： ☐学习理解 ☑应用实践 ☐迁移创新 学习方式：自主学习

续表

第二课时	设计意图、指向、学习方式
创新作业 1. 查找相关资料，结合个人经历和体验，口头介绍自己喜欢的景点。	意图：鼓励学生发展演讲的能力；利用互联网和其他新媒体积极展示所学成果；在真实任务情境下检测学习效果。（想象与创造） 学科素养： ☑语言能力　☑学习能力 ☑思维品质　☑文化意识 英语学习活动观能力维度： □学习理解 □应用实践 ☑迁移创新 学习方式：自主学习

五、作业评价方式

作业评价标准	等级	自评	小组评	教师评
问答句式使用正确，介绍流利无误，演讲有感染力。	A			
问答句式基本正确，介绍信息基本正确，演讲内容完整。	B			
问答句式使用有误，介绍基本完整，演讲不够流利。	C			

第三课时作业设计

一、设计依据

（一）教学目标

1. 根据明信片的内容，设计关于要点的问题，同学间相互提问。（学习理解）

2. 了解和掌握明信片的结构、书写格式和主要内容，给自己的朋友写一张明信片，简要介绍度假情况。（应用实践）

3. 扩充明信片上的信息，制订一份假期旅行计划。（迁移创新）

（二）学生学情

学生在前两个课时学习过如何就要点信息进行提问；A部分的练习帮助学生熟悉明信片的结构、格式和内容；学生需要对假期旅行进行自主规划设计。

二、预计完成时间

基础作业：10 分钟；拓展作业：10 分钟；创新作业：15 分钟

三、实施方式

A 层：创新作业

B 层：拓展作业

C 层：基础作业

四、作业设计内容

第三课时	设计意图、指向、学习方式

基础作业
☆ 1.Make a dialogue according to the structure and key information.
① —Who is the receiver and sender of the postcard?
  —John Wu and Amy.
② —Where is she staying?
  —At the Star Hotel.
...
	意图：训练学生的口头表达能力和概括能力（感知与注意，获取与梳理）
	
	学科素养：
	☑语言能力 ☑学习能力
	□思维品质 □文化意识
	
	英语学习活动观能力维度：
	☑学习理解
	□应用实践
	□迁移创新
	
	学习方式：合作学习

拓展作业 ☆ 1. 给自己的好友写一张明信片，简要介绍你的度假情况。 ● Where are you? ● Where are you staying? ● What do you plan to do?	意图：巩固和延伸课堂教学（描述与阐释，内化与应用） 学科素养： ☑语言能力 ☑学习能力 □思维品质 □文化意识 英语学习活动观能力维度： □学习理解 ☑应用实践 □迁移创新 学习方式：自主学习

续表

第三课时	设计意图、指向、学习方式
创新作业 ☆☆ 1.和你的同伴一起制订假期旅行计划，并相互分享交流。 Travel Plan <table><tr><td></td><td>Me</td><td>My partner</td></tr><tr><td>Where would you like to go?</td><td></td><td></td></tr><tr><td>Who will you go with?</td><td></td><td></td></tr><tr><td>How long will you stay there?</td><td></td><td></td></tr></table>	意图：通过创设情境，引导学生用所学语言做事情,推动迁移创新（想象与创造） 学科素养： ☑语言能力　☑学习能力 ☑思维品质　□文化意识 英语学习活动观能力维度： □学习理解 □应用实践 ☑迁移创新 学习方式：合作学习

五、作业评价方式

评价内容	自评（1—3）	同伴评（1—3）
根据明信片提供的信息，做到准确提问和回答。		
明信片写作结构、内容和格式正确。		
和同伴共同设计关于旅游计划的问题，并实现有效沟通。		

第四课时作业设计

一、设计依据

（一）教学目标

1. 学会从不同方面收集世界知名城市的旅游信息。（学习理解）

2. 小组代表通过视频汇报收集成果，组内组间互评。（应用实践）

3. 为自己生活的城市——深圳设计一份旅行宣传册。（迁移创新）

（二）学生学情

学生在阅读、听力和补充阅读板块掌握了介绍旅游地的要点信息；学生具备上网搜索所需信息的能力，并能对其进行筛选、整合和应用。

二、预计完成时间

基础作业：10 分钟；拓展作业：10 分钟；创新作业：15 分钟

三、实施方式

A 层：创新作业　　B 层：拓展作业　　C 层：基础作业

四、作业设计内容

第四课时	设计意图、指向、学习方式
基础作业 ☆☆ 1.Collect information as much as possible about the famous cities around the world. | Country	Capital city	Largest city	Places of interest | |---|---|---|---| | France | Paris | Paris | The Eiffel Tower | | China | Beijing | | | | ... | | | |	意图：训练学生信息的收集、筛选、整合能力，了解信息收集的渠道（感知与注意，获取与梳理） 学科素养： ☑语言能力　　☑学习能力 ☑思维品质　　☑文化意识 英语学习活动观能力维度： ☑学习理解 □应用实践 □迁移创新 学习方式：合作学习

基础作业

☆☆ 1.Collect information as much as possible about the famous cities around the world.

Country	Capital city	Largest city	Places of interest
France	Paris	Paris	The Eiffel Tower
China	Beijing		
...			

意图：训练学生信息的收集、筛选、整合能力，了解信息收集的渠道（感知与注意，获取与梳理）

学科素养：
☑语言能力　　☑学习能力
☑思维品质　　☑文化意识

英语学习活动观能力维度：
☑学习理解
□应用实践
□迁移创新

学习方式：合作学习

拓展作业

☆☆ 1. 利用评价量表，评价汇报的作品。

评价指标	得分	评分标准
Rich contents		5=Excellent 4=Good 3=Acceptable 2=Needs improvement
A complete structure		
Fluent expressions		
No Grammar mistakes		
Video making		

意图：能依据不同的信息进行独立的思考；促进学生逻辑思维和辩证思维的发展（描述与阐释，内化与应用）

学科素养：
☑语言能力　　☑学习能力
☑思维品质　　□文化意识

英语学习活动观能力维度：
□学习理解
☑应用实践
□迁移创新

学习方式：自主学习 + 合作学习

续表

第四课时	设计意图、指向、学习方式
创新作业 ☆☆☆ 1. 假如你是城市推荐官，请为我们的城市——深圳，设计一份英文旅行宣传册。 	意图：培养学生在真实情境中运用所学文化知识解决实际问题的能力，培养学生跨学科学习能力（想象与创造） 学科素养： ☑语言能力　☑学习能力 ☑思维品质　□文化意识 英语学习活动观能力维度： □学习理解 □应用实践 ☑迁移创新 学习方式：自主学习＋合作学习＋体验学习

五、作业评价方式

评价维度	评价内容	自我评价	组内评价	教师评价
参与态度	积极参与资料收集、整理			
	与小组同学配合主动			
	能够独立承担部分任务			
活动能力	活动目标明确恰当			
	搜集信息方法恰当且使用工具合适			
	搜集信息充分、精当			
素养养成	能围绕相关主题，运用所学语言，描述事物、表达观点			
	能欣赏、鉴别美好事物，文化自信			
	积极思考，主动探究，用多种策略解决问题			

九、结语

"双减"政策需要每一位英语教师在作业设计中综合考虑教学实际和学生的学习能力，因材施教，面向全体学生，给予学生不同选择的过程，以最合适的作业量完成最高效的学习任务。

单元作业是单元课堂教学的延续，高质量的英语单元作业为学生提供了课下继续巩固英语学习内容的机会，学生在完成作业的过程中也能够体会到英语学习的乐趣和应用英语的价值。

精心的作业设计也是教师自觉意识和综合素养的体现，是促进教师专业发展的过程，为学生提供了更加良好的学习体验，最终落实英语学科核心素养的要求。

大观念教学视角下初中英语单元整体作业设计的实践研究

深圳市坪山区新合实验学校　陈　琪　庄汉华　李林燃

【摘要】"双减"政策要求教师群体不断提高作业设计水平。大观念能够直接反映学科最本质的核心知识要点、主要思想内容以及价值取向，教师基于大观念对单元作业进行整体设计，可以在减轻学生作业负担的同时，重构教学过程的各个环节，提高教师的教学效率，利于落实学生学科核心素养的培育。

【关键词】大观念；初中英语；作业设计

《义务教育英语课程标准（2022 年版）》提出，我们要依据单元育人蓝图实施教学，倡导学生围绕真实情景和真实问题，逐步建构起对单元主题的完整认知，参与到指向主题意义探究的学习理解、应用实践和迁移创新等一系列相互关联、循环递进的语言学习和运用活动中。作业作为课程的一个重要环节，与教学是一致和互补的关系。如何将作业融入单元整体教学和主题意义探究的活动中，关系到教学目标能否有效达成，学生能否实现知识迁移，学生群体能否形成正确态度和价值观。

一、大观念的内涵

怀特利（Whiteley）认为，大观念（big ideas）是理解的基础，是联结碎片化知识点的有意义的模式。大观念建构起有主题意义学习的框架，让学生将所学知识串联内化，加以运用实践、迁移创新。

大观念是统摄教与学过程的原则和方法。具体来看，对教师而言，它是统领教学设计的核心理念；对学生而言，它是通过课程内容学习所达成的育人目标。基于单元主题大观念，学生能直观生动地理解各种学习板块以及语篇阅读之间的相关性，形成概括性认识，对单元主题产生深刻的印象，实现有效的知识迁移，促进创新能力的发展，从而实现立德树人的教育理念。

大观念是深度学习和核心素养落地的抓手，是从零散走向关联，从浅表走向深入，从远离生活需要走向实际问题的解决的起点。

二、基于大观念的单元整体作业设计

在"双减"背景下，作业设计应依据新课标，在夯实"双基"的基础上，加入探究性、开放性和综合性的作业内容，发展学生高阶思维，落实学生学科核心素养的培育。

基于大观念的初中英语单元整体作业设计是指在单元大观念的指引下，从单元整体出发，通过设计一系列作业帮助学生巩固并掌握单元主题下的重要知识与技能，创造性地表达自己对单元知识、文化和观念的理解。

大观念指引下的初中英语单元整体作业设计要求教师以反映核心知识要点、主要思想内容以及价值取向的大观念为依托，围绕大观念统筹设计单元整体，促进学生对单元整体核心内容和精神品质进行深度思考，在解决实际问题的实践活动中有效输出。在此过程中，作业可以不再是碎片化的读写背记、机械拼凑，而是具有概括性、关联性和趣味性的巩固课堂教学的重要保障。

三、基于大观念的单元整体作业设计案例

大观念教学视角下的单元整体作业设计，坚持核心素养为目标导向，以确立主题大观念为前提条件，进行单元整体作业的结构化设计。下面，我们以牛津版七年级下册Unit 4 的学习内容为案例，将本单元整体作业设计路径梳理为三步：分析大观念、目标导向性和作业结构化。

1. 分析大观念

通过教材分析、学情分析和主题分析，我们逐步确立"爱护树木，保护环境"为主题大观念。

（1）教材分析

根据《义务教育英语课程标准（2022 年版）》划分的三大主题范畴，本单元以"保护树木"为话题，以树木对人类的贡献为主线，属于"人与自然"的范畴。基于单元主题引领的解读脉络，单元教材主要语篇分析如下：

语篇	语篇类型	语篇内容	语篇主题
Reading	访谈	树木对人类的贡献	How trees help us
Listening	广播节目	关于松树的事实信息和作用	How pine trees help us
Writing	看图造句	描述植树过程	How people plant trees
More practice	说明文	亚马逊雨林	Some facts about the Amazon rainforest
Culture corner	说明文	中国茶叶	The history and types of Chinese tea

（2）学情分析

七年级的学生精力充沛，亲近自然，喜爱户外活动。他们对树木这一话题有了一定的知识储备，如生物课为他们提供了关于植物的光合作用和呼吸作用的背景知识，在地理课上他们学习了热带雨林的分布和作用。因此，本单元的学习内容是学生所熟悉的话题。

但也存在部分学生环境保护意识较为薄弱，缺乏责任感和使命感。本单元通过图片、

视频等多模态资源，让他们意识到环境保护关乎每一个人的生存，转变观念、态度，培养主人翁意识，参与到环境保护的行动中。

(3) 主题分析

"Save the trees"这一单元属于人与自然主题语境中的环境保护，主要包括五篇不同的语篇材料。基于单元主题和单元内容框架，我们确立了"爱护树木，保护环境"的主题大观念。

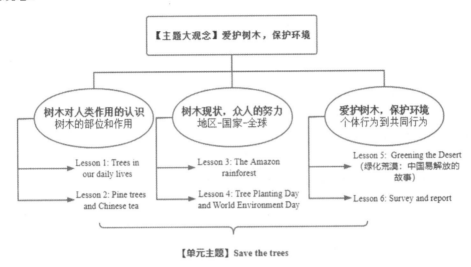

依据单元主题，将主题大观念进一步划分为三个小观念：一是树木对人类作用的认识；二是树木现状和众人的努力；三是爱护树木，保护环境。学生将经历由事实性输入到思维理解，最后发展成为语言输出、问题解决再到情感升华的深度学习过程。

2. 目标导向性

语言能力	1. 学生能够掌握关于树木的重点单词和词组，如树木部位 (branch, root, leaf)，树木的作用 (produce oxygen, take in)，植树过程 (dig holes, carry, container) 等。 2. 学生通过听、说、读、写、看的方式，理解语篇大意，并对语篇结构进行梳理，整合有关树木作用的表达 (major fighters against..., keep air..., take in...and produce..., be home to...)，树木面临危机的相关表达 (cut down, destroy, deforestation) 以及保护树木可采取的措施的相关表达 (stop cutting down trees, stop using throwaway chopsticks, recycle or reuse) 等等。 3. 学生能够在语法和写作中运用现在进行时表示此刻或现阶段正在进行的动作 (be doing sth.)，学会描述植树活动的过程。
文化意识	1. 学生能够明白树木对人类社会产生的积极作用，增强爱护树木、保护环境的意识。 2. 了解中国茶文化，培养学生探索中国文化的兴趣。

思维品质	1. 学生通过各类学习理解类、应用实践类、迁移创新类活动，发展高阶思维。 2. 学生通过实践性活动培养团队合作的精神，关注社区环境保护情况，树立主人翁意识。
学习能力	1. 培养学生总结归纳、创作思维导图的学习技能。 2. 锻炼学生学会观察、善于思考的自主学习能力，增强探索原因、准确描述和提出建议的本领。 3. 激发学生对英语学习持续的兴趣，引导其主动参与学习任务。通过独立思考、小组讨论、合作探究等方式提升沟通能力、合作能力和解决问题的能力。

单元作业作为教学目标的重要环节，作业设计要与学习目标匹配。只有站在单元整体作业设计目标基础上统筹分课时的目标，才能真正"减负增效"，促进深度学习，实现大观念育人的教学要求。

单元作业目标	课时	课时作业目标
通过本单元的学习，学生能够： 1. 巩固重点单词、短语、句型等，能在真实的情景中准确运用所学知识来表述树木部位及其作用。 2. 提升语篇理解能力，拓展课外知识。 3. 提升写作技巧，能够整合主题信息，运用现在进行时和表达顺序的连接词来介绍一个活动过程。 4. 能够运用所学知识指导生活习惯，尊重自然，保护环境，树立良好的环保意识。 5. 通过创新性的项目式主题活动，培养学生的问题解决能力。	Period 1	学习课文中有关树木的重点单词和词组；激活分析语篇结构的逻辑思维，培养学生总结归纳的学习技能。
	Pcriod 2	提升语篇理解能力和语言迁移能力；通过联系自身的生活实际，表达你最喜欢的一种树木，调动学习英语的积极性。
	Period 3	能够搜索相关新闻报道，培养思辨意识，关注环境危机，分析原因，并给出解决对策。
	Period 4	归纳整理课文中的重点单词和句型；学会描述植树活动，明白植树节和世界环境日对保护大自然的作用。
	Period 5	能够整合本单元的语言知识，创造性地写作，提升综合语言运用能力。
	Period 6	能够关注小到社区、大到社会的环境问题，树立环境保护意识，从自身做起，从小事着手，构建和谐家园。

3. 作业结构化

根据单元大观念和三个小观念，我们将单元整体划分为六个课时，各课时作业设计如下所示。

续表

课时作业	作业类型 （预计时长）	作业内容	学科素养	过程评价
1	巩固提升 （30 分钟）	Draw a mind map Must do：参考思维导图，归纳整合课上所学内容。要求标明树木的部位和阐明作用。 Might do：将你了解的更多信息补充到思维导图。 	语言能力☑ 文化意识☐ 思维品质☑ 学习能力☑	★认真思考 ★归纳整理 ★内容充实 ★作品美观
2	拓展创新 （30 分钟）	Share your favourite tree "十年树木，百年树人"。人生，就像一棵树，树给人生以启迪。你最喜欢的一棵树是什么呢？它给了你什么启示？请结合以下框架，完成你的推介画报。 		★认真思考 ★表达流畅 ★思路创新 ★情感丰富

续表

课时作业	作业类型（预计时长）	作业内容	学科素养	过程评价
3	汇报展示（30分钟）	The rainforest is crying 了解亚马逊热带雨林的现状后，你是什么心情呢？假如你是雨林，你想对人类说什么？请以小组为单位编写一段雨林与人类之间的对话，必要时可配上插图。	语言能力☑ 文化意识☐ 思维品质☑ 学习能力☑ 能力水平 识记☑ 理解☑ 应用☑ 综合☑	★表达流畅 ★思路创新 ★内容充实 ★情感丰富
4	巩固提升（20分钟）	The present continuous tense 作业一： 写出下列动词的现在分词并总结对应的变化规律。 规则变化规律1： work listen play eat 规则变化规律2： write make have come 规则变化规律3： begin swim cut run 规则变化规律4： lie die tie hie 2. 用所给单词的正确形式填空。 1) Look! Sarah and Lucy _____ (play) badminton on the playground. 2) Be quiet, please. The baby _____ (sleep) in the next room. 3) — Where are the students? —They _____ (have) a music class. 4) — May I use your computer? —I'm afraid not. I _____ (use) it. 5) Look! She _____ (lie) under the tree, looking into the sky. 作业二： Must do: 根据图片和提示，写出完整句子并回答问题。	语言能力☑ 文化意识☐ 思维品质☑ 学习能力☑ 能力水平 识记☑ 理解☑ 应用☑ 综合☑	★认真思考 ★回答正确 ★内容充实 ★书写工整

续表

课时作业	作业类型（预计时长）	作业内容	学科素养	过程评价
		  What is Emma doing? What are Jane and Laura doing? Are Mr and Mrs Patel putting litter in the bin? Is Mr Yuan planting a tree in the garden? What else can we do to protect the environment? Might do: What are they doing? Read the sentences and put the number beside the sentences. a.( )She is standing beside the lake. She is clapping her hand because her son is learning to swim. She is very happy because he is doing well. b.( )The duck is diving into the lake. It's looking for a fish. Its head is under water. c.( )Mrs Smith is taking photos of her family. d.( )He is jogging around the lake. e. ( )The heron is a beautiful bird. He is standing still. He is watching carefully. He is trying to catch a fish. f.( )The boy and the girl are standing up. They are on their raft(木筏).They have got poles to help them push the raft. g.( )Mr Smith is kneeling down. He is putting a plaster on his son's toe. h.( )The butterfly is sitting on a big flower.		

续表

课时作业	作业类型（预计时长）	作业内容	学科素养	过程评价
5	拓展创新（30分钟）	Must do： 一、连词成句。 1. in, some, park, are, working, people, the (.) _____ 2. tree, in, hole, are, two, a, workers, planting, the (.) _____ 3. carrying, are, a, container, the, workers, large (.) _____ 4. people, goodbye, are, to, the workers, saying (.) _____ 5. trees, many, are, ways, people, good, in, for (.) _____ 二、翻译句子。 1. 人们大量砍伐树木，因此，树林越来越少。(as a result) _____ 2. 我们可以多植树，树木可以吸收有害气体并释放新鲜空气。(take in; give out) _____ 3. 树木可以产生氧气并且为人类提供食物。(provide sb. with sth. /provide sth. for sb.) _____ 4. 由于环境污染，动物们的生存环境越来越糟糕。(because of) _____ 5. 我们要尽全力保护地球，它是人类和所有动植物的家园。(do one's best to ...) _____ A层：能力提升 (Might do) 假设你是学校英语俱乐部的干事，你们俱乐部打算在校内组织一次"Planting Trees for the Earth"的活动，请你用英文为此活动写一篇演讲稿，告诉大家树木的重要性。演讲稿需包括以下要点：	语言能力☑ 文化意识☐ 思维品质☑ 学习能力☑ 能力水平 识记☑ 理解☑ 应用☑ 综合☑	★表达流畅 ★思路创新 ★内容充实 ★情感丰富

续表

课时作业	作业类型（预计时长）	作业内容	学科素养	过程评价
		1. 树木的作用：提供食物和材料、保持空气清新、防止气候变暖； 2. 树木的现状：人们为了农业和建筑砍伐树木； 3. 保护树木的建议。 注意：（1）参考词汇：材料（material）、气候（climate）； （2）词数：70 词左右（演讲稿的开头已给出，不计入词数）。 As we all know, trees are very important to the environment. _____ _____ B 层：拓展训练（Might do） May 和好朋友 Jane 所在的格林中学（Green Middle School）一直很重视对学生进行环保教育。他们开办了一些俱乐部，专门吸纳对环保感兴趣的同学。这不，May 和 Jane 正在谈论各自最喜欢的俱乐部和她们的一些想法。请根据表格内容，写一篇文章。 要求:1. 表达清楚、语句通顺、意思连贯； 2. 应用表格中的所有信息，并适当发挥； 3.80 词以上。文章的开头已经给出，不计入总词数。		

姓名	最喜欢的俱乐部	原因	方法
May	Saving Trees Club	树对人类很重要，但却越来越少（fewer and fewer），我们应尽力拯救它们。	多种树，节约用纸。
Jane	Helping Animals Club	动物是人类的朋友，但现在却处于危险之中，我们应该保护它们。	少吃肉。

May and Jane come from Green Middle School. They are talking about their favorite clubs.

_____

_____

续表

课时作业	作业类型（预计时长）	作业内容	学科素养	过程评价
6	拓展创新（30分钟）	**Project** 以小组为单位，调查在家中、学校以及社区里存在的一些直接或间接破坏树木的行为，完成调查问卷，据此完成一份保护树木的倡议书。最后，组长汇总、整理本组的调查数据，上台进行汇报。 Survey form Dear friends, We are doing a survey about how green you are. Please tick the following items. 表格见下 Suggested solution: Thank you for time and help! 	语言能力 ☑ 文化意识 ☑ 思维品质 ☑ 学习能力 ☑ 能力水平 识记 ☑ 理解 ☑ 应用 ☑ 综合 ☑	★认真思考 ★归纳整理 ★数据真实可靠 ★表达流畅

No.	Activities	Every day	Often	Some-times	Sel-dom	Never
1	Use throwaway chopsticks					
2	Throw away newspapers and magazines					
3	Write only on one side of the paper					
4	Use too many pencils					
5	Burn wood to cook food					
...						

四、反思

此次教学实践证明，大观念指引下的单元整体作业设计不仅培养了学生的探究能力和创新能力，还提升了沟通、合作、共同解决问题的能力。项目式主题活动的最终成果，也让学生感受到了参与社会调查，发现问题、解决问题的快乐，能提升他们继续学习英语的兴趣。

但是，整个单元整体作业设计也有一些不足之处。

①作业难度没有完全体现层次

由于两个教学班级学生层次相差较大，学困生在课时作业中参与感较低。因此，教师将继续思考如何激发他们的积极性。

②作业要求模糊

虽然每个课时作业设计时都体现了教师的期望，但整体上对作业完成的要求还是比较模糊，导致学生对任务理解有偏差。尤其是在第六课时的项目式活动作业设计中，教师应解释清楚各项要求。

五、总结

基于大观念的初中英语单元整体作业设计，是"双减"背景下践行新课标理念，提升学生英语核心素养的有效实践路径。一线教师坚持大观念和单元整体教学思路，不断尝试，不断改进，必能将新课标理念和学科育人理念应用在英语教学中，发挥其指导作用，成为"双减"大背景下提高学生英语学科核心素养的有力推手。

【参考文献】

[1] WHITELEY, M. Big ideas: A close look at the Australian history curriculum from a primary teacher's perspective [J]. Agora, 2012, 47(1): 41-45.

[2] 王蔷, 李亮. 推动核心素养背景下英语课堂教—学—评一体化：意义、理论与方法 [J]. 课程·教材·教法, 2019, 39(5)：114-120.

[3] 王蔷, 周密, 蒋京丽等. 基于大观念的英语学科教学设计探析 [J]. 课程·教材·教法, 2020, 40(11)：99-108.

[4] 中华人民共和国教育部. 义务教育英语课程标准 (2022 年版)[S]. 北京：北京师范大学出版社，2022:5-6, 12, 16-17.

让舞台式课堂扬起自主学习的风帆

——听李燕青老师 Froggy's new job 一课有感

深圳市坪山实验学校　龙莹诗

在教学中加强学法指导，切实培养学生的自学能力，这是时代发展的要求和素质教育的需要。基于舞台式教学的小学牛津英语深圳版 Read a story 专栏课堂教学，李燕青老师执教的 5AU1 Read a story Froggy's new job，极大地调动了学生的学习积极性，充分发挥了学生的主观能动性，让我在舞台式教学对学生进行学法指导方面有了一些思考。

一、教师示范，展示学法

由于学生的认识规律是感性认识到理性认识，所以上课开始便向学生灌输抽象的学习方法是很难被小学生所接受的。即使被接受，也只是机械性的记忆，不是理解，更谈不上应用。因此，学法指导的第一环节应先让学生积累一定的感性认识。即通过教学中的示范性指导，让学生从教师的教学中感知学法，领悟学法。这就要求教师的示范过程必须做到两点：一是教师的教应做到线条明确，层次清楚，便于学生发现和领悟学法。二是教师的教应做到难易适度，便于学生尝试和运用学法。

在李燕青老师的小学牛津英语深圳版 5AU1 Read a story Froggy's new job 第一课时，教师以视频引入的方法，让学生在语言、音乐、画面的冲击下，对故事的情境有了直观的了解。在学生自主阅读故事后，教师又针对故事情节设计了细节化的问题，如 "Who does Froggy meet? What are their jobs? Does Froggy like their jobs?" 等帮助学生理解故事。学生在理解故事的同时，还有一个环节是必不可少的，那就是以朗读的方式输入语言信息。在这个环节的过程中，学生首先要认真听读课文，关注语音、语调、连读等语音现象，尤其要模仿不同语言所表达的感情，从而提高学生对台词理解的敏感度。采用丰富的朗读方式，如个人读、小组读、师生对话、生生对话的方式，力求通过台词让学生入戏，为接下来的输出和表演奠定基础。这一过程使学生从中获得了清晰完整的感性认识，为下一步发现和领悟学法打下了良好的基础。

二、自学实践，运用学法

学法作为一种方法和本领，不但要靠讲授，靠理解，更重要的是要靠实践活动的训练。学生只有通过自学实践才能真正掌握学法，也才能使自学能力真正得到培养。所以，领会和归纳学法并不是学法指导的最终目标，而只是一个起始。在此基础上还应给学生自学实践的机会。让学生在尝试过程中运用学法，把学法转化为自己的东西，进而形成能力。

在李燕青老师的 Froggy's new job 中，学生在教师的指导下，完成了以下两个实践任务：

1. 合作排练，内化语言

在学生理解故事情节和掌握台词的语言后，教师组织学生进行分组排练，帮助学生内化语言。在这个环节中，教师鼓励学生自由发挥，自行选择角色，按照自己的理解设计表演动作和对台词进行改编。同时，教师应随时留意学生的排练情况，给予过程性的评价和帮助，促进学生自主内化语言，对故事进行改编和表演。

在 Froggy's new job 第一课时后，教师布置了改编剧本和排练的任务，该怎么改编呢？本单元的主题是"My future"，谈论的话题是未来的职业选择。这个趣味的小故事告诉学生们，只要是适合自己的、能发挥自己长处的、自己喜欢的便是一份好的工作。在过去的学习中学了不少有关职业的词汇，因此教师可以引导学生将故事中的职业替换成学生们喜欢的其他的职业，并对文本也做出相应改动。

2. 小组表演，输出语言

在教师的引导和帮助下，学生完成了剧本的改编和故事的排练，接下来就是第二课时的表演活动。课前，教师应做好准备工作，如展示背景 ppt、在黑板上写上主要句型和评价标准、摆放好学生准备的道具等。表演开始时，教师可以通过点头、微笑等微表情积极给表演者以鼓励，表演者忘词时，教师可以给予适当提示，让表演顺利进行。表演过程中，学生观众认真观看，做好记载，以便进行下一环节的评价活动。

在 Froggy's new job 第二课时，学生经过团队合作，产生了许多不同的故事版本。表演时有的学生说 Froggy 想做一名舞蹈家，但是他跳得乱糟糟的，把观众都吓跑了；他经过一家在招厨师的餐厅，便进入尝试，结果用火不当，他被炸到了湖里。这时，他发现了落水的孩子，善于游泳的他迅速救起了孩子，最终成了一名救生员。有的小组说，Froggy 发现月嫂工资很高，他想学着做，可是他浑身绿绿的，还时不时发出呱呱的声音，把小宝宝都吓哭了；想做的士司机，却发现自己没有驾驶证……学生们的想法极具创造力和想象力，他们改编的故事比原文的故事更加生动有趣，故事衔接也十分自然。每个小组的故事都不一样，充分体现了语言学习的生成性。学生在排练和表演的过程中运用学法，把学法转化为自己的东西，进而形成语言能力。

三、回顾小结，归纳学法

通过两个课时的学习，学生积累了一定的感性认识，如果教师不及时加以指导和归纳，将感性认识上升为理性认识，他们对学习方法的认识就不能深化，也就达不到掌握技能方法的目的。因此，当学生对学法的感性认识达到一定的程度时，教师要及时引导他们对第一部分的学习过程进行简要回顾，使其从回顾中发现和领悟学法，再用一定的方式指导学生将发现和领悟到的学法归纳出来。

表演结束后，观看表演的教师和学生对各个表演进行评价。评价方式多样，以评价主体划分为自我评价、教师评价和学生评价，以整体内容评价分为参与活动的积极性、团队合作的默契程度、语言输出的准确性和趣味性、剧本改编的创意等等，以激励性评价为主。学生从回顾中发现和领悟舞台式课堂的学法，使他们对英语剧的表演的认识更加清晰和深刻。在 Froggy's new job 表演后，教师采取了学生评价的方式，随机抽取一名学生观众，让观众选出最喜欢的演员，并送上星星作为奖励。其中一位观众的发言令人感动，他说："XX 平时在课堂上积极性并不高，也基本上没有跟同学合作完成过任务，今天他的表现让我刮目相看。所以我把这颗星星送给他。" 学生稚嫩朴素却真实的评价让我们看到李老师舞台式学法指导对于学生团队协作、良好品格和欣赏他人的习惯养成的积极作用，在传授语言知识的同时也在育人方面产生潜移默化的积极影响。

自主学习是新课程标准进入英语课堂的一把标尺，教学不仅要研究教师的"教"，更重要的是要重视研究学生的"学"。李燕青老师在舞台式教学中做到多维的师生互动，加强学法的指导，注重学生思维的启发，这样的英语课堂学生才会乐学、善学、会学。扬起自主学习的风帆，我们的英语课堂一定会驶向更加高效的彼岸。

教师如何设计教法突破重难点

——观李燕青老师 Froggy's new job 一课有感

深圳市坪山实验学校　　蔡美玲

李燕青老师的这节舞台式教学课堂研讨课 Froggy's new job 在各方面都给了我美的享受。从教室舞台的布置、道具的准备、学生服装的打扮、板书的设计以及学生们精彩的表演都展示出了引导者和表演者的用心。舞台式教学，就是教师把教学内容融入到情景剧中，或是以教材中的故事为载体，引导学生把课本中抽象的语言知识和内容与直观有趣的情景或故事相结合，并以表演的形式呈现出来，学生在表演的过程中得到良好的情感体验以及将知识内化，真正能够做到学以致用，从而健全自己的语言表达和发展人际互动。在《中小学英语戏剧教学指南》中，李静初老师阐述了中小学英语戏剧的系统目标应该是：确立人生理想；培养道德修养；学会调整情绪；推动人际互动；锻炼行动技能以及健全语言表达。李燕青老师的这节课则很好地落实了以上教学目标。

舞台式教学以平实课堂为载体，在教学上既有相同之处，也有不同点。相同的是都强调以学生为主体，教师为引导。不同的是，舞台式教学更强调的是生生之间的配合和评价。教学中的重难点是整节课中的最核心和最精华的部分，学生掌握好了重难点，对于巩固知识、学习新知识起着决定性作用。优化教学过程，突出重点，突破难点，是组织教学重要的一环。舞台式教学的重难点为剧本的选取以及改编，表演者的展示和现场观众的配合，表演后的评价机制以及教师在课堂中扮演的引导者角色。而李燕青老师的这节课则通过巧妙的设计和引导带领学生突破本节课中的重难点。

一、剧本的选取以及改编，解决教学内容

本节课中，教师以小学牛津英语深圳版教材 5AU1 Read a story Froggy's new job 故事为基础，鼓励学生通过小组合作将已学的知识融入到故事中，对故事进行改编。全班分为四组，每组的故事都以 Froggy 寻找新职业为主线，通过一路上遇到各种不同职业的人并与他们之间发生的故事为情节展开，最后 Froggy 成功找到适合自己的职业。李燕青老师在教学过程中并没有限定学生们的发挥，只是给出了剧本改编的要求：剧情完整，衔接自然；内容积极向上，富有创意，具有启发性。而后便让学生小组合作自由创作，当学生在改编过程中遇到困惑时，教师则适当地给予指导。而后在四组学生的表现中我们也看到，学生们改编的内容相当精彩。李燕青老师通过问题和要求引领学生思考探究，突破了教学内容上的重点和难点。

二、表演者的展示和现场观众的配合

舞台式教学中如何做个优秀的表演者和做个合格的观众也是教学中的重点。在本节课中，李燕青老师在让学生们正式开始表演前提出了两个问题：What is a good performer? 和 What is a good audience? 即如何做一个好的表演者和一个好的观众。在学生的回答中，李燕青老师将学生的回答通过板书的形式呈现在黑板上，最后带领学生一起总结 a good audience 和 a good performer 的要求与规则，为接下来的展示营造良好的学习环境和氛围。

三、生生评价，师生评价，以评价促进教学

每组结束精彩的表演后，李燕青老师利用班级优化大师软件里面的随机点名功能，现场抽取两名观众，让观众选出自己喜爱的角色，说明原因并送上小星星。我注意到，当观众（台下的学生）在进行点评的时候，评价的依据来自两个方面，一个是参照黑板上教师给出的优秀表演者的标准，另一个是这场表演带给自己内心的感受以及表演者所扮演的角色带给自己的思考。比如说，当李燕青老师问道："Which actor or actress do you like best? Why?"两名学生给出的回答是："I like Froggy. She acts emotionally and dresses well."和"I like cook best. Because they are very friendly and patient."在引导学生点评的过程中，无形也让学生们再一次回忆和巩固了作为一名优秀表演者的要求。最后，李燕青老师根据学生们的评价对小组的表演进行简单的总结，再次巩固和强化了教学的重点。

四、教师在舞台式教学中扮演的角色

生本理念指教师的教育教学应该以学生为主体，以提高学生的学习能力为目的而设计。平实课堂倡导以生为本，在课堂上充分尊重学生，发挥学生的自主能动性，建构生本理念下的平实课堂。李燕青老师的这节课便很好地阐述了平实课堂的理念，将舞台还给学生，自己作为一个引导者、辅助者，敏锐地观察学生存在的不足并及时地给予相应的指导，让学生不仅仅是在表演，而且从表演中更好地理解文本和体会人物真实情感。比如，第一组同学表演中，Froggy 扮演者开车落水后，十分沮丧地向司机道歉，可是司机扮演者没有关注到 Froggy 的情绪，也未对他人的道歉做出回应。李燕青老师敏锐地发现了这一问题，并未打断学生们的表演，而是在表演结束后，李老师就这一现象提出了"当别人向你道歉，你该如何回应"的问题，让学生们思考，引导学生们说出可能的答案，并写在黑板上，让孩子学会如何正确与他人进行人际互动。

舞台式教学打破了传统意义上的教师教、学生学的状态，教师说、学生听的模式。舞台式教学真正体现了把学生作为教学的主体，充分发挥学生的主观能动性，以及教师作为一个引导者在学生学的过程中所扮演的角色。可以说，李燕青老师的这节课让我们看到了不一样的课堂，为平实课堂增添了不一样的光彩。

舞台式教学让学生"说"出平实课堂

——听李燕青老师 Froggy's new job 一课有感

深圳市坪山实验学校　程　玥

《义务教育英语课程标准》提出义务教育阶段英语课程的总目标是：通过英语学习使学生形成初步的综合语言运用能力，促进心智发展，提高综合人文素养。在其分级目标描述中强调，要激发学生英语学习的兴趣，培养学生积极的英语学习态度，使学生初步建立学习的信心，逐步养成良好的英语学习习惯，总结出好的学习方法和策略，同时发展学生自主学习的能力，培养学生能与他人合作、解决问题并报告结果的能力；倡导实践体验、参与、合作、交流的学习方式和任务型的教学途径，重视培养发展学生的语言综合运用能力，让语言学习成为学生形成积极的情感态度的过程，从而提高跨文化意识，形成自主学习能力。

小学英语舞台式教学法正是基于《义务教育英语课程标准》以及小学生的特点而提出的。所谓舞台式英语教学法，就是指在教学过程中，教师把教学内容贯穿到情景剧中，将抽象语言内容纳入到有趣的情境之中，为学生创设学习的情境，引起学生的情感体验，提供充分的机会和空间作为语言输出的平台和媒介，使学生把语言知识和技能以舞台剧的形式表现出来，进而提高其语言学习和运用的能力。

李燕青老师基于小学牛津英语深圳版课本 5A U1 Froggy's new job 故事而创设情境、组织的这一节舞台式教学课堂，让学生把语言知识在课堂实践中分享交流，激发了学生学习英语的兴趣，提高了学生的英语听说能力，锻炼了学生在实践中运用语言的能力。李燕青老师在本节舞台式教学课例中，让学生"说"出平实课堂，体现了"扎实、充实、丰实、真实"的"平实教育"课堂的主要特征。

一、扎实有意义

首先，李燕青老师帮助学生克服畏难情绪，鼓励学生进行课文故事改编，创建出一个有利于学生说的氛围。其次，李燕青老师以学生兴趣（不同的职业）、需要（词汇、语法、句型）、已有经验（课文 Froggy's new job）出发，创设新的情境活动，让学生基于自身情况运用已有经验、句子进行交流、自主发言等激发学生参与到课堂。最后，李燕青老师创设舞台情境让学生从已知到未知，引发学生对未知内容的期待。这种舞台式情境的创设，扎实在对课本知识的掌握与拓展，体现出以生为本，教师主导，学生积极参与实践的平实课堂。学生从已知知识到未知知识的内化，充分锻炼了其实践应用能力。

二、充实有效率

李燕青老师这节舞台式教学课例面向的是班级全体学生，而不是擅长表演的部分学生。全班同学分成多个小组，合作创编课本剧，有擅长出主意的，有擅长表演主角的，有动作型小演员，也有实力型旁白，还有拉小提琴、弹钢琴配乐的，真正做到了全员参与，基本每个学生都有事情做。无论是作为演员，还是作为观众，全班学生都能明白自己的角色定位，并为之付出努力。同时，从教室环境的布置、演员们衣着的装扮，可以看出学生们对这节课的兴趣与重视度，正是有了班级绝大多数学生的积极参与，才可以说这节课是非常充实有效率的，对学生的英语听说等综合能力的发展是富有促进作用的。

三、丰实有生成性

在李燕青老师执教的这节舞台式教学课例中，有一幕是当小青蛙开车落水后，十分沮丧地和出租车司机道歉，但是司机并没有关注到主角小青蛙 Froggy 的情绪，也未对他人的道歉做出回应。这一真实的课堂状态，被教师敏感地捕捉到，同时引导学生们思考：当他人道歉的时候，你应该怎么回应？同时，教师给予学生指导，引导学生用英文说"没关系，下次你可以做得更好"……教师在备课时预设了好的演员及好的观众应该遵守的一些准则，并给出表演评价标准以及观众自我评价表，体现出课堂的丰实。而课堂实际互动中，教师临时发现的学生情感问题，并能引导学生去学会化解问题的智慧，则是一节课的亮点所在，更能丰实课堂效果。

四、真实有常态性

本节课课堂气氛非常活跃，学生们和老师都是笑脸盈盈的。教师给学生足够的时间表演，同时教师在观看的过程中认真做笔记，尽量不打断学生的表演，当发现有观众发出干扰或笑场的时候，轻轻用手势示意其保持安静。在教师点评和请学生点评的时候，也不忘提醒全体观众，观看演出一定要保持安静，不能影响演员发挥。这样的课堂，虽不是十全十美的，但是一节真实的常态课，相信学生们有了丰富的表演经历后，会更自然地流露情感，思维得到激发，英语口语对话更有信心，语言应用更加流畅。

语言来源于生活，又运用于现实生活当中。小学生活泼好动，富有想象，喜欢表演。因此，教师创设体验式的实践活动，让学生在活动中学习英语，把课本中原来单调的语言文字变成感情丰富的课本剧，既能充分激发学生学习英语的积极性和主动性，又能打造"扎实、充实、丰实、真实"的平实课堂，进而提高英语教学的效果。

在生本课堂里生成英语核心素养

深圳坪山实验学校　李艳珍

　　李燕青老师的这节课以"Froggy's new job"这一主题展开。从故事改编到排练，最后到表演，老师鼓励学生改编课本故事 Froggy's new job，帮助学生梳理改编思路，指导学生排练，最后形成表演，一步步使学生学会说英语、讲英语、用英语，内化英语知识，并养成善思考、懂礼节的品质。在李燕青老师的设计引导下，学生在这节课中达成了一定的核心素养目标，享受了学习中的乐趣。这样的课堂不仅使学生受益匪浅，听课的老师也收获颇丰。我带着期盼而来，带着思考而去：我们应该给学生一节什么样的英语课？我们的英语课还可以怎么上？我们可以怎样让学生成为学习的主人？我们的课堂语言和评价要注意什么？我们应该怎样去引导学生达成核心素养？通过对这节课的分析和反思，我慢慢地梳理出了一些答案，使我在英语教学上有了方向和指引。

一、设计：表演模式，新颖设计

　　核心素养是学生在接受相应学段的教育过程中，逐步形成的适应个人终身发展和社会发展需要的必备品格和关键能力。英语核心素养包括语言能力、思维品质、文化意识、学习能力。如何在英语课中培养学生的英语学科核心素养是目前英语老师努力的方向。

　　Froggy's new job 这堂课以课本剧表演的形式展开，很好地培养了学生的语言能力、思维品质、文化意识、学习能力。这堂课与传统的课堂授课不同，它超越了以往我们的课堂模式，超越了课本教材内容，是李燕青老师在英语舞台式教学中摸索出的促进学生核心素养发展的新颖课堂。这种与时俱进的开放式课堂，以其富有活力和创新性很受学生欢迎，同时也体现了老师的创新精神、较强的设计能力和引领作用。学生在这种开放式的课堂中表演表达能力，运用语言能力得到提高，老师的引领作用也得以体现。

　　开放式舞台式教学模式更加注重老师的指导和引领作用。回顾本节课，李燕青老师带领学生以故事改编表演和评价表演两个方面为抓手，巧妙地设计教学：改编故事，演绎故事，演绎评价。在教学中运用多种互动方式：师生互动，生生互动。采用多种评价方式：师生互评，生生互评，小组互评。在这些互动互评方式下，学生学会更好地运用英语、更好地学会表演，学会思考，学会尊重他人。在李燕青老师的引领下，学生不断地优化自己的英语语言表达，更好地演绎故事，学会礼貌待人、尊重他人，英语核心素养在互动互评中生成。

二、课堂：学生演绎，教师引领

英语学以致用一直是英语教学较难跨越的难关，同时英语舞台剧表演对学生来说需要一定的英语基础和英语素养。如何让学生用英语很好地将英语故事表演出来是有一定难度的。况且基于生本的舞台式教学模式是李燕青老师的初次尝试，怎样将课本知识转化为舞台剧，怎样去引导和引领孩子将课本故事舞台化、剧场化，且使学生从中收获英语知识、收获英语技能、达成育人目标都是巨大的挑战。那么李燕青老师是怎么解决这些问题的呢？

（一）打破课堂空间和时间维度

李燕青老师通过课前布置作业，鼓励学生分小组对课文文本故事 Froggy's new job 进行故事改编。学生在小组改编故事时感到困难，提出疑问，老师帮助学生找到解决办法。老师首先引导学生将故事中小青蛙找工作作为主线，通过替换成不同的工作，会发生不同的故事，理清学生改编故事的思路。然后，对故事演绎需要用到的句子和词汇展开想象力，大胆地改编故事。老师再帮助查看文本的内容，修正语法错误。最后，小组按照改编的故事进行排练和表演。老师基于学生对故事的兴趣引导学生展开想象，从他们的认知出发，进行故事改编，让学生从已知到探索未知，在未知中寻找答案，一路引领指导本课的故事表演。

（二）课中营造

为了更有效地实现教学目标，让学生在演中学，感知英语语法知识，体会情感，获得英语学科核心素养。李燕青老师找了一间空教室，在教室里摆了森林河流的道具，要求表演青蛙以及不同职业的小演员穿着相应的服饰，观众座位围绕中间的表演舞台。教室 PPT 上写上表演需注意的准则，如何做一名懂礼仪的观众。通过这样的准备和课堂营造，教学得以有序展开，学生在这样的环境中愿意开口说英语，能够投入到故事表演中。

（三）互评生成核心素养

每组表演后，李燕青老师结合表演中的问题引导学生进行点评，一改老师单一点评的不足，进行生生互评、师生互评，让学生参与课堂，在课堂上真正体验知识、发掘知识、收获知识。如第一组同学的表演中，老师关注到当小青蛙开车落水后，十分沮丧地和出租车司机道歉，但是司机并没有关注到小青蛙的情绪，也未对他人的道歉做出回应。李燕青老师首先结合黑板上给出的表演准则随机抽取观众进行现场点评，引导观众对表演进行正确评价，并给予奖励，对后面的小组表演进行引导，同时引导观众对他人道歉后我们该如何回应进行反思，让学生懂得礼貌友好地与他人相处，也帮助了学生更好地理解文本和体会情感。老师在观察表演时，引导表演声情并茂，引导演员正确运用英语，学习英语知识，引导观众保持安静，做文明观众。在小青蛙不同的工作中，通过互评让学生思考健康作息和健康饮食的重要性，明白有计划且坚持下去才能成功的道理。相互评价则激发了学生的思考、学生的情感、学生学习的热情。

李燕青老师用精彩的课堂告诉我们：老师在进行教学设计时，要多让学生参与课堂、体验知识、体验生活，做到心中有生、目中有人。从学生的学情出发，从学生的已知出发，让学生通过老师巧妙的设计和各种互动引导一步步生成知识、内化知识和发展思维，这样才是有效的、高效的课堂。

三、教师：核心素养促成者

生本教育坚持以"一切为了学生，高度尊重学生，全面依靠学生"为宗旨，始终本着学生好学、学会、乐学的目的，让学生在活动中体验，在体验中感受，在感受中提升英语的综合素养。

本课很好地落实了一切为了学生、高度尊重学生、全面依靠学生的理念。在舞台剧表演活动中，李燕青老师始终以一个协助者的姿态，观察学生、了解学生、帮助学生，让学生去体验、去感悟、去评价、去思考、去收获。学生在老师的帮助下一点点内化知识，收获情感，学会思考，善于表达。本节课学生在表演能力上得到了提升，思考问题、解决问题的能力在小组合作表演准备中得到提高，对英语语法知识和工作相关的英语知识有了较好的掌握，学生学会了如何做一个文明观众，懂得如何尊重他人……生成了一定的英语核心素养。

在李燕青老师的课堂中我看到了一位老师和学生的平等相处之道，看到了老师作为学生学习的协助者、引导者的模样。老师是一根火柴点燃一团火。老师在课堂中提出问题，引导学生去解决，给予协助，维持课堂纪律，让学生在学习活动中生成核心素养，达成育人目标。作为英语老师，我时常思考我的课堂应该是怎样的课堂，我应该怎样在我的英语课上落实我的育人目标。在这堂课中，我找到了答案：了解学生，俯身倾听学生的心声，以学定教，做学生学习的协助者、引导者，让学生去体验、去感悟、去评价、去思考、去收获。

常思常新，精益求精

——记一节云端语法主讲课反思

深圳市坪山实验学校　韩琼丽

【背景介绍】

本学期，作为云端学校入驻学校，深圳市坪山实验学校依旧和深圳高级中学（集团）东校区的老师精诚合作，负责七年级下U3各种课型的准备、主讲和分享。本单元的话题是"Our animals friends"，主阅读介绍导盲犬和主人如何互相救助，听力材料在采访中分享三种功能犬的助人事例，语法是反身代词和方位介词，写作是完成搜救犬的救援故事，拓展阅读讲述海豚救人。我负责语法这一板块，通读完整个单元，我开启了这节课的上下求索模式。

【课前反思】

作为一线英语老师，大家通常感觉语法课不好驾驭：合适的语境如何创设？一个课时目标如果涵盖多个语法点，如何巧妙串联？语法巩固练习如何贯彻语境先行？规则讲解如何全英文授课？本单元主题是动物朋友，语法点有二：反身代词和方位介词。如何把这两个毫无关系的知识点自然衔接，同时紧扣动物朋友这个话题，是我最犯难的地方。我细搜网络，浏览了大量相关语法视频，终于锁定了两个难易适度、朗朗上口的歌曲视频，分别关于反身代词和方位介词。但是，它俩无任何相关性，放在一节课里割裂感太大。另外，在方位介词这块，我截取了《猫和老鼠》动画里的若干图片，学生观察图片猜测Jerry的位置，并运用含有方位介词的英语句子进行表达。我比较满意这个设计，有语境感，而且和单元话题相关联。但是前面的反身代词该如何设计，才能和此处语境有机结合？一筹莫展之时，魏敬老师给了我一个锦囊妙计：采用人物照镜子的小动画或者图片导入，师生在问答互动中引出反身代词。—What is he doing? —He is looking at himself in a mirror. 然后进一步设疑和深挖。魏敬老师的导入建议新颖有趣，如果能与后面《猫和老鼠》的语境挂钩就完美了。冥思苦想之后，我设计出了下面这堂云端语法主讲课。

【课中反思】

网课期间，考虑到学生离校太久，课前，我准点播放了一则上课铃声，让学生重温校园氛围，建立满满的仪式感。播完上课铃，我和学生们稍作寒暄，告诉他们第一次见面，给大家带了小礼物，那就是老师养的宠物猫，名叫Tom，并给出图片。学生心领神会：老师借用动画里的猫Tom吸引学生的注意力！我给学生播放了一则动画：Tom在镜子前面臭美。浮夸的动作、有趣的音乐，学生立刻来了兴趣。我假意随口一问："What is Tom looking at in the mirror?"学生回答："He is looking at himself."这刚好是我预设的答案。我继续追问："Why do we use himself, not he?"学生开始思考这个看似容易、实难回答的问题。我先卖个关子，告诉他们这就是今天的学习内容——反身代词，学完之后，同学们便能知道答案。

引出反身代词之后，我用表格形式让学生了解不同人称代词对应的反身代词，尤其强调he-himself、they-themselves的特殊变化，以及复数反身代词的变化规律。我紧扣教材，让学生观察课本例句，尝试自己发现规律，随后在老师的引导和讲解下透彻理解反身代词充当主语、同位语和宾语的情况，然后布置适当的练习帮助巩固。做完练习必须及时反馈，我领着学生核对答案，再次强化反身代词的三种用法。

我继续说道："为了给自己喜欢的Tom过生日，女主人亲自做蛋糕，并邀请猫猫朋友们庆祝。"于是在各种图片中，学生需要选择合适的反身代词搭配完成句子，描述图片。这个环节的目的是在反身代词用法基础之上补充常用却易错的搭配，如help oneself、enjoy oneself等。学生在回答过程中容易疏忽反身代词单复数和动词时态，这方面还需要课下补充训练。

为了过渡到方位介词这个语法点，我煞费苦心："除了Tom，老师还养了一只宠物鼠，名叫Jerry，他俩总喜欢玩猫捉老鼠的游戏。这不一猫一鼠又开战了，同学们快帮Tom找到Jerry，让老师的房子免于脏乱。"我给出了数张有趣的图片，学生们仔细观察，找到Jerry的藏身之处，并用恰当的方位介词进行描述。学生在真实的语境中积极寻找，勇敢表达，慢慢获得了成就感。之后，我借助一组图片对常用易混词in front of和in the front of进行了对比区分。随后，我借用相关图片，让学生观察图片，阅读短文，用所学方位介词完成短文填空，学以致用。

最后，我播放一则事先自制的微视频，帮助学生梳理总结本节课知识点。视频中，我用透明塑料盒和"淘气"玩具兔当道具，再现反身代词和方位介词的重要用法，学生兴趣高涨，在轻松愉快的氛围中完成了两个语法点的学习。

【课后反思】

一、吃透课标，践行课标，扭转课堂易、考试难的局面

根据《义务教育英语课程标准（2022年版）》语法知识三级（7～9年级）内容要求：初步意识到语言使用中的语法知识是"形式——意义——使用"的统一体，明确学习语法的目的是在语境中运用语法知识理解和表达意义；在语境中运用所学语法知识进行描述、叙述和说明等。

反观本节语法课教学目标，其中一项为掌握反身代词常用搭配和常用方位介词的用法。其实对于"常用"这个词的理解，不同的老师存在不同的主观界限。比如对于learn...by oneself, express oneself, across, through, along这几个词组和单词，在同研同培时，有老师建议不用在课上补充学习，因为对七年级学生而言，掌握透彻教材呈现的三五个即可；也有老师认为，这些词在练习和测试中的出现率很高，有必要让学生在课上一并

掌握。老师们仁者见仁，智者见智。个人认为，英语教材是严格按课标编写的，但是配套的练习和测试却在难度和广度上有明显拔高。因此，学生需要在课后花费很多精力去拓展和延伸自己的知识与能力，也就难怪在云端摩信的问卷调查报告中，学生们对语法知识复习的呼声最高。这种课堂、教材容易，而练习、检测困难的不平衡现状，相信在《义务教育英语课程标准（2022年版）》实行后能够得到扭转，实现学什么、考什么，考什么、学什么的平衡。

二、"双减"背景下，作业设计要能学以致用、启智增慧

面对"互联网＋"教育的潮流，双师课堂的模式，教育资源均衡化的要求，未来教育的理念以及"双减"政策的实行，云端学校的创办无疑是一个集大成者。其中，作业设计是"双减"政策执行的一个绝佳落脚点。

学生眼里，科目多，作业量大，有难度，形式单一……这些都是让作业成为学生负担的主要原因。因此，在设计本节课作业时，我努力创设作业完成情境，严格控制作业完成时长，兼顾形式多样和分层设计。学完反身代词和方位介词，本节语法课的作业设计为学生自由截取周末的一个时段，介绍当时家里的摆设和家人的活动，尽可能多地运用反身代词和方位介词，然后上交视频，不限时长。本次作业改变了以往纸笔练习的形式；学生上交视频，给学生们提供了一个或学习、或展示视频剪辑技术的机会和平台；不限时长和字数，学生根据自己的水平和喜好介绍，自由度较大；强调尽可能多地运用本节课两大语法点，让学生在真实情境中学以致用、活学活用。另外，学生们在家里录制，需要家人的配合，甚至父母的指导，这让亲子关系更加密切了。

三、语法课堂到作业设计都要立足于培养学生的核心素养

《义务教育英语课程标准（2022年版）》强调：英语课程要培养的学生核心素养包括语言能力、文化意识、思维品质和学习能力等方面。核心素养的四个方面相互渗透，融合互动，协同发展。

本节课从课堂内容到课后作业，都紧扣反身代词和方位介词两个语法知识点，创设合适的语境让学生学习和运用、输入和输出，学生较好地掌握了相关语法知识。从课上到课下，学生听录音、看视频、读短文、观图片、说句子、写脚本，英语听说读写技能都得到了训练。

在思维品质方面，学生需要掌握反身代词的三种用法（充当主语、同位语、宾语），能根据不同人称代词准确变形，能准确使用几组常用搭配；能运用方位介词表示各种不同的方位，尤其能根据语境或图片区分易混词，精准使用。学生的理解力和思辨力得到锻炼和提升。

本节语法课使用了图片、动画、微课等各种资源，采用了故事情境讲述、语法知识点讲解、师生互动问答等多种形式。学生整堂课需要专心听课，认真观察，细致辨析，主动思考，积极归纳；同时还要调动眼、耳、口等多个器官，学习能力与学习策略得到了培养与强化。

　　本单元的主题是"Our animals friends"，属于人与自我、人与社会、人与自然三大范畴中的人与自然范畴。这节课借助反身代词和方位介词两个语法点，旨在培养学生关心动物、爱护动物、与动物友好相处的文化意识。另外，反身代词这个概念是汉语系统不具备的，学生需要了解英语系统里全异于汉语的方面。除此之外，方位介词在句中的位置也与汉语有别。这些都在有意无意地刺激学生跨文化意识的萌芽。

　　作为老师，我们每天都在完成一节节英语课。每一节课最终都将成为过去时，但是对这节课的反思却常思常新。上完这节云端语法主讲课，如释重负之余，我脑海里一直在浮现课上的种种片段。加上最近一直在参加《义务教育英语课程标准（2022年版）》的学习，自己总会有意无意地拿课标对照这节课，重新衡量和反思整节课的设计和效果，于是有了这篇反思论文，希望得到专家和同行的批评指正。最后，特别感谢云端学校给我们提供锻炼和展示的平台，让我们有更多反思和成长的机会！

依托生本教育，打造趣味英语课堂

——Froggy's new job 教学案例反思

深圳市坪山实验学校　李燕青

Froggy's new job 是牛津上海《英语》五年级上册第一单元的 Read a story 栏目的一则有关小青蛙找工作的趣味故事。教材其实只是一个参考，英语阅读教学不能局限于让学生了解故事发生了什么，还要引导学生透过文本真正地理解和感受故事人物的情感，让学生学会表达和交流，从而达到育人的目标。在教育应试考试中，尤其是英语中高年级中，常常重点考查听与写这两个方面，导致阅读课堂上往往忽略学生英语的表达与语感的培养，甚至是忽略语感语境等实际应用学习环境。毫无疑问，这样的机械式的、生硬的学习会使学生失去学习英语的兴趣。为此，我们使用舞台式教学法，不仅有助于激发学生的英语学习兴趣，增强语言运用与表达能力，还能使学生更好地体会与抒发情感。

英语学科有其特殊性，学生"学英语"实际是在"学语言"，而"学语言"的关键在于"用英语"。舞台式教学法中，最常运用的就是课本剧表演，以英语课文内容为主要的参考素材，以表演为主要形式展开的综合运用语言的实践活动，对学生而言是一种任务型的探究性学习，能帮助学生更好地理解语言和使用语言。此外，舞台式教学法还能够培养学生的团队合作能力和表演能力，是提高学生英语综合素质的一项有效的英语教学法。

我发现，如果课本剧仅仅是让学生照着 Read a story 中的故事进行小组排练和表演，对学生的学习来说有一定的帮助，但是趣味性低不利于培养学习兴趣，也不利于学生创造性思维的发展。如果学生已经知道了故事情节，重复观看不同小组的表演会感到很乏味，甚至会失去学习兴趣。因此，在舞台式课堂中，我们鼓励学生们大胆对课文内容进行改编。学生的英语水平有限，在进行文本改编创作前，教师应协助引导学生，帮助他们更好地改编。有了改编的思路，改编难度就不大了。教师提出改编建议后，要求学生分小组讨论更换的职业，创编剧情，写出剧本后再给教师查看语言是否有错误，根据建议进行剧本修改。学生经过团队合作，有了许多不同的故事版本，特别有趣。在全部小组表演完后，我们还进行了多维评价，分别是观众随机评价演员、演员自我评价和观众自我评价。总结的环节我们请组长代表和组员代表谈谈心得体会。通过评价表和心得分享，学生对自己的观看演出礼仪和舞台礼仪以及团队合作等情况有了更多的思考，这也为今后的小组合作学习提供了改进和学习的方向。

在这节课中，我们依托生本教育的理念，充分地尊重、相信和鼓励每一个学生。我们借来了许多道具和设备，布置了精美的场地，尽可能地为学生创设真实且生动的英语文化环境，营造轻松有趣的英语语言环境。把英语教学内容用各种活动的形式表现出来，充分利用各类教学资源，采用听、说、做、唱、演等方式组织英语教学。这些丰富有趣的活动为学生提供了充分进行英语语言表达的平台，鼓励学生积极参与到课堂中，大胆进行英语表达，最终达到自信交流的目的。学生是否能够在活动中、在表演中实现相互学习，进一步提升英语学习的信心和兴趣？我们仍在努力探索着！

7B U8 From Hobby to Career 单元拓展教学反思

深圳市坪山实验学校　　乔　丹

2021 年 5 月 11 日，我上了一节区级公开课，上课资料为七年级下册第八单元的内容，主题为"从兴趣爱好到职业生涯"，课型为单元拓展课。单元拓展课在每个单元的第一节，旨在引导学生们对本单元进行话题以及词汇上的准备，进而更快更好地对本单元进行深入学习。因此，我本节课的教学目标有两点：第一，知道如何对自己的兴趣爱好进行介绍；第二，了解将兴趣爱好转变成职业的方法并为之努力。整节课的内容大体上分为两个部分：第一部分主要是围绕兴趣展开讨论；第二部分则是探讨将兴趣变成职业的方法。

首先我以一段快闪视频导入本节课的主题，以此激发学习兴趣。在讨论兴趣的时候，我主要采取"滚雪球"的方式对与兴趣有关的 what、when、why 以及 how often 的四个方面进行练习。其间既对前面学过的知识进行复习巩固，也适当地提出新的用法，从而让学生得到全方面的练习。在此基础之上，我通过介绍自身的故事，引出下一部分内容，即从兴趣到职业，然后引导学生在小组讨论中结合所讲的内容进行思考，最终对本节课内容进行总结。在讲完这节课之后，我有以下几点反思：

一、 成功之处

1. 整节课内容较为流畅，两个部分的内容衔接也较为紧密，环环相扣。课堂前期对后面的讲解内容做出了很好的铺垫，教师带着学生一步一个脚印，渐渐进入每个任务去解决问题，让学生十分自然地了解了本节课的内容。

2. 课堂准备较为充分，整体气氛比较活跃，通过一系列多样化的课堂活动，学生们都展现出了较高的积极性。课件及板书生动直观，加深了学生们学习英语的兴趣，认为英语并非是课本上枯燥无味没有生命力的文字，而是一种鲜活的动态语言。

二、不足之处

1. 教学目标过于超前宽泛。教学目标中的第二点对于当前的同学来讲过于超前，实则在本节课上的达成度是非常低的。因此在教学设计中，应该结合学生的实际情况更多地考虑教学目标的达成度，避免过于宽泛超前的目标，才能达到更好的教学效果。

2. 对于学生的评价需要具体化。我在学生回答问题以后，基本都采取了较为笼统的反馈方式，使用 "very good" "well done" "excellent" 等方式。但若想达到更好的教学效果，就应该针对其回答的某一方面给出具体有效的反馈，如口语表达非常好，对于问题思考得较为深刻等，此类评价反馈对于激发学生学习兴趣以及某一方面的提升会有更大的帮助。

3. 没有对学生进行分级作业的布置，在学习完本节课的内容以后，应该进一步让学生在对本节课加深印象的基础之上对本单元的内容进行预习，因此布置一项总结以及预习作业是非常必要的。

以上是我对这一节课的反思。要讲好课需要不断地完善和及时地反思。作为教师，我们应该不断提升自己的个人能力以及教学水平。我们不仅是学生记忆的激活者，也是示范者，更是课堂教学的组织者和指挥者。所以我要更加努力探究教学理论，在实践教学中不断反思，完善自我教学水平，争取有更大的提高。

我的云端觉醒

——扎根云端，服务坪实

深圳市坪山实验学校　韩琼丽

当今世界，互联网加持教育日益兴盛。教育只有快速适应信息技术大爆炸的潮流，同时持续挖掘信息技术的支撑点，才能为学生提供更加科学的和面向未来的教育。深圳市教育局领导和专家敏锐把握时代脉搏，经过为期数月的筹备和策划，终于在 2021 年9 月开创了一批覆盖各区的云端学校，深圳市坪山实验学校成为云端入驻校之一。开办至今，云端学校在学生和家长群体里广受好评！对于参与其中的教师群体，云端学校又给他们带来了哪些变化？作为云端学校教师团队的一员，我来结合切身实际谈谈自己的心路历程。

作为一名普通的一线英语教师，我有幸成为首批云端入驻校教师团队的一员。2021年7、8月间，我和同行们参加了多次线下培训，对这个全新的教学形式有了一个认知雏形，心怀紧张与期待。2021 年9 月开班至今，云端英语教师在深圳市教研员李睿老师的统筹安排下，在魏敬和王需两位主讲教师的全程引领下，我们如饥似渴地学习和反思。无数次，我们在和名师的同研同培中深度思考和探索，在线上线下有机切换的授课模式中摸索和实践，感觉日益得心应手。不过，云端学校毕竟是深圳首创，在开办和实施中难免有美中不足。我们没有现成可供借鉴和模仿的方法与经验，但是，我们有云端人的主人翁意识，有办法总比困难多的信心。于是，教师给点子、领导给支持、技工给技术，我们拥有了摩信平台。在这里，我们可以组织学生竞赛、班级活动、教师展示、线下辅导、问卷调查等等，为云端课堂提供了有益的补充和延伸，让我感叹云端学校的无所不能和无微不至。

新晋副高职称的我，自认为此后用心上好每一节常规课就是不寻常。加入云端学校，专家和优秀教师们的精益求精和孜孜不倦让我高山仰止，这对温水煮蛙的我无疑当头棒喝！担任了近两个学期的云端班英语教师，我很感激每学期都有一次机会就某个单元某个课型进行深度备课。深圳市坪山实验学校和深圳高级中学（集团）东校区搭档，负责每学期牛津沪教版教材中第三单元课件、设计、学案、练习、命题等全套资料的制作。上学期，王需老师担任了一学期主讲教师，我们的资料由她把关、修改，然后呈现给云端学子。本学期，为了刺激辅讲教师快速成长，每位教师都有一次机会担任云端主讲。于是，从寒假开始，我就开始思考反身代词和方位介词这节语法课的设计。我坚持以语境为载体，但是合适的语境可遇不可求；两个语法点并无太多联系，如何自然整合到一个语境中？我详读教材，细读教参，密搜网络，日夜思虑，终于做出了一个颇为满意的语法课件。同研同培的时候，我在线呈现了自己的设计，魏敬老师对我的心血给予了肯定，同时也精准地指出了不足之处，提出了宝贵建议。于是有了后续多次修改和魏敬老师的多次点拨，大到整体设计、活动安排，小到课堂用语、单词发音，魏敬老师不厌其烦，让我深受感动。唯有把这份关照转化为对课堂精益求精的追求，才不负大师们的引导和指教。于是，我顺利上完了这节线上语法课，成就了自己四十分钟的高光时刻。

在云端学校，我们确实承担着异于实体学校的压力，但它源自云端学校领导、深圳市教育局、云端学子和家长对我们的更高要求和更深信任，源自我们对深圳教育的感恩之心和回报之情，源自我们对未来教育的使命感和自觉性……我们将扎根云端，服务坪实，不惧风雨，笃定前行！

小学英语绘写思维简图应用探究

深圳市坪山区新合实验学校　李林燃　李乐怡

英语是一门语言类学科，与数理化学科的直接运用不同，也与语文的母语语言学习不同，要求学生能够在一定情景下，对语言进行解码理解，再进行自行编码输出。而英语绘本的学习，能够充分结合图画性、故事性和理解性，尤其适合小学阶段的学生。同时，英语新课标注重培养学生四大核心素养——语言能力、思维品质、文化意识和学习能力。思维导图在日常教学的运用则尤其能培养学生核心素养的形成。绘写思维简图是将绘本学习与思维导图应用两者合二为一的学习和呈现方式，适合小学生的学习特点。本文将简要探索绘写思维简图在小学英语教学中的应用。

一、概念界定

绘写思维简图是将绘本学习与思维导图创作二者合一的一种学习方式。传统的绘本注重图画，文字作为图画的解释和补充，带领学生在故事的世界翱翔，学生则通过对图画的观察和对文字的学习，进一步强化对语言的学习，培养核心素养；传统的思维导图则注重关键词和思维的结合与重现，通过多种形式的排版，用简单的关键词将学生的思维进行展示。绘写思维简图简单来说就是以绘本创作的形式来构造思维导图，在保留关键词、关键字和各种逻辑性排版的基础上，注重融入绘本式的图案，既是一个微型的绘本，也是一个展示思维的导图。

二、绘写思维简图在小学英语教学中的应用

在日常的英语教学中，教师通常会根据实际的教学任务，布置给学生制作思维导图这一作业，来检测学生所学内容的学习情况。通常来说，学生制作思维导图的情况不外乎两种——对于绘本学习后制作关于绘本故事理解的思维导图；对于教材知识学习后进行知识归纳的思维导图。本文将主要根据这两种情况进行简要的分析探讨。

（一）针对故事理解的绘写思维简图

绘制思维导图的目的是帮助学生更好地理解绘本内容，梳理故事情节，进而利用思维导图进行绘本故事的复述。绘制故事性强、连续性强的绘写思维简图，可以说是要对学习的绘本进行高度的精简和浓缩。学生需要高度提炼故事的内容，对于不影响故事主要情节和核心内容的情节进行一定的删减或简化，重点突出绘本故事的核心剧情或是想要传达的重点概念内容。以漫画式、绘本式的排版进行简要的编排后，对能表达故事核心思想的关键语句进行一定的摘录。最终需要达到的目的是，他人在看完学生绘制的绘

写思维简图后，能够对故事和主要剧情有一定的了解，包括主要任务、发生地点，并且能够理解该绘本故事想要表达的德育道理。

但同时也存在另外一种不同于故事性的绘本，即 non-fiction 类绘本，这一类绘本不具有连续的故事内容，主要以科普知识为主要目的。对于该类绘本，学生同样可以利用绘写思维简图，来总结和提炼核心内容。

（二）针对知识归纳的绘写思维简图

在校的英语学习，教师与学生通常都以某一版本的英语教材作为核心的载体，来学习英语学科的相关知识。那么，在进行了一定量（例如一个单元、一个模块）的英语知识学习后，很多教师都会布置绘制思维导图这一作业，来帮助学生整理归纳所学知识，以便日后的复习。对于这一类型的绘写思维简图创作，学生则可以以"情境创设"为主要手段，将整个思维导图创设成某种情境，将所学知识串连起来作为剧情，编创成绘本。例如，对于所学模块为 My school，主要单元包括 Places at school（学校场所）、Things at school（学习用品）和 Activities at school（学校活动）的，则可以以 My day at school 为核心情境，编创绘写思维简图，将以上三个单元作为分别的板块，绘制在学校的不同场所、携带不同学习用品的故事主人公，进行不同学校活动的小故事。在这样的一种绘写思维简图下，能够将所学的核心词句放入思维导图中，同时又以绘本的形式进行了复现。

绘写思维简图是结合了绘本学习和思维导图绘制的一大有效学习方式，能够帮助学生更好地理解语言知识，培养核心素养，还能以一种有趣的形式进行英语学习，促进学生英语学习的积极性和主动性。而在绘写思维简图的学习当中，相关的研究较少，还需要教师做出更多的努力和探索。

2023年广东省新强师工程高级研修培训心得

深圳市红岭教育集团大鹏华侨中学　吴红波

春意藏，夏初长，风暖人间草木香。在这草木峥嵘、繁花盛开的美好时节，本人有幸开启了2023年广东省新强师省培之旅，本次培训内容凝结了主办方大量的心血与智慧，不仅有全面的、前沿的、先进的专家讲座，更有精彩的、真实的、互动的实践观摩课、评课等。这次培训不仅拓宽了我的视野，更让我的思想得到了升华，既有知识上的沉淀，又有教学技能的增长。回首为期两周的高密度、高强度、高标准培训，我每天都有新的收获与体验，用八个字概括：收获满满，不虚此行。我将从以下几个方面浅谈此次省培之旅的收获。

一、聆听专家讲座，感受名师风采

海有舟可渡，山有路可行。通过聆听专家对教育教学前沿的思考、精辟的理论、独树一帜的见解，我的教育理念得到了更新，教学思路得到了指引与拓展。如梅德明教授的《基于教学评一体化理念的英语课程建设》，对新课标及英语核心素养进行了深度的剖析，其讲座内容高屋建瓴、大气磅礴，让人聆听之后醍醐灌顶、茅塞顿开。罗庆松校长的《初中英语支架式教学的设计及案例讨论》，从多方面多角度用幽默的语言给我们讲解了教学的技术与艺术，并通过课堂实例的播放来诠释理念的运用，将理论与实践完美地结合，让在座的学员能够进一步从理论的层面来解释自己在今后英语写作教学中碰到的实际问题。方帆教授的《跨文化交际角度看初中英语教学》由浅入深，层层深入，注重引导学员从个人的生活经验出发进行思考，同时其热情开明、平易近人的态度让我们倍感亲切。梁芹生老师的《做幸福的人：师生心理健康维护》，让我能以更宽阔的视野、更积极阳光的心态去对待我们的教育工作，让我们树立良好的师生观、教育观、生活观、人才观，以乐观豁达的心态面对学生，以阳光开朗的情绪感染学生，以健全豁达的人格影响学生。做幸福的教师，让学生在爱的环境下健康地成长。叶志青校长的《学习素养和素养学习导向的"学养课堂"育人模式建构》，让我们对学养课堂有了全面的认识，"学养课堂"重视学习素养培育，即关键的学习能力，又突出立德树人的修养，即必备品格，如正确价值观。以学生为本、以学生学会个性化自主学习为本、以学习素养课程为本，提升学生的学问和修养。这样的课堂才是当下最需要的，才是顺应新课标与双减政策发展的。通过叶志青校长的讲座，我们精准地把握了当下教育的脉搏，直面了自己的弱点，也明确了学习和工作的方向。

高山仰止，景行行止，虽不能至，然心向往之。专家们的讲座内容充实，精彩纷呈；名师们的治学态度兢兢业业，严谨认真。他们对工作、对生活、对专业、对学生独特的见解与感悟深深地影响着我，我深深地体会到教师是新课改的具体执行者，是学生核心素养提升的引领者。教师必须学习先进的教育教学理论，改进教育教学理念，提高教育教学水平，促进学生全面发展。教师在进行教学的过程中，必须要具备较高的专业水平，并自觉进行教学反思，继承并发扬优秀的教学传统，更新教学理念和教学思想，努力实践、探索，提高自己的课堂教学水平。除了有很强的敬业精神之外，在教学中融入新的教学理念和教学手段，这样才能提升学生学习和实践的兴趣。

二、观摩优质课堂，引领教学实践

夏日之美，在于希望与朝气；教育之美，在于钻研与提升。培训的第二阶段，我们来到了深圳市龙华区创新实验学校，这是一所美丽的、时尚的、创新型的未来学校。在这里我们旁听了英语科组的教研活动，观摩了多节英语公开课，参观了多样的社团活动。该校的办学理念、办学开展情况，让我们切身体会了何为"创新"。

为促进教师专业成长，加大课堂教学研究力度，该校英语科组教师与高研班学员开展了多场别开生面的教研交流活动，共同探讨新课标背景下初中英语课堂发展的方向。培训活动中，教师们有幸地欣赏了由深圳市龙华区创新实验学校的胡靖妮老师执教的沪教牛津版七年级下册 Unit 7 Poems 的写作课，李腾彤老师执教的 City Walking 的读写综合课，以及刘梦乙老师执教的 AI and Teenagers 的阅读课，这些教师独具特色的教学风格，在展示中充分体现了英语新课程的教学理念。

一枝独秀不是春，百花齐放春满园。针对几场公开课，教师们进行了积极热烈的讨论与评课，从不同角度提出不同的见解与构思，在多种思想的碰撞下，让全体学员品尝了丰富的文化大餐。这次讲课、听课及评课活动丰富了我的教学经验和教学方法，给我的教学工作带来了很大的帮助。我也反思到在我的教学中存在很多的不足，还需要继续学习，不断提高自身素质和教育教学水平。听课是教师的必修课，以人为镜，才能够体察自己的优点和缺点。通过听课学习别人的长处，通过听课反思自己，才能不断进步，这也是教师成长的一条捷径。今后我将通过这条捷径获得更多的教学经验，来帮助我更好地完成教学工作。

三、心怀感恩之情，树立终身学习观

锲而不舍，驰而不息，实践出真知。作为青年教师，要肩负起时代赋予的责任，不仅要学习先进的教育理念，更要扎根课堂，打造知识建构的主动性，打造高效率课堂，解决学习者不想学的问题；作为青年教师，要树立终身学习的意识，要努力提高自身素质、理论水平、教育科研能力和课堂教学能力等，引导学生好学、乐学，掌握多种学习方法，遵循学习规律，提升学习质量，善于学以致用，学会规划学习；作为青年教师，不能坐井观天，要不断丰富自己的知识和文化底蕴，提升自己的教育教学水平。认真对待每一次培训、赛课、教研，不流于形式，用理论与实践武装自己，才能跟上课改的要求，免于被时代的洪流所抛弃。

向阳而生，追光不止。感恩这次培训活动，在这个平台里，我看到了教育的发展，看到了未来的可能。虽然培训活动已结束，但我会把优秀教师当作毕生的追求，不断提高自己的教学水平，夯实自己的理论基础，加强教育科研能力与课堂教学能力，怀揣着梦想和目标在喜爱的事业中不断前进。